中山大学人类学文库

中国人非规则移民北美历程揭秘

〔美〕田 广 著

王天津 古丽布斯坦 译

创于1897 商務印書館
The Commercial Press

2013 年·北京

图书在版编目(CIP)数据

中国人非规则移民北美历程揭秘/(美)田广著；
王天津,古丽布斯坦译.—北京:商务印书馆,2013
(中山大学人类学文库)
ISBN 978 - 7 - 100 - 09937 - 0

Ⅰ.①中…　Ⅱ.①田…②王…③古…　Ⅲ.①华人—
移民—历史—研究—北美洲　Ⅳ.①D771.037

中国版本图书馆 CIP 数据核字(2013)第 087091 号

中山大学人类学文库
中国人非规则移民北美历程揭秘
〔美〕田　广　著
王天津　古丽布斯坦　译

商　务　印　书　馆　出　版
(北京王府井大街36号　邮政编码 100710)
商　务　印　书　馆　发　行
北京瑞古冠中印刷厂印刷
ISBN 978 - 7 - 100 - 09937 - 0

2013 年 5 月第 1 版　　　　开本 787×960　1/16
2013 年 5 月北京第 1 次印刷　　印张 15½
定价: 35.80 元

中 文 版 序

世界进入新千禧年之后,中国开始了一个伟大的历史性进程,即全面建设小康社会。这是数千年来,中华民族一直期盼并为之奋斗的事业。为了建设小康社会,我国党和政府提出了"以人为本"的治国理念。这个指导方针的重点即体现为提高人的自身素质与质量,改变生活在现实当中的人们之生存状态,也表现为不仅关心人的现实状态,而且关心人的潜在状态,特别是他们的精神生活状态。"以人为本"的理论认为,只有人的存在状态全面优化,社会发展才能繁荣昌盛。这也是马克思主义的基本观点之一。凡是在资产阶级学者研究物与物的关系之时,马克思都看到了人与人之间的关系,并且"以人为本"进行严肃认真的科学研究,始终关心最广大人民群众的全面发展,也由此正确地揭示了人类社会历史发展的必然趋势。

我们目前生活在一个迅速变化且全球经济一体化深入发展的世界。伴随着不可逆转的经济全球化进程,国家间的联系、人们的生活方式和思想意识均发生了巨大的变化。其中,起始于上个世纪 70 年代的中国改革与开放,不仅是中华土地上的伟大历史事件,也是对世界产生重大影响的社会经济变革。中国经济持续、迅速发展,成为世界经济的一个重要组成部分。大批中国人阔步走出国门,在世界各地学习、经商、定居。这使得中华民族的优秀文化传统,越来越被世界人民所了解,中国人的精神风貌对一些国家产生了积极的影响。北美大陆是中国人出国目的地的一个重要区域,许多学界和商界人士到那里去求学或经商,以至于在一段时间内出现了类似"潮流"式的状况。一些青年在美国或加拿大完成学业之后,满怀爱国激情,即刻启程回国,投身于国内轰轰烈烈的四个现代化建设中,并为之做出卓越贡献。也有一些人,他们留在国外,以不同的方式为自己家乡的经济建设出力,同时也为侨居国的发展尽到义务。上述种种变化,从不同的侧面表现出全球经济一体化的历史大趋势,而研究那些走出国门的中国人的活动,也就有了积极的意义。

中国人走出国门的途径是不同的,在异国他乡的学习工作经历也是充满了曲折与艰辛的。特别是一些涉世不深的青年人,盲目轻信道听途说的传言,迷信西方国家所谓的民主制度,迷恋西方社会的物质财富,以为美国就是天堂,出了国就是幸福。然而他们当中某些人的出国过程和在海外的活动在一些时候是非规则的,即背离了国内和国际社会公认的准则,因此,他们自己也在出国和移居的过程中备受磨难。这些事实具有教育意义,能帮助国内的年轻人辨别是非,正确选择自己的人生道路。

本书研究了国内一些通过非规则或非正常渠道前往加拿大的青年人情况,这个移民群体一度在大多伦多市颇有影响。书中用生动可信的事例,严谨认真的科学分析,阐述一些深层次的学术问题。说明世界上从来没有免费的午餐,幸福不会从天而降。无论在任何地方,只有发扬中华民族优秀传统文化,勇于改正自身缺点,勤奋劳动,才能站稳脚跟,进而与所移居国家的民族建立互信互利的协作关系。

本书的作者田广博士是一位自大陆留学海外的学者。他是出生于宁夏回族自治区固原县的回族知识分子,于 1987 年在北京中央民族大学获得了民族经济学硕士学位,后到加拿大多伦多约克大学留学,于1995 年获得社会人类学博士学位,之后又取得了工商管理学硕士学位。1999 年,田广博士以杰出人才的身份移民美国,现为美国纽约州一间私立大学的终身教授,从事经济和市场营销方面的教学研究工作。本书是在其博士论文的基础上修改而成的,由美国一家学术出版公司于 1999 年出版,被加拿大与美国的部分高等院校作为族群认同与经济适应教学参考书,并被学术界广为引用。本书有以下几个方面的特点:

1. 阐述了中国人在全球化进程中出现的移居海外的一些现象,并说明其中存在的利弊。本书分析了大量的客观材料,形成了一些基本理论观点,通过一个个鲜活的事例,告诉国内青年人应当怎样走自己的道路,为他们正确认识和解决前进道路上一些现实问题提供了非常有价值的参考事例。作者从一个特殊的角度,认真分析了"世情",深刻研究了"国情",反映出在传统的社会主义理念和实践面临严峻挑战的日子里,不同的国人所表现出的包含不同价值取向的行动。通过一些不成功的事例,告诫人们要对时局作出清晰的梳理和正确的判断,从中折射出中国社会主义发展的新问题,寻求当代中国社会主义发展的契机和基点。

2. 深刻地揭示出这样一个事实,即社会主义的中国和资本主义的加拿大,制度与文化体系存在着很大的差异。那些来到加拿大寻梦的中国人,被动且不可避免地陷入重重迷茫与困惑。因为他们中的一些人通常要付出 35000—55000 加元偷渡到加拿大,追求所谓的幸福生活。可是在双脚踏上那片土地之后,他们的行为与信仰就陷落于一连串难以自拔的矛盾中。他们在艰难的生活中扮演着一个违背自己意志的新角色,在陌生的环境中苦苦重新寻找个人生活的目标。他们经历了从未有过的失落,在一番痛苦的挣扎后,才逐渐懂得:无论在哪一个国家,想获得真正有意义的现实生活,总有其客观规律,这也是中国传统优秀文化所推崇的价值意识。相信,国内的年轻人阅读了这种炼狱般的经历与故事之后,一定会对"外国月亮格外圆"的蛊惑滥调,有一个更形象和深刻的认识。相信他们会更快地政治成熟,从而深刻地理解社会主义的优越性。

3. 本书还有一个更为深刻的现实意义,即对中国正在建设中的"世界工厂",有一定的协助意义。因为,自进入新世纪之后,我国经济持续并迅速发展,尤其东部沿海地区出口势头迅猛,中国商品在世界市场的占有率进一步增加,国际威望也在不断提高。于是,海外媒体纷纷从不同的角度出发,将中国经济的崛起描述为一个正在建设中的"世界工厂"。从商品经济发展的历史来看,今日的工业发达国家,无一不是已经走过或者正在走着"世界工厂"的道路,所以立志屹立于世界民族之林的中华民族向着这个方向努力奋斗也是必然的。当然,任何事情都不是纯粹的,都有鱼龙混杂的情况出现。随着中国人在海外投资的数量越来越大,在海外谋生的人越来越多,于是,有一些认识模糊的人,不明白创业的艰难,往往糊里糊涂地走上一条偷渡的不归路,或在蛇头的蛊惑下打算用自己的青春甚至生命做赌注。外国人对某些中国人的这种行动,无疑是持否定态度的。自然,这本书的客观研究结论,就是给那些糊涂人的一剂良药。首先,要规范自己的行为,遵循国际公认的法则,坚决不做违法的事情。其次,如果失足,上当受骗,也要迅速改正错误。无疑,对于大多数立志为国家经济建设贡献毕生的青年人,这本书将会开拓他们的思维,扩大他们的眼界。因为,一个人要真正成熟成材,必定要经受正反两方面的教育,通过比较与鉴别,才能得出正确的结论,并且由此规范自己的行动,实现体现大多数人意志的目标。

我愿意推荐这本书给读者,因为它通过研究某些中国人的一种特殊的活动,说明了一个大问题,字里行间表现出以人为本的思想。书中运用青年人易于接受的鲜活事例,教育青年人坚定建设社会主义的信仰,激励他们光大爱国主义行为。同时,使那些有志于在海外发展的人,走合法的有秩序的道路,将富有中国特色的经济生产方式和产品提供给海外市场,将博大精深的中国文化介绍给世界,在全球经济一体化的时代发展大趋势中,创造出灿烂辉煌的中华文明,为人类做出更大贡献。

伍精华

2004 年 6 月 2 日

伍精华(1931—2007),彝族,四川冕宁人,曾任西藏自治区党委书记、国家民委副主任。

目　　录

第一章 绪 论

这项长达数年的人类学研究,以侨居在加拿大最大城市多伦多(Metro Toronto)数量庞大的华人为背景,着力显示了影响"中国大陆非规则移民"(Mainland Chinese Refugees in Toronto)①移民北美的种种因素及其过程。作为作者,我努力从以下四个方面分析他们的情况:(1)"中国大陆非规则移民"如何寻找自己在北美大陆的位置,外国籍人士包括非中国大陆华人(即香港、澳门、台湾和其他海外华人)怎样认识和看待他们? (2)他们对"难民"的真实看法是什么,他们为什么既害怕被他人视为难民,又要在特定场合下承认并希望获得"难民身份"? (3)他们为什么以及如何离开中国大陆前往北美? (4)他们是如何适应北美社会环境的以及他们的心路历程是什么? 我在书中详细阐述了他们的调节和适应过程,包括他们的艰辛创业,努力调整他们自己多元化的身份,积极组织自己的社会网络,调动人力资源,建立公共服务系统,适应新的社会环境。有学者指出,认真调查是科学研究的起点,分析资料又必须避免主观武断(Montgomery,1992)。另有学者认为,"难民"研

---

① 这个英文概念的直译是"中国大陆难民",是 20 世纪 80 年代末 90 年代初,出现于加拿大的一种真实的移民群体的称谓。这个移民群体在大多伦多市曾经很有影响。本书的学术研究就是以这个曾经真实存在的群体为目标对象,从而阐述一些深层次的学术问题。这个真实存在的群体,来自中国大陆的实际上就是通过偷渡等多种不同方法的非规则手段进入加拿大的中国大陆移民。从中国的国情出发,鉴于中国政府尚未承认与难民问题相关的联合国公约,例如《日内瓦公约》(Geneva Convention),因此,本书将这些通过不规则或不合法方式而进入加拿大的一批大陆中国人称为"中国大陆非规则移民"。当然,为了尊重事实和研究对象,特别是考虑到学术规范,在本书的具体讨论中,我们依然会使用到难民这个概念或者称呼。本书的众多研究结果对学术界与青年人都是有益无害的。

究是个难啃的坚果,因为不仅这个名词对于不同的人有不同的意义,而且研究人员必须善于观察(Sommers,1993)。

作者详细调查了"中国大陆非规则移民"的情况,并且查阅了大量北美有关移民的文献,最后确定了研究方向和每个章节的论述重点。从内容上讲,本章的探讨集中在两个方面:第一,此项研究涉及的主要问题;第二,研究的关键性内容。需要强调的是,我自己就是一位来自中国大陆的移民,个人的固有观念不可避免地影响着这项研究,如有偏颇,敬请读者斧正。

一、问题的提出

我们生活在一个迅速变迁与全球经济一体化的世界。伴随着一体化进程,特别是在第二次世界大战期间以及冷战结束之后,大规模的人口迁移现象遍及全世界,其显著特征就是,一些移民群体以难民的身份离开他们的原居住国家(Richmond,1994:xi)。对难民问题的研究,可以追溯到 15 世纪国家霸权增长时期。唐奈利(Donelly)和霍普金斯(Hopkins)曾经有计划地对难民事务进行过研究,揭示了难民是怎样努力地生存、繁衍、自我改变、重新组织。"在接受国由于是独自进行经济与文化创业,因此他们的行为常常受原有的法律意识和习俗影响。"唐奈利和霍普金斯进一步认为:

> 依据人类学的某些核心理论,适应环境,调整亲情、家庭关系和语言表达方式,调节信仰和价值系统及社会组织,改变思维方式并凝结新的思维方式,等等,这些人类行为活动如同开启了一扇窗户,以利于人们面对迅速变迁的社会,并使自己置身于变化的社会环境中,从而推动他们用新视角观察和处理社会活动(Donnelly & Hopkins,1993:1—2)。

如上述引言所指出,大量的对难民问题的研究,都具有复杂性与综合性,我们不能简单地将其归结为几个特殊的类别。不过有两种较为特殊的研究内容需要注意,一种是基础性的研究,另一种是以应用人类学的方式去分析难民生活(Gilad,1990;Lam,1993)。本项研究实际上就是基础性的、以应用人类学的方式分析移民生活的研究。

笔者挑选加拿大的多伦多市从事本项学术研究的理由至少有三点:首先,我本人的移民经历能使我更容易和更深刻地发现许多有价值的问题①;其次,自1989年下半年起,中国大陆移民大批地进入北美,尤其是来到多伦多市,他们在该市的大量出现已经不是个新现象(Tian & Lu,1995);再次,多伦多市很繁华,生活水平高,华人社会组织影响力大,这些条件对中国大陆移民较有吸引力。依据加拿大移民和难民事务局(Immigration and Refugee Board of Canada)提供的资料,从1984年1月至1995年6月,大约有1万名中国大陆人士在加拿大向行政当局提出"难民庇护申请"。虽然很难精确地统计并描述他们来到加拿大后到底选择居住何处,但根据多方面的资料,我们估计大约有2500名"中国大陆非规则移民"居住在多伦多市(Tian et al,1994)。1995年以后,有越来越多的中国大陆移民来到加拿大②,这种现象涉及中国与加拿大之间的多种因素,对此我们将在下文中加以阐述。

尽管在北美有许多人研究过当地的华人社会(例如Lai,1988;Li,1988;Thompson,1989;Wong,1982,1979),但是并没有人系统地研究"中国大陆非规则移民"问题。唯一详细研究此类问题的成果所涉及的对象,是滞留在中国香港特别行政区的一些中国大陆人(Chung,1983),

---

①　我是1989年的夏天以合法的留学生身份来到加拿大,后来取得加拿大的永久居留资格。因此,从法律的角度讲,我是一个来自中国的移民,所以非常熟悉和了解移居加拿大的中国移民情况。

②　这些估计数字以加拿大华人社区报纸提供的信息为基础,同时从中国大陆留学加拿大的刘先生在其博士论文(Liu,1995)中也提供了一些可供参考的数据。

那些人的情况与进入北美的中国大陆人的状况明显不同。也有研究瞄准了自大陆移居海外且专注于中国政治活动的人物,这些人集中侨居在美国与法国,他们与 1989 年 6 月发生于北京的那场"风波"有着或明或暗的联系。他们并没有使自己融入侨居国,而是幻想回到中国去并"说服其家乡的人民听命于他们"(Ma,1993:383)。为了弥补上述研究缺陷,本项研究将一个长期以来被忽略了但却相当重要的群体作为研究对象,揭示"中国大陆非规则移民"在多伦多市如何设计与创建社会网络,阐述他们为什么以及如何构建特殊的族裔和政治同一体系,表现他们如何在北美立足站稳,融入北美社会。了解北美各个华人社团在社会经济以及社团所显露的亚族群特色方面的不同构成和差异,对于分析出现在"中国大陆非规则移民"和其他华人社团之间的相互作用,无疑具有一定的价值。这些理论阐述和研究,无疑有助于中国本土各个方面人士深刻理解大陆移民在北美的真实情况,对于北美国家的政府部门和社会机构人员在制定管理政策方面也是非常有价值的。

通常人们所理解的"难民"是指非自愿的迁移人群,即他们是被迫迁移的。他们在迁移前没有制订计划,也没有组织,而他们的迁移活动本身或者是个人行为,或者是按照自己意愿组织起来的小群体行动(Chung,1983:7)。然而这种一般性的理论观念,并不适用于本书所讨论的"中国大陆非规则移民"。从社会经济背景和移民理由来讲,"中国大陆非规则移民"可以划分为三个类型:政治理由移民、经济原因移民、为追求个人向往的目的而移民。虽然加拿大移民和难民事务局裁定一些来自中国的此类人为法律意义上的难民,但是笔者坚持认为,作为本书研究的主要对象,这些来自中国大陆的非规则移民中的绝大多数成员,都不适合依据《日内瓦公约》规定的难民标准而被允许居留在加拿大,但事实上他们中的大多数却依然被允许留在加拿大。此外,加拿大政治、社会和经济系统能够为难民提供一些良好的社会经济条件和机遇,这对许多来自中国大陆的难民申请者而言,已经或者继续产生着吸引力。为了追求他们所向往的生活,他们当中的一些人通常付出15500—35000 加元偷渡到加拿大,并在加加拿大申请难民身份(Kaihla,1995)①。加拿大政府对此也有所了解(*Montreal Gazette*,July 6,1994:A13,August 8,1990:B1)。有些偷渡组织者甚至租用喷气式飞机带他们进入加拿大(*Montreal Gazette*,April 12,1990:A);还有人通过第三国旅游入境,如日本、巴拿马或者乌干达 (Tian et al,1994);有的人以留学或访问者的身份从中国直接前往加拿大。所以,从他们的行为方式判断,有理由说他们中的绝对多数都能够归类于自愿移民,以区别于通常讲的非自愿移居的难民。本书力图通过实地调查资料来剖析他们为什么出高价,冒风险,选择移居加拿大②。

按照笔者对移民群体的见解,"中国大陆非规则移民"在个体信仰、价值观、行为规范和身份方面,彼此区别非常明显,而且他们融入新的社会经济体系的方式也不同。研究结果显示,这批人善于透过两个差异强烈的国家与文化体系来适应新环境,因此本项研究的重心之一是探讨他们如何应对这些新情况。研究的重点问题是:作为两种不同文化的成员,当他们的行为与信仰处于矛盾之中时,他们的心态是什么?他们迷茫困惑吗? 他们对不得不作出的改变理解吗? 他们在加拿大社会扮演的新角色是什么? 以及他们如何在变化中重塑自我? 他们的民族精神与个人素质能够协助他们适应新环境吗? 他们如何应付所面临的沉重压力? 他们甚少懂得加拿大两种官方语言的现实,在多大范围内妨碍了他们的生存? 华人社团和他们自己的社区网络,在多大程度

---

① 这个价码是 1990 年代早中期的报价,后来的价格曾一度高达 7 万多加元。

② 随后章节的研究会证实,自 1989 年以后,加拿大接纳的来自中国大陆的难民数量下降了,不仅是指在当地申请的人数,而且包括在其他国家申请的人数。例如,所有难民申请的平均接纳率从 1989 年的 78％下降到 1993 年 5 月的 51％。而在同一期间,对来自中国大陆的难民申请接纳率从 1989 年的 61％下降到 1993 年的 17％。

上能够协助他们融入异国社会？本项研究还试图验证关于移民研究中
的一个理论，即移民和难民适应新环境的过程"是个多元化的行为，包
括改变经济活动目标，组建社区，重塑生活信念并确立在新社会中的地
位"(Richmond,1988:51)。

　　尽管"中国大陆非规则移民"在继续努力保持自己的"中国人"身
份，规范自己的行为，使自己更像个"中国人"，可是为了更好地适应新
环境，他们中的大多数人热心学习和接受新的行为规范，在社会上结交
新朋友，学习新的社会习俗并用以前不熟悉的方式从事交流活动，打造
一个新自我。为了着重表现这批人如何调整心态，在进入北美社会的
同时，保留并坚持关键性的中国人价值观，本书强调以下情况：这些人
是如何、何时、对谁主动表现他们的中国大陆华人特色情结，以及如何、
何时、对谁主动表现他们的中国大陆难民心态？他们如何与其他华人
及大多数主流社会人群建立联系？

　　满怀期望来到北美的中国大陆非规则移民善于学习，虽然时常
困扰于离乡愁思，但是在基本掌握了一门北美官方语言之后，他们使
用不同的公共设施与社会网络，从事着多种经济活动，并开始了他们
的新生活。他们一方面从华人社区内获得资源，另一方面较快地熟
练应用着在北美习得的管理日常事务的技能(Kim,1987:8—9)。所
以，本书的研究内容还包括他们怎样管理在加拿大形成的自身社区
的变化过程。

二、研究背景:加拿大移民政策

　　大多伦多市(Metro Toronto)在 1990 年代的早期有 400 多万居
民，是加拿大最大和最著名的"多种族中心都市"(Breton et al,1990:
4)。多伦多人口的种族来源范围非常广泛，而且不同种族的市民居住
地通常是分散的，遍布整个城市。在所有能够明确的族裔群体中，华人

是数量最大的群体之一(Nagata,1991)。虽然华人移民者在 1870 年就已经在多伦多安家立业,但是该市市政当局仅仅在最近几年才将华人移民视为重要的一个少数族裔群体(参阅 Chan,1983；Hsu,1971；Kuo,1977；Oxfeld,1993；Pan,1994；Lai,1988；Li,1977,1988,1993；Nagata,1991；Sung,1987；Tan & Roy,1985；Tsai,1986；Wong,1979、982；Wong,1987)。与其他北美的华人社区相比,多伦多华人社区同样发生了历史性的变迁,从一个被学者广泛形容为"传统"的社区发展变化为一个现代色彩浓厚的新型社区(Thompson,1989)。

在此我们不妨简单回顾一下多伦多华人社区的历史,在 1900—1923 年期间,多伦多传统的华人社区有所发展,人口增长至 2500 人(Thompson,1989:41)。但是直到 1950 年左右,该市的华人数量并没有明显增长,据统计资料,该市的华人居民在 1951 年为 2879 人,在 28年间仅增加了 379 人(同上:97)。华人社区虽然相对比较集中,但依然被自然分布的其他族群的居住地区分割开来,而华人经济也仅停留在开设小餐馆、洗衣房和杂货店方面(同上:63)。1947 年,华人歧视法被取消,此后至 1967 年,加拿大华人可以担保其直系亲属前往该国,由此而导致多伦多的华人人口增长到 8500 人,增长了近 300%(同上:97)。在这个变迁过程中,多伦多的华人群体发生了分化,老一辈人继续保持他们的传统领地,而年轻一代则迅速融入加拿大主流社会。不过华人经济却没有可圈可点的业绩(同上:138)。1967 年,联邦政府颁布了新的移民法规,废除了所有种族和来源国之间的区别。在此后的岁月中,资本主义的全球性发展刺激了世界范围内的大规模的移民(Richmond,1993)。受此影响,移居加拿大的华人数量急剧增加,在新增华人移民中有 75% 的人定居多伦多(Thompson,1989:150),由此而使得居住在多伦多的华人数量超过 30 万,成为北美最大的容纳旅居华人的都市 (The Toronto Star,March 13,1995:A1)。依据多伦多最著名的华侨领袖洪世忠的估算,华侨数量在 1995 年底已经接近 40 万人。

目前多伦多的"中国城"(Chinatown)分布在不同的区域:中央"中国城"坐落在 Dundas 和 Spadina 地区,东"中国城"位于 Gerrard 和 Broadview 地区,在 Scarborough 和 Mississauga 地区均有"中国城",而在北约克(North York)、万锦市(Markham)和里士满希尔(Richmond Hill)地区又耸立起新的中国商业购物中心。华人经济中心已经遍布整个大多伦多市区。与该市相邻的城市如奥沙瓦(Oshawa)、奥克维尔(Oakville)、伯林顿(Burlington)和哈密尔顿(Hamilton)也出现了大规模的华人社区(Lary & Luke,1994:145)。这些新兴起的华人社区各具特色,著名学者汤普森对此曾经有过详细评论(Thompson,1989:141)。这些不断进入多伦多的华人移民,不仅依靠族裔社区获得发展,而且极大地扩展了族裔经济。华人个体与各种经济组织大量投资于资金与技术密集型产业,例如计算机、银行和大型传统商业。不过与"中国城"关系密切的华裔经济依然主要依靠华人移民劳动力,华裔工人遍布于不同的华裔商业公司和工商企业,其中中国大陆非规则移民是一支重要的劳动队伍。他们的技术能力相对不足,缺乏能够帮助自己融入加拿大主流社会的资源,而族裔经济的框架既强化了他们的华人身份,又将他们的劳动限制于"族裔角色"圈内。

多伦多华人社区的崛起,持续地吸引着北美各界人士的关注和研究。社会历史学家克里斯曼(Crissman,1967)认为,分布在多伦多的华人并没有组成一个统一的社会,而是构成一组不同的社区。另一位学者萨弗兰(Safran,1991)也指出,用特定的标准(如他们的祖辈关系)可以确定这种分散社区的特征,因为他们都是从一个共同的地域"中心"来到"外国"领土的;他们的内心都有对"自己家乡的回忆、憧憬和迷恋"。再如,出生于加拿大的华裔(Canada Born Chinese)群体通常认为自己是加拿大人,确信自己完全被加拿大主流社会所容纳,而像中国大陆难民这类新移民,则有倾向性地认为没有被迁居国的主流所完全接纳(Grayson,1994)。华人社会的这些差异常常表现在他们分属于不同的阶层、社区组织、方言、亚族裔居住地方面(Lary & Luk,1994;Li,1994;Oxfeld,1993;Thompson,1989)。

无疑,我们还可以使用其他更深刻的标准分析,这样显示出来的华人次族群体的分界会分别为:老移民与新移民、加拿大出生的与非加拿大出生的、说广东方言的与说普通话的、民族主义者、赞成"台独"的和支持中国统一的。这种区别不仅存在于亚裔族群之间,而且还存在于次亚裔族群中。例如,来自中国大陆的就有取得合法移民身份者与难民申请者、留学生与访问学者、有城市背景且受过高等教育者与来自农村的缺少教育者、"民运"人士和非"民运"人士、北京籍与上海籍,等等。无论差异如何,既存的各种华人社区,都以各种方式提供某种适宜的条件或移民环境,使"中国大陆非规则移民"立足此地,并帮助他们开始学习有助于融入北美主流社会的技术与知识。对于那些身份模糊不清的新移民而言,他们能获得的就业机会是有限的,但是,当地的华人社区至少能够为他们提供劳动密集型的工作岗位,诸如服装制作和餐饮服务行业等。从这个意义上讲,多伦多的华人族裔社区是他们可靠的生活场所。所以,华裔社区为这些非规则移民们提供了多种不同的社会舞台,以便他们在上面创作、表演和展示丰富多彩的人生多场景戏剧(Goffman,1959),由此也使他们自己的身份有别于其侨居地的其他人。

加拿大是一个移民比较集中的国家,移民中甚至包括本地的主流群体居民,即所有的加拿大人都是移民和他们的后裔。1991年的人口普查表明,有16%的加拿大人非本土出生,移民在加拿大人口活动与增加当地劳动力方面,扮演着一个重要的角色(Liu,1993)。"中国大陆非规则移民"则是移民中一支富有显著活力的队伍。加拿大移民与难民事务局的统计资料显示,"中国大陆非规则移民"和"特定"人群选择前往加拿大的数量,自20世纪80年代以来一直持续增加。例如,加拿大收容的申请避难的人数在 1984 年是 6611 人,1992 年其数量则增长为 40125 人。加拿大依据《联合国识别难民身份公约》(*United Nations Convention and Protocol Relating to the Status Refugees*)来确定难民身份。许多难民是自国外被容许进入加拿大的。然而,近些年来,越来越多的人援引《日内瓦公约》(*Geneva Convention*),在加拿大境内提出他们的难民身份申请,绝大多数"中国大陆非规则移民"就是其中的成员(Beiser 等,1988:4—5;Tian 等,1994)。

随着大量难民的涌入,在 20 世纪最后一个 10 年内,加拿大爆发了一场有关收容难民的社会辩论,中心内容集中在两种不同的观点上,它们或许可以提炼为"开门还是关门"或者"保守还是开放"。依据学者蒙哥马利的概括,那些赞同"关门"或"保守政策"的人士指责,从第三世界来的新移民愿意接受较低的劳动报酬并在很差的条件下工作,所以他们在劳动市场上取代了加拿大人。他们认为,新移民不能完整地接受加拿大文化,而是侵蚀了那里已经确立的价值观念和西方制度。一些工会组织、某些保守人士和白人种族主义者支持此类观点,他们要求削减移民数额。另外一些人则申明,新移民并没有侵占加拿大人的工作岗位,相反,他们创造了新经济,从事着没有工会组织的工作或者环境恶劣的工作,而原有的加拿大人是不愿意从事这些工作的。正是由于这些难民的劳动贡献,加拿大的生产力和商业竞争力才得以提高。这个群体由移民律师、少数族议员团、宗教组织、人道主义者、开放政策支持者构成,他们支持增加移民数量。这个群体赞成多元文化政策,期望能够鼓励新移民并保持他们自己的民族性特征,因为他们的加入极大的丰富了加拿大的多元文化社会并且有了一定的影响力(Montgomery,1992:10—12)。

20 世纪 80 年代末 90 年代初,这种辩论引起了加拿大政府对 1976 年移民法 (*Immigration Act*,1997) 中比较富有争议的 C-55 法案

（Bills C-55）和 C-84 法案（Bills C-84）修订。公众的重大分歧在于讨论虚假难民申请的《难民积压法规》（*Refuge Backlog Regulations*）。1992 年夏季,众议院对 C-86 法案（Bills C-86）举行听证会时,出现了更加突出而强烈的分歧,虽然该法案被最终通过并于 1993 年初正式实施。新修订的移民法引发了全国性辩论,新的立法在被一些群体拥护的同时,又遭到另外一些群体的攻击（Refuge July, 1992; January, 1993）。本书后面的章节将会对此现象进行更多的阐述,而加拿大关于难民政策的大辩论,显然成为"中国大陆非规则移民"调整和适应加拿大社会的重要的社会历史背景（Tian & Lu, 1995）。

三、研究纲要

本书探索的关键问题有这样几个:谁是"中国大陆非规则移民"?他们为什么和如何决定移民,并且选择在北美提出难民庇护申请?他们经历的压力形式是什么?他们如何有效地使用个人和团体的社会资源应对压力?他们采用了什么策略适应新环境?他们如何、为何、何时、何处、对谁展示自我和自我认同?他们是如何被那些具有不同社会、文化背景的华人与非华人所识别并认同的?为了探讨这些问题,本书的研究将使用以下关键概念:推拉因素（Push-pull factors）、移民决定（migration decision）、跨国移民（transmigrants）、散居（diaspora）、自我（self）、自我认同（seif identification）、自我表现（self presentation）、认同操控（manipulation of identities）、污名（stigma）、文化变迁（culture changes）、压力与缓解（stress and coping）、资源调控（coping resources）、适应对策（adaptation strategies）、族裔动员与支持（ethnic mobilization and assistance）、适应过程（adaptation process）。那些在加拿大呈交"难民申请"的中国大陆人士,他们绝大多数通过人们所广泛批评的各种"偷渡形式"进入加拿大(部分"难民申请者"是持合法护照和证件进入加拿大的,后因种种个人原因也呈交了"难民申请"),因此这批人可以被泛泛地定义为"中国大陆非规则移民",因为从法律的角度讲,虽然他们是自愿选择移民加拿大的,但他们毕竟与合法的规则移民是有区别的。

首先,本书将依据跨国移民和推拉因素理论,研究导致"中国大陆非规则移民"形成的不同因素,分析他们前来北美并申请难民庇护的方式。其次,借用自我理论,研究这批人在新环境中与他人交往时如何自我认同和自我识别。依据个人自我观念改变的理论,当个体的人所体验的文化和所活动的社会环境发生变化时,其自我认同也会发生改变。所以,他们在日常生活中以改变了的自我认同意识在表现着自己。第三,通过参考压力与舒缓理论,强调这批人在适应新的社会环境过程中的遭遇,揭示形成压力的各种因素,并区分哪些社会和个人所拥有的资源功能,能够被用来作为手段影响这些因素。同时,指明他们在北美特有的社会文化氛围中运用这些资源的不同方式。第四,借用移民和难民适应模式,本项目的研究重点在于分为两个层次来揭示他们的适应策略:集体的策略和个人的策略。集体策略的研究主要侧重于族群,即族群动员、族群认同和支援。个人策略的研究主要侧重于探讨个体、家庭和家族因素,包括教育程度、交往技能、家庭支持和朋友关系网络。本研究将努力揭示和说明这些人对自己的多层面的自我认识,体现在他们"日常生活的多种自我表现中"。例如,当他们认为自己是难民的场合,往往是在提出该项申请的法庭上,或者在领取政府难民费时,而在其他场合他们对难民的称呼却退避三舍。

本项目研究的主要发现与"中国大陆非规则移民"表现出的自我社会文化观念的变化紧密相连。这种"自我观念"的变化也许对自我表现和维持自我认同,有强烈的冲击力。需要说明的是,研究对象的变化过程本身就是研究的关键因素。巴斯(Barth)曾经强调在"社会组织模

式"中过程本身具有一定的重要性,他援用人类学大师博厄斯(Boas)的话说:

> 如果人类学要建立关于文化模式的控制研究的话,就不能仅仅将自己局限于对文化发展结果的比较研究上,而应当在条件容许的情况下,尽可能地对文化发展过程进行比较研究(Boas,1940:280)。

> 实际上,社会结构也许就可以看作这个变迁的过程,它又经常与利益的分配有关系,而其本身也是社会过程的结果,其过程则由一些受到局限的决策而左右(Barth,1981:61)。

巴斯因此认为在一个既定的事件上,使用将该事件当做过程的思想方法,将会提高对事件的分析质量。过程"是个不断出现的系列性相连的事件,他们相互之间交往,保持连续,并且能够被清楚地刻画分析"(Barth,1981:78)。他介绍了一个传统模型来说明社会生活中的一个过程(Barth,1981:38—40)。总之,这种过程观念的指向,不仅是个理论议题,也是一个分析上述难民融入新社会的方法论话题。

在评论了问题和客观事务后,本书的脉络就清楚地展现在我们面前了。第二章则侧重讨论一些观念和理论问题,它们主要涉及中国的实际案例,还要解释难民的适应过程和结果。通过上述概括讨论之后,便形成本书的主要论点和理论基础。我们搭建了一个研究框架,目的在于能更系统地描述和分析北美社会中的那些难民群体。这种分析体现和探讨了一个文化观念,涉及传统的中国社会文化价值观念及一些重要发现,彰显了分散的北美华人社区内在的文化形式,这些形式当然与移民融入新社会过程有一定联系。对这些结果的充分认识,要求我们必须从跨文化的视角出发,特别地关注各种差异,如中国人和非中国人、传统和现代的差异等。

　　第三章主要探讨与华人社会相关的一些重要文化价值观问题。通过对海外华人移民社会不同群体在适应过程中的亲情和家庭关系的分析,以及对自我、社会和社会关系建立过程的描述和分析,揭示了华人社会特殊的文化价值。此外,本章还对海外华人移民过程和海外华人社区从历史和发展的角度进行了描述和分析。

　　第四章论述研究方法。通过对研究样本选择过程的描述和分析,来展现本项研究的具体计划,提出可供实际操作的资料收集方法,并对可预测到的部分观察效果和实际调查的可能结果进行前瞻性表述。这一章主要确立相关事物发展变化过程、研究对象如何保持与其他群体的信任关系,分析特定人物在难民中的角色和他们与研究群体的交往互动。通过讨论大体明确的问题和研究对象的特点,阐述理论与文化观点,考察特定人物与难民交往的经历,本章还将进一步提出一些具体的研究问题,从而构建本项研究的指导性思想体系。

　　第五章集中探讨并详细描述"中国大陆非规则移民"移入北美社会的全过程。研究涉及他们离开中国时的社会经济背景,分析他们在北美社会特定居住地区的人口结构特点,以及他们在到达北美后最初的反应和所表现出来的适应性及创造性。研究结果将会明确显示:这些不远万里来到加拿大申请"难民"身份的到底是哪些人?他们为什么会成为"难民"?他们用什么手段移民和居留北美?

　　第六章关注这些非规则移民在日常生活中的自我表现和自我认同。研究讨论他们和北美主流社会的交往,他们自我观念的变化,他们在社会上自我表演的技巧,特别是与涉及难民身份的相关表演。研究的侧重点是:他们在北美申请避难时,个人如何经历文化价值观念的变化,以及如何经历自我意识的变化。

　　第七章研讨这些非规则移民和其他华人移民的关系、难民和整个社会居民的关系。通过分析他们自我认识的过程和自我形象塑造的过程,揭示他们是怎样被主流社会排除在外的;通过分析其他华人对待难民的态度和他们对难民的认识,本项研究将揭露出这样一个事实:作为一个亚族群,这些非规则移民其实是很孤立的,北美主流社会、已经落地生根的华人社区、新近从中国香港特别行政区、台湾来的移民,还有自中国大陆来的合法移民,都对他们冷眼相看。

第八章展示这些非规则移民融入北美社会的过程。通过描述他们中的一些人争取合法权利的成功行动,表现了他们融入当地社会的不同结果,说明他们怎样运用个人和社会资源去舒缓压力,克服他们移民后遇到的困难,以便能够成功地融入当地社会。

第九章总结了整个研究过程,提出主要的发现,同时揭示了现存的公共政策与富有族群政治特点的难民问题研究及在研究结果方面存在的差异。同时也会论及本项研究所存在的不足,本研究已经揭示出来的这些非规则移民融入加拿大社会的过程,还是很不完整的,因此后续研究是非常必要的。所以,本项研究对他们未来的发展和生存提出一个十分明确的预测,并对未来的研究提出建议。

第二章 理论构架与文献回顾

一、引 言

　　本章介绍和讨论与本研究相关的一些理论和概念问题。首先,简要说明跨国主义和全球化对国际移民、移民者的适应以及民族认同的影响(参阅 Appadurai,1990;Basch 等,1994;Gupta,1992;Malkki,1992;Richmond,1994;Schiller 等,1992),并且概括一些理论方法。这些方法是将移民当作一个跨国的动态过程,特别是把研究目光集中于中国大陆移民群体的身上,探寻他们适应新社会和新文化环境的途径。其次,描述"传统"的价值观,因其也会影响中国大陆移民者适应加拿大的方式。然后,回顾文献研究,主要是关于海外华人群体,特别是这些群体如何利用既中国又非中国、既传统又现代的文化资源。对本章所引用并讨论的主要学术观点,将按照多伦多华人移民的适应能力标准而有针对性地加以评价。

　　在移民研究中有个比较被普遍接受的观点,即不断增加的全球性资本化的生产,形成了新的国际劳动力分配格局:由于加工业的生产不断地被转移到发展中国家,许多发达国家逐渐变得"非工业化"(Basch et al,1994:25);同时,许多经历过分裂的发展中国家,其经济实力就像其劳动力资源一样,在不断地增加,"这些经济的转移正在创造出一个定位不当、失业率增长的劳动力大军,且不容易被经济增长所吸收,但仍然是经济力量中的一小部分资本"

(Schiller et al,1992:9)。

　　全球资本出现的条件和资本、劳动力之间的新关系,不仅反映在全球的生产分配系统和市场中,而且同样影响移民的迁徙过程和方式,也正是通过这种方式,他们逐渐认识到自己是谁,以及正在做什么(Basch等,1994:12)。席勒(Schiller)等认为:

　　　　第三世界和工业化国家的经济混乱,增加了移民,但同时也使移民在新环境里非常困难地建造和寻求适宜他们的社会、经济和文化基础。这种脆弱性的增加,有可能将跨国移民构建成一个漂泊的社会存在(Schiller,1992:9)。

　　因此,对于作为一种社会文化进程的跨国主义者,我们可以这样来描述,"尽管他们日常生活的行为、社会经济和政治关系,可以创造跨越国家边界的社会领域"(Bash et al,1994:27),然而,在这样的一个社会环境内或庞大的"理想社会"中生活(Andeson,1983),这些移民们,或更简单地讲是"漂泊者",正逐渐意识到:

　　　　他们自己将面对并且卷入了两个或更多的民族群体的建构过程。深深扎根于这个过程中的种族、民族的霸权类别形成了移民的同一性(Basch et al,1994:34)。

　　萨弗兰同样对移民东道国和本土国之间复杂易变的民族国家地位进行了讨论(Safran,1991:95)。简而言之,跨国主义观点的形成对移民的研究带来了一个全球的观点,而且席勒等建议,"只有把整个世界看做是一个统一的社会与经济系统,才能使我们理解这种现象:为什么学者对全球各地涌现的不同类型的移民,在研究报告中具有相同的描述及其内在含义"。将移民概括为跨国移民,同旧的观点形成了鲜明的对比。

旧观点把移民看做为这样一个群体,他们永久地离开家园,放弃旧的生活方式,适应并居住在一个新的环境里;将移民解释为跨国移民使我们"从一个动态的过程来观察移民的行为,分析他们的来源,观察他们的变化,并且了解他们是如何影响本土国和东道国"(Schiller et al,1992:19)。

留意观察这些跨国行为后,我们就会发现,这种观点并非意味着移民将不再需要适应新的环境。相反,这种跨国主义的观点,可以帮助我们更深入地去思考:发生在移民社会领域里的跨越边界的适应过程究竟是如何展开的? 这些社会领域被学者们定义为"民族空间建设项目"(Basch et al,1994:125),或者说跨国移民同他们复杂的社会关系网交织在一起,形成的所谓理想社会就是在这样复杂的社会关系网里形成的。

"跨国移民在他自己创造的移民社会里,兼收并蓄了扎根于其原籍国社会与东道国社会的多元身份,这些多元身份往往都是难以确定的"(Schiller et al,1992:11)。正是这种边缘身份"形成了移民在其自己所创造的新型社会中适应对策的资源,而这种资源可以是个体的也可以是集体的"(同上:19)。

二、概念问题

(一)移民和散居者

在随着苏联解体而形成的新的国际社会里,"难民问题"出现了,但它并不只是这个充满矛盾和冲突的世界经济制度的标识(Richmond,1994:73)。尽管大批人民被迫离开他们原居住家园的现象有着很长的历史,但是自第二次世界大战以来这个问题变得更加显著[①]。难民的

---

　　① 例如,二战之后,成千上万的波兰人和原东德人离开家乡进入西欧。以色列的建国导致阿拉伯和巴勒斯坦建立了大批难民营(Kee,1961;Richmond,1994;Schechtman,1963;Sutter,1990)。

概念已被政策制定者或社会学家所高度关注阐明（Beger,1981；Stein,
1981；Melendez, 1988；Grahl-Madsen, 1990；Lanphier, 1990；Rich-
mond,1994）。现在,被普遍接受的有关难民定义的解释是由国际上的
合法机构提出的。根据《联合国关于难民身份大会决议》第一条规定
(The United Nations Convention Relation to the Status of Refugees,
Aricle 1),作为个人的难民是指：

> 由于害怕受到各种宗教的、国籍的迫害,或者本人系某一特殊
> 社会集团、政党的成员,而被迫离开自己的国家,或者由于这种惧
> 怕,而不能或不愿意在自己原籍国家中寻求保护；也可解释为,由
> 于没有国籍或由于上述理由而远离先前的居住地、或由于惧怕而
> 不愿意回到自己的原籍国（引自 Richmond,1994:234）。

这种解释强调了两点避难理由：(1)他们已经离开了他们自己的本
土国；(2)他们成为难民与当前政府机构有关（Beger,1981:27）。上述
这种解释受到了一些学者的批评,因为其中没有包括这样一些因素：有
些人,他们虽然离开了自己的国家但未取得东道国的合法身份,或者是
为了躲避战争、内乱与自然灾害而离开自己的国家。从本质上来说,联
合国有关难民的解释简化了"政府的责任和义务"（Stein,1986:6）,一
些理论家认为"难民"的概念中应加以考虑合法的国际合作的救济努力
（Richmond,1994:73）。然而,由于法定的解释有太多限制,许多社会
学家更倾向于通过参照诸如创伤、迫害、危险、丢失、分离和被迫离开等
压力来解释难民（Stein,1986）。结果,许多人采纳了这样一个术语,即
"事实上的难民",用于描述这样一类人：他们不能或不愿获得联合国大
会难民身份的认可,或者他们有正当合法的理由不能或不愿返回自己
的本土国（Cels,1989；Gilad,1990:133,347；Paludan,1981:71—72）。
另外,有些人常使用由韦斯提出的"事实上的难民"定义来解释："这些
人不是难民,但他们害怕受到惩罚,这种惩罚是由于不合法或未经许可

而离开自己的本土国所引起的。"(Weis,1974:51)

在加拿大,难民的合法解释是逐字按照联合国有关难民身份的大会决议而制订的(Richmond,1994:75)。大部分允许自外国进入加拿大的难民,基本上是以挑选标准或特定系统为根据的①。不过,依联合国难民条款确认在加定居移民的身份,在实施中有一定程度的弹性。这可以从加拿大建立的"指定类别"②中得到最好的阐述,它允许来自于特殊宗教或在自己国家遭受特定的政治环境的团体进入,因为这些条款不需要按照联合国难民大会的标准来衡量。实际上,"指定类别"正好处于联合国有关难民的条款与加拿大允许移民进入的特定系统中间。自1979年起,在到达加拿大的难民中有3/4都是按照这个条款批准的(Lanphier,1990:82)。

然而,近些年来向加拿大提出难民申请的人数在不断增加,他们声明是按照《日内瓦公约》(Besiee,1988:4—5)而申请避难于加拿大的。直到1993年2月难民决定制度生效起,任何已经抵加或即将抵加的人都有权提出避难请求,不管他们先前的经历是否与该项制度有关。而且,所有难民申请者都会收到一份最初的调查单,目的是为了检查他们的要求是否合理③。如果合理的话,他们将会被政府有关机构通知进入法庭审查程序④(参阅 Lanphier,1990;Richmond,1994:135)。在上述难民决定制度中,如果某人符合联合国难民条款,他或她将有权获得

---

① 这个系统的建立为选择移民提供了"普遍"的方法(参阅 Richmond,1994:135—136)。

② 在20世纪80年代和90年代早期,有三类指定的类别:(1)越南北方获得反侵略战争胜利后进入的印度籍华人;(2)独立生存的东欧共产党人;(3)萨尔瓦多、危地马拉、波兰和智利国家的政治犯和被压迫者(参阅 Gilad,1990:124)。

③ 由于加拿大政府于1993年2月1日实施了一个被称为 Bill C—86 的政策,这个法庭审查程序被改变了。新制度取消了要求申请者承认避难申请,政府依据申请者提供的基本文件决定是否同意给予难民身份的做法。因为在新法案产生影响以前,大多数"中国大陆非规则移民"是以留学的理由进入加拿大,所以新的 Bill C—86 法案对留学事务产生了冲击。本项研究将不对 Bill C—86 法案进行深入讨论。(参阅 Richmond,1994:135—141;*The Toronto Star*,February 1,1993:A5。(加拿大地方报纸《多伦多之星》。)

④ 引自 *Refugee*,December,1991;July,1992;January,1993。(加拿大刊物《避难》)

永久居留权。如果他们的申请被否决,他们可以向联邦法院提出上诉。依照法律,在最后决定给予居留权前,他们将不会被逐出境①。而且,加拿大也已经在实施一些特殊的计划,比如不得将一些没有获得难民身份的移民驱逐到某特定生存环境有危险的国家②。不过,从 1990 年起,"中国大陆非规则移民"申请者中被拒绝的人数在不断增加,因为他们的要求既不符合联合国会议标准,也不符合指定类别的标准③。当这项学术调研正在进行之际,所有难民申请遭到拒绝的"中国大陆非规则移民"被允许临时滞留加拿大,从事临时性工作。这项命令是加拿大劳工与移民部长(Minister of Employment and Immigration)在 1989 年夏季颁布的。

　　中国法律体系中对难民没有法律性解释④。"难民"经常作如下解释:避难者,指为了逃避自然的或人为的灾难而远走他乡;流亡者,指被迫离开自己的故乡;难民,指遭受灾难的人。因此,我用"中国大陆非规则移民"来泛指所有来自中国大陆并在加拿大提出申请难民身份的人,不管他们的申请被接受还是被拒绝。因为这批人不同于其他的规则移民,又不适宜使用《日内瓦公约》对"难民"(refugee)的定义。

　　从地缘角度来看,移民和难民是没有区别的,他们都是从一个地区迁移到另一个地区。但是,从迁移动机来看,二者是有区别的。一般来讲,移民主要是自愿的,而难民却是被迫离开故乡(Bernard,1976;Go-

---

　　① 新法案(Bill C—86)更改了将上诉程序从联邦上诉法院移到到审判庭的做法。这种修正受到加拿大难民事务局的抨击,因为它会在技术性法律条款方面减少上诉的可能性(*CRS*,July,1992;Richmond,1994:135—141)。

　　② 加拿大劳工与移民部长于 1989 年夏指示移民局 (the Immigration Branch)不能将难民遣送到黎巴嫩、萨尔瓦多(Gilad,1990:314)。

　　③ 1992 年,有 1321 个中国大陆人在加拿大申请难民身份,但是仅有 292 人按照《难民协议》(*Convention Refugees*)获准,比例为 22%。1991 年的比例是 30%。参(The World Journal,February 17,1993.(加拿大《世界日报》)

　　④ 中国政府尚未参加《联合国关于难民身份的协议》(The United Nations Convention Relating to the Status of Refugees),同时在中国也不存在任何该会议所指的"难民"。

za,1987:62—67;Richmond,1988:44),这种分法正好吻合传统的"推拉"理论。根据里奇曼(Richmond,1993)的解释,"推拉"理论将移民看作是社会经济低下、政治制度不稳定的产物,这是相对于经济富裕、政治稳定的社会而言的。前往加拿大的"中国大陆非规则移民"的人数曾在一段时期剧增,是加拿大政府对于前来的各类移民或难民给予各种慷慨的财产资助,而且加拿大的社会民主体系和自由空间具有吸引力(详细的讨论将在第四章进行)。从这个角度来讲,一些"中国大陆非规则移民"同国际上所讲的一般移民有某些共同点。但是,若从一个更深的方面来研究,他们同规则移民的区别是非常明显的。

对于移民,传统的解释为,"自愿由一个国家迁移到另一个国家,而且希望在东道国永久居住"(Berry & Kim,1988),但是,我们认为移民不仅仅是指从一个地区永久地迁移到另一个地区这么简单,他们跨越了地理、文化、社会、政治的界线,促进了东道国的社会发展。由于这种解释没能考虑在迁移过程中移民的身份类型,所以我们对此定义做了如下的修正:移民是指符合他国移民法的规定,从一国被允许合法地进入他国而且希望长期定居,并且同其移居国的社会成员发生社会、文化、政治经济的关系,而且这种关系具有长期的稳定性。

在加拿大,移民包括家庭移民、个人移民和符合《日内瓦公约》规定的难民三大类,根据移民法的规定,这三类人都将获得永久居留权,也就是说,一旦他们以"永久居住"的身份合法进入国土,便赋予了可以同加拿大社会成员发生关系的权利[1]。但是在成为规则移民之前,必须经过一系列的手续。而这些规则并不适合于"中国大陆非规则移民",因为尽管移民和难民有某些共同特征,但是在许多方面两者都有明显的区别。在加拿大,难民是按照《难民协议》(Convention Refugees)的

---

① 　永久居住是指已经登上陆地,但是还没有成为加拿大公民。陆地这个词在这里的含义是法律上允许进入加拿大并享有"永久"居住权的人(Gilad,1990:349)。

要求对待的,按照罗宾逊(Robinson,1983)的观点,那些难民申请被依照《协议标准》(Convention Criteria)拒绝的人就是非法移民。正如许多人都曾讨论的一样,对于大部分"中国大陆非规则移民"来讲,申请难民身份是成为移民的途径之一。因为直到1993年2月1日加拿大的新难民制度生效之前①,这样的做法都是被允许的,他们也是通过难民申请而成为合法永久性居民的,这些都是曾存在的事实。因此,我认为把那一批人称为"非规则移民"更贴切,因为难民申请规则和常规申请是不一样的。总而言之,因为几乎每一个难民都属于移民者的范围,但不是每一个移民者都是难民,所以,移民者的含义比难民的含义更广。

1990年代初期,在社会科学领域中"散居"或"散居社区"的概念频频出现,特别是在关于难民、移民、少数民族的研究文献之中更为突出(Safran,1991:83;Glifford,1994)。散居常用来指由于被迫或出于某种原因而离开自己"家乡"的个体所组成的一个与众不同的群体。巴斯等人认为,"处于散居社会中的个体就像是被放逐到另一个远离家乡的地方的人一样"(Barth,1994:269)。萨弗兰则进一步深入解释此概念:(1)"居住于国外的少数民族社区"从最初原"中心"扩散到至少两个"外国地区";(2)仍然保留着对"家乡的回忆、梦幻或者是神秘的幻想";(3)认为"自己不能被东道国完全接受";(4)当时机恰当的时候,认为家乡是最终的目的地;(5)立志为家乡的稳定、繁荣做贡献;(6)散居群体意识标志和战斗力表现的"关键因素"是与家乡依然保持着持续的联系(Safran,1991:83—84)。现实生活中,并不是每一个散居个体都具有这些特点。克利福德曾用犹太人的聚散事例,作了一个不同的解释:

在这个观点上强调联系地位的重要性并非是抽象的,而是具

---

①　自从加拿大有关移民的新法案(Bill C—86)发生效力以来,允许进入加拿大后再申请难民的案例越来越少,结果是,从此以中国大陆难民申请者面貌出现申请难民庇护的案例大幅度下降。

有鲜明意识的。犹太人抓住并强化这些联系,他们没有刻意追求国家的标准和本土的标准,特别是土著人的标准,即被称为"种族"人群的标准(Clifford,1994:307)。

此外,伊恩·昂也强调,"漂泊的犹太人是这样一个民族群体:他们的社会文化呈扩散性,而且他们所创造的分散并广布在世界各地的移民社区,靠着实际存在的或者具有象征性的与原来家乡相互关联的作用而维系着"(Ien Ang,1993:5)。如下所述,居住在多伦多的"中国大陆非规则移民"也具有这些特点。

(二)移民过程与适应过程

许多文献都对世界各地移民对环境的适应程度作了描述。但是,这些仅仅是文献,人类学家必须从心理学、社会学和其他相关领域来寻找这个现象的不同意义。很明显,各个领域所关心的角度是不一样的。比如,生物学家关心人体的各种器官是如何适应环境的;心理学家关心个体在适应过程中的自我表现;人类学家则关心移民群体的本土文化是如何适应新社会的。在此项研究中,我综合了社会各界的不同观点。

抽象地说,移民是指一群人从一个地区迁移到另一个地区的过程。在分析当前移民过程中的特点时,珍妮认为,移民过程是国际流动的一个小分支,是同当前的雇佣工人、永久居留者和难民相联系:

　　一个人由于一些非常重要的原因或需要离开他的本土国或熟悉的居住地,暂时地或永久地去另一地谋求发展(Jenny,1984:389)。

在跨国的移民过程中,所有的移民或难民都需要应对大量的文化变化,无一例外:

不管是自愿的还是非自愿的、暂时的还是永久的，所有的个体都必须经历一个对新文化环境的适应过程，没有人能够躲避这种改变。在国外的土地上他们都是陌生人，所有的个体都必须经历一个新文化环境的适应过程。作为陌生人不得不应对不确定性和不熟悉性。文化陌生人必须掌握必要的能力和本领，至少是在一个最低水平上（Kim，1987:8）。

大部分传统的有关移民的文献都认为，不同的移民群体以不同的方法和程度去适应东道国，而且在这个适应过程中各种各样的文化冲突伴随其间。但是，"适应"这个概念本身就有多样的含义，特别是将跨国移民和散居社区考虑在内之后，更是如此（Basch et al,1994；Boone,1989；Clifford,1994；Goza,1987；Michalowski,1987；M. Richmond,1974；Scott,1989；Safran,1991）。本项目的研究延续并发展着金（Kim）等人的观点，认为适应是一种跨文化的社会经济现象（Kim & Gudykunst,1988），在这个新的文化环境内，移民或难民的个体需要不断地提高"适应性"或"相容性"的能力，即由他们的迁移而"创造"的能力。当然，这个新环境是跨文化、跨国际的，许多民族群体的适应过程具有一些相似行为。

在这样的环境中，一些民族群体间的界限变得不明显，因此会包容一些边缘成员，就像在加拿大的东亚或东南亚移民群体那样。这些群体也可以被看作具有一种促进团结的精神特质，任何想加入的人都可以共同分享他的文化，同时借鉴其他文化模式（Spencer,1976:274）。格里基尔（Grygier）和瑞博迪（Ribordy）为我们提供了一些更为实用的解释，他们认为适应就是移民个体能够顺利地参与自己在东道国的经济、社会、和文化生活。也就是说，利用东道国所提供的各种机会（比如社会福利）促进自我发展，与东道国的居民相互交往等。但是，正如我们所看到的一样，在跨越国际的条件下，散居的犹太人群体也许不需要作出如此多的努力。同时,适应过程也可以被看作是一种多元化的社会生活现象。米哈洛夫斯基认为,这种多元化的社会生活现象"包含许多因素,比如满足感,身份认同与认知,语言、行为与文化适应,经济行为和社会综合效应"(Michalowski,1987:21)。对于所谓的中国大陆难民,即这些非规则移民而言,他们在适应中还遭受到一定的歧视,对此我将在下文中详细阐述。

心理学家金指出,人类学家将适应过程看做是一种群体现象(Kim,1988:12—14)。在分析不同群体的适应过程时,人类学更关注亲人、朋友和民族间情感的重要性。生活在大都市的民族群体所具有的这些和其他特点,已经作为新移民适应过程中的关键部分而成为人类学的研究课题(Snyder,1976;Zenner,1988)。从群体水平出发,或者依据斯科特等人的专门术语观察,"外国文化中的移民群体相对来说是一个同类,面对占统治地位的当地文化的包围"(Scott & Scott,1989:14)。两种文化的亲近被认为是一种两个可能会导致巨变结果的文化之间的对抗(参阅Berry,1980)。而且,"与内部力量的作用相比,亲近推动的改变常常更不确定、更普遍和更迅速"(Broom et al,1967:270)。

这种聚合性质的繁荣,如同斯科特等人指出的那样,主要集中在种族和文化方面,但是也忽略了一些其他因素,比如个人的兴趣和价值,这些事务也许具有双重社会特征,因为"聚合原则的设想是,文化群体的所有成员在区别文化的特征方面的方式具有相似性"(Scott & Scott,1989:14)。但是,适应过程也可以被认为是特定的文化环境中行为的一致性,而且我认为存在着个体差异。因此,更多人开始关注个体是如何适应环境的(Chierici,1989;Gold,1992;Proudfoot,1989)。这种观点认为一个移民群体中的每个人的适应过程和结果,并不一定具有同一性:

在同一个文化中,虽然大家似乎都是朝相同的方向移动,但是,这种移动并不是绝对统一的,因为背景的差异性,个体在移动中不仅有速度快慢之分,而且在方向方面也会有偏差(Scott & Scott,1989:15)。

上述讨论表明在一个移民族群中个体适应的程度是不同的,就好像社会中主流群体的适应方向与其他群体相比存在着明显的区别一样。这种个体差异在很大程度上是由个人的素质和能力决定,比如受过高等教育者的流动能力、竞争能力以及缓解压力的能力,就比其他人要强一些(参阅 Scott & Scott,1985)。

在现实中,很难区分个体适应和群体适应的区别。如果要描述群体的个人适应过程,则需要对社会经济和社会文化有一个好的理解。作为一个社会过程,我们可以从长期和短期来分析它。塔夫特曾提出"同化"过程的七个阶段(Taft,1957),并且最早提出了长期适应的观点,包括从"文化学习"阶段到"文化一致"阶段。这些阶段都是以一些关键的心理学概念为基础的,这些概念影响个人的适应过程,在以下的讨论中会有所涉及。贝里等提出了另外一类文化适应的种种形式,定义了四种典型的文化观念,例如集中、拒绝、同化、边缘。这四种模式的提出是以移民者对本土国文化的认同以及对东道国的态度为基础的(Berry,Kim & Boski,1988)。

同移民的长期适应相比,短期适应的研究也有进展,金提出,"在适应陌生环境的时候,要更加关注文化陌生人的心理健康。"(Kim,1988:11)他认为在跨文化适应过程中出现的"问题"实属正常,这是获得常识性认知的基础。但是,贝瑟尔等人的研究表明,在对东道国的适应过程中,只有一少部分难民出现过心理不健康的问题,而大部分能成功应对,最终成为东道国社会中有价值的一员(Besier et al,1988:91)。另外,贝里等认为,适应既可以被看作是一种"过程"也可以被看作是一种"状态"。作为一种过程,适应是指认同和接受社会制度的变化过程,通过这种认同和接受,从移民能够很好地利用所在国制度,使其在移民适应过程中可以更好地发挥作用。作为一种状态,适应也指的是对社会制度及功能更加完善地理解和接受的结果,即过程的结果。当然,不同的适应对策过程会导致适应结果的多样性。尽管这种"过程与结果"的研究模式忽略了适应过程和适应状态的差异性、长期适应和短期适应的不同性,以及个人适应和集体适应之间的区别,该研究模式为本项研究提供了借鉴之处(Berry, Kim & Boski,1988:62;Scott & Scott,1989;Tapt,1988;Chierici, 1989)。

大部分关于移民过程的研究认为,移民即将要适应的社会是高度发展的,而且个体适应的满意程度既取决于公共社会政策的调节,也取决于自己的情绪调节。现存的社会结构对移民的合作能力、适应的速度和程度都会产生相当大的影响。移民/难民的适应过程,是一个典型的经常受到各种因素影响的人类行为。里奇曼在分析移民的适应过程时指出,这种过程是受"移民前环境"影响的(其中最重要的是移民的动机和倾向),同时也包括"从一国迁移到另一国的跨国体验,移民自己的性格特征和东道国的社会环境"的影响。他也总结出其他一些决定因素,例如到达新国家的年龄、移民者的教育和个人素质、在大众传媒中的曝光程度、东道国的社会制度的类型等(Richmond,1985:51)。米哈洛夫斯基几乎在同时提出了自己的观点,他认为现存的有关移民适应的文献提出了三种适应模式:同化模式、民族层叠模式、构架相异模式。

同化模式认为,随着在东道国居住时间的增加,移民者和本土公民之间的差别应该减少并且逐渐消失(Michalowski,1987:23)。对于研究适应过程中的某些特定方面,同化模式是一个有用的启发式认知工具。同时,由于这种模式否认了移民/难民仍然保留自己的文化和民族性,似乎立刻就会被同化,所以受到了批评(Goza,1987:13—14)。

民族层叠模式是一个非常有实践意义的理论探讨,依据米哈洛夫斯基的观点,不同民族群体由于来源地和种族的不同,在进入东道国之后其社会地位也不一样：

> 第一代移民在其进入一个新社会之后，他们与东道国原有居民的不同的移民身份就被保存下来，这种最早的身份特征不仅引起在经济分配上的不同，而且基于不同的社会立场，人们的思维具有民族性差异，在一定程度上决定着移民的适应过程（Michalowski，1987：24）。

在不同类型的少数民族群体中比如保留着不同的价值观模式，这种价值观的不同也许会影响着他们在东道国与占主导地位的族群进行交流及生存竞争的一种因素。在一个由多元文化所构成的社会里，对民族观念和民族性的认识肯定是多重的。在加拿大这样一个崇尚多元文化价值系统的国度，不同民族的价值观是受到尊重和鼓励的，这种被称作民族层叠的社会模式，实际上存在于一个兼容性的多元文化价值系统中，因此少数族裔在这个"系统模式"的适应过程中具有一定的优势。然而这种模式却不能用来解释民族群体中的个体在适应结果方面何以存在差异问题。

构架相异模式假设移民适应过程是不同年龄、性别、教育和其他变量差异共同发生作用的结果。这种假设已经应用于许多关于移民者的适应过程。此模式认为，在移民者获取他国身份时，他们的人口结构特点，与经济、社会的特点相互作用，所有这些均可能会影响其适应过程（Michalowski，1987：24）。虽然这个模式比前两种更为实际，但对于研究在多伦多的"中国大陆非规则移民"适应过程来说，它并不能提供一个全面的方法论指导。

再者，世界政治经济格局的演变，打破了一些原有国家的界限，有些国家分裂成为好几个国家，而另外一些国家则共同组成一个新的国家，由此在某些特定情况下我们不得不重新认定移民、难民的接收国和送出国,同时我们也注意到跨国适应并非意味着对于接受国的无方向适应(参阅 Basch et al,1994;Clifford,1994;Schiller et al,1992)。通过研究来自东加勒比海、海地和菲律宾的移民者和美国的社会关系——形成了一个新的"跨国主义"方法来分析当前的移民现象。学者们认为"跨国主义"是一个过程,"在此过程中,移民同他们的出生国和接收国之间保持多渠道的社会关系"。他们使用"跨国主义"来强调当今许多移民者建立的跨地区、跨文化、跨政治的社会领域(Basch et al,1994:7)。从这个观点出发便可以认为,移民建立并保持了多元的熟悉的政治、社会、经济、文化关系,所以也可被看作是跨国移民。穿越国界,将两种不同的社会价值系统融为同一个社会价值系统时,跨国移民过程不仅经过了接受国的检验,而且又生活在他们所建立的跨越国界的一个全新的社会领域中。因此,在研究现在的移民过程或移居社区时,这个研究领域不能仅限于出生国、东道国,还应把散居社区包括在内。此"三角关系"(Safran,1991)促使我们必须从一个全球的角度来研究散居/移民现象。

纳伽塔(Nagata)建议,如果社会科学领域中理论条件成熟的话,通过研究并确认移民/难民跨越国界成为全球系统中的一部分的程度,可以对"后工业主义"进行一些更明确的阐述,这样就不难看出"成为东道国的公民"并不是移民的最终目的。纳伽塔和里奇曼的观点不谋而合。他们认为移民只是暂时停留在一个特定的国家、地区,而高移民率、高回国率则是后工业社会的产物(Richmond,1988:1—2)。

在对移民进行社会学研究的时候,里奇曼形成了一个结构循环模式。这个模式显示:

> 需要提醒人们关注移民过程的两个自然途径,在这个过程中,东道国和出生国的社会制度都经历了深刻的变化。移民的适应不是一个消极的过程,它会对接收国和送出国的社会结构都产生重要影响(Richmond,1988:46)。

　　这个理论同斯科特曾经描述的人们和环境间的互惠关系非常相似；人们不仅解决所遇到的问题，同时也改变了环境（Richmond，1989：21）。换句话说，移民们不是消极地去适应环境，他们也能积极地影响东道国。

　　随着对里奇曼和斯科特理论的深入探讨，我认为应该考虑另一种模式——相互适应①：新移民的民族群体和东道国社会通过相互交往来互相适应。一方面，新移民通过保留主要民族特征来适应东道国；另一方面，东道国也欢迎新群体的加入，因为他们为社会注入了新的民族内容，因此应当受到鼓励，就如同多元文化的加拿大对不同族裔的民族性进行鼓励保护一样。因此，新群体和东道国之间形成了"共同组成"的社会环境。从跨国主义的角度出发，我认为跨国移民自我认同和自我表现的社会领域，不仅仅是由移民而且是由东道国和出生国共同建立的。

三、理论问题

（一）自我、自我表现和自我认同

　　在这项研究中最关键的一个概念是"自我"，马塞拉认为西方心理学研究"自我"的延伸对象已长达一个世纪之久。如前所述，本项研究目的在于通过对"中国大陆非规则移民"日常生活中的自我表现认同，来探讨他们在东道国的适应过程，而在这个过程中自我是一个关键因素。马塞拉认为自我包括以下内容：

　　　　（a）一个主动提供结构并延伸到经历的超常规的组织倾向，特
　　　　别是他假设了一些概念，如自我观念或者自我意识；（b）让我们了

---

　　①　它非常接近"协同适应"的概念，该概念由 Richmond 首次使用。参阅 John Jackson ed.，*Sociological Studies 2：Migration*，Cambridge University Press，1969。

解自己,让世界了解我们的过程;(c)一系列的循环行为方式,由社会环境定型或形成社会环境;(d)一种与相对应的客观世界不同的自我认同的社会意识(Marsella,1985:286)。

约翰逊指出,这个概念是从主观和客观角度形成的:

> "自我"分为主格的"主观自我"和宾格的"客观自我"。"客观自我"既包括作为他人社会对象的自我,也包括作为自己社会对象的自我(Johnson,1985:93)。

马塞拉认为,自我的定义会因跨文化而有所不同,"文化经历塑造了自我,包括塑造了我们的价值、思想方法和社会关系"(Marsella,1985:287),厄尔查克通过研究也提出同样深刻的看法(Erchak,1992)。然而,在考虑到文化的影响时,我们不仅应考虑中国和西方关于自我定义有何不同,而且应从更广的社会文化变迁的角度来考虑每一个环境中的自我又是如何变化的。

朱谦(Godwin Chu)在研究目前中国自我意识变化时指出,自我的含义是:"一种有效的行为方式,它表现为自我与他人的期望,以及自我与他人的相互作用。"(Chu,1985:252)他解释说,自我的发展,在个人环境中的三个方面得以形成,即物质和物体、想法、信念和价值。在这三个方面中,朱谦认为"在他人眼中的辉煌对于个人自我意识的形成是非常重要的"(Chu,1985:254)。杜维明(1985)和许烺光(Fransis L. K. Hsu,1985)同样认为,根据儒家思想,"传统"中国人的自我体现为个人的"关系"①。因此,传统中国人的自我不是固定不变的,如果没有

---

① 在中国的有关联系或交往的词汇中,"关系"是中国人社会生活中最重要的坐标之一。对此观念的进一步讨论,可以参阅雅各布的论文(J. Bruce Jacobs,1982)。

来自社会的支持,自我就不能发展。一旦受到压力,人们就希望从这些关系中寻求帮助。这种人际关系是建立在多种价值观之上,这些价值观包括忠诚、孝顺、忍耐力和勇气。总而言之,传统中国人的自我是以社会为中心,这明显区别于西方人以自我为中心的自我和许烺光提出的新的中国式的自我,这些区别在下文将详细讨论。

在本书中使用的另外一个关于自我的理论观点,引自欧文·戈夫曼的著作,他把社会交往类比为一种戏剧表演的方式。在这个表演中,人们(像演员一样)表现自己,引导和控制他/她对自己的印象。社会由一些固定的程序组成,个人就在"舞台"上演出这些程序。也就是说,社会环境是人们向观众表现自己的场所,将自己相对美好的形象展现在舞台上。但是在"后台"刚好相反,演出能休息、彩排,为下场演出做准备,同队友就舞台表演开几句玩笑(Goffman,1959、1963、1967)。戈夫曼认为自我是一个场景的产物,是一个由他人制造的对这个人的也许适宜或不适宜的转嫁:

> 自我,恰如演出时表现的人格,而不是一个原形,能占有特殊的位置。他有出生、生长和死亡的过程;表演的场景能进行扩散,最关键的是,这些人格的特点,是否被信任。①

戈夫曼指出,当一个人出现在他人面前的时候,他会不自觉地反射周围的环境,认为自己是很重要的一部分。戈夫曼理论提醒学者注意社会交往的方式,特别是人们面对面的交流也许能反映个人控制环境的能力(Goffman,1959、1967)。

戈夫曼关于舞台的分析对理解个人和群体是如何被否认的,以及

---

① 这个"人格"的定义犹如表演中的一个人物,他有精神、力量和其他能提高演出效果的价值,以便按照预定的设计去呐喊(Goffman,1959:252)。

这些有舞台的群体如何调整身份,降低环境对他们的不可接受性是非常有用的。事实上,个人有时是无意识地操纵周围的生活。在个人的生活中,"个人完全被自己的行为所吸引",他们的动机完全是作用在"正式自我"的过程中。相反,演员则是以预先设计的想法来表演。他使用"故意的"自我是为了强调交往的目的,比如获得信息、印象管理和矫正结果。

在戈夫曼的理论框架中,为了互相评价,他引入了演员以目标为中心的行为。他的理论中有一个更合理的发现,就是人们常常"自愿"地回避他们不被欢迎的场所,是为了保全面子、保持尊严(Goffman,1967:43)。与举止和社会状态紧密相连的这个"面子","是一个人有效的自我表现而得到的积极的社会价值,依据这条线索,其他人假设在一个特定的接触期间内他就是这样行事的",而且"面子是根据被认可的社会地位来描绘自我的一面镜子——即一个与其他人分享的镜子"(同上,1967:5)。因为同个人经历相关,所以面子对于个人是非常重要。事实上,保持尊严是影响个人交往的最主要动机。围绕这个观点,戈夫曼认为"每个人、每个亚文化和每个社会,都会上演维系尊严的一出戏"(同上,1967:13)。事实上,在我以下的调查中,也阐明了保持尊严对中国人的重要性。

社会心理学家巴里·施伦克描述了自我认同的过程,并认为这种认同是在个人与社会相互依赖的基础上形成。因而,身份"被看作是一种自我理论,这种理论是通过想象和现实人与人之间的协议而形成的"(Schlenker,1986:23)。自我认同是通过各种人与人之间,以及与环境之间不同交往形成(同上,1986:23、55)。

施伦克的理论完善了戈夫曼关于个人如何表现自我的理论。格利森认为,"身份"和"角色"的概念在日常使用中可以互指(Gleason,1983)。也就是说,个人的自我是通过日常生活中所扮演的角色来形成并逐渐加强的(Chu,1985)。麦考尔和西蒙认为不同的环境可能会使角色、身份按等级排列(McCall & Simmon,1978)。

　　在本书中我使用自我表现和自我认同的概念,主要借指"中国大陆非规则移民"个人塑造不同身份的过程。由于自我不是固定不变的,所以能够形成多元身份。

　　人们的自我如何改变,为什么会改变,在研究移民和适应过程中,这是一个有趣的部分。考虑到文化的改变,基弗指出"改变"只是在特定环境中发生。因此,在解释"适应过程"的时候,必须澄清"环境"的定义。在有统治阶级的社会里,统治阶级必须学会从他们的利益出发来管理文化间的冲突,但是人口占少数的群体很难丧失自己的本土文化或完全被主流文化所吸收(Kiefer,1974)。因此,我认为,在"中国大陆非规则移民"以一种能被社会接受的方式进行自我表现和自我认同的时候,社会应容许他们保留一些中国式的自我表达方式。

(二)民族性、民族认同与适应过程

　　作为研究中国大陆移民如何适应新的加拿大社会环境并进行自我认同的著作,我们有必要从社会学角度出发,来阐明民族性、民族认同和移民/难民适应的含意。

　　民族性和民族认同都已从许多方面得到解释(Isajiw:1974)。大多数的定义都与德弗斯所说的相关,即"一个与过去持续相连的感情"(De Vos,1975:17)。民族性常指特定集团保留的社会和文化特点(Bell,引自 Hicks,1977:3)。这种特点不仅将民族以类别区分,而且促进了对自己文化遗产的保存,因此形成了一个双制度的社会现象。

　　还有一些对这个概念的不同解释。舍默霍恩认为,民族性是一个综合名词,可以用来指多种包含任何民族特点的融合(Schermerhorn,1974)。巴斯认为从民族意识形成的疆域出发可以更好地理解民族性。纳罗尔认为民族性是一个社会组织而不是文化组织(Naroll,1964)。巴斯强调民族需要从社会关系方面解释,依据种族群体应当限定社会

疆界的观点。他认为种族疆界限定了社会生活,因为"民族是一个行为和社会关系非常复杂的组合"。他认为民族单位不是超个体的,相反,它"依赖于地域的维持",而且可以在不同的环境中发挥或大或小的作用(Barth,1969:14—18)。

巴斯的观点有助于我们理解,在不同社会经济和政治制度下民族性是如何发挥作用的,格拉德尼根据他对中国民族问题的长期研究经验,提出可以用"对话模式"来解释当代中国的民族性是如何在社会政治关系中形成。在本项研究中我发现他的理论比较有借鉴意义。格拉德尼举了一个回族的例子,认为回族的民族性与中国当前的"汉"民族认同有关,即由于汉民族认同的排他性而加强了回民族的民族特性。格拉德尼并且阐明了民族之间以及政府与民族群体之间对话的重要性,指出在当代中国少数民族同政府间的对话,能在社会经济领域发挥很大的作用,并且这种对话对少数民族的民族性变化和民族身份识别,会产生一定影响(Gladney,1991:77)。

雷米尼克从三个层面来分析民族性:心理学界关心民族文化的属性。雷米尼克认为民族认同反映了个体以自己的民族性为中心,包括与一个特定的民族性相关的,对传统以及生活方式的关心程度,保持民族性时遇到的冲突或是由于和一个民族性相关而解决了的冲突等。他同样描述了社会网络"通常指某人的介绍人(可能在海外),以及成为某个特殊的传统的民族集团所拥有的权力和义务"(Reminick,1983:6,括号是本书作者后加的)。

我认为文献并不能解释民族性,因此引用了纳伽塔关于民族性自然属性的三个特点:(1)能发挥利益集团的潜能;(2)易形成同根源且有共同身份的情感,这种情感常被看做是"最初的"情绪;(3)民族身份与文化认同二者具有共同的根源关系(Nagata,1981:88)。民族性区别于其他社会组织的特点在于其独特的运行方式,这种独特的运行方式取决于一个民族原本所具有的特质,以及与之相适应的其他文化特点,换言之就是取决于民族特质与民族文化特点的结合,并能很好地对民族特质和民族文化特点加以发挥(Nagata,1981:2)。但是,当社会文化环境发生变化的时候,特别是当发生文化冲突的时候,某些决定民族性及其社会表现的根源性因素,比如民族特质和民族文化特点,所能起到的作用就不如以前重要了。因此,民族性常常被当做一个对新环境加以适应的对策源泉,作为移民或者难民,不管是在个人还是集体,都会经常利用民族性来加强自己对新社会环境的适应。

关于族裔动员,纳伽塔认为:

> 族裔动员过程,实际上就是个人和群体把一些民族共性组合起来实现既定目标的过程,民族共性的要素包括肤色、语言、风俗习惯等等。因此,在族裔动员过程中,民族性可以被当做一个独立的因变量,受其所属民族群体集体利益和为谋求这种利益而采取的对策影响,且受控于这种利益和对策(Nagata, 1981:89)。

虽然族裔动员和适应过程有所区别,但在现实生活中,二者常常同时发生,比如某一时期的"中国大陆难民"在多伦多的社会政治活动(参阅以下章节)。而且,民族群体也许组织起来利用加拿大的政治制度,来影响联邦政府对其出生国的政策(Safran,1991:93)。同样,为了在本土国和移民国之间扮演某一特定的角色,一些移民习惯性地完成适应过程;比如在多伦多市做商业顾问的移民。因此少数民族企业常用民族性资源来经商,以便同主流社会竞争,多伦多中国城里常使用"中国大陆非规则移民"作为廉价劳动力,就是一个极好的例子(参阅Gold,1992;Thompson,1989;Waldinger,1986)。

"中国大陆非规则移民"常因为他们的"民族共性"而受雇佣,这也包括"族裔支持",即指移民/难民常从其他群体寻找帮助,这些群体早已居住在新社会里,而且同他们有共同民族性。族裔支持丰富了民族群体积聚理论。在对生活在纽约市的海地移民社会经济适应过程的研究中,拉盖尔认为,民族性是个人和群体用于诠释自己的方法,同时也被生活在社会中的他人所诠释。虽然新旧移民团体在不同层次上享有共同的民族性,但是不同的经历和环境使他们认同自己的方式不同(Laguerre,1984)。巴斯等(1994)、布恩(Boone,1989)、奇里奇(Chierici,1989)和戈尔德(Gold,1992)也持有相同观点。

民族群体间以不同的理念相互交往,所以民族间的共性成了冲突的焦点。许多研究分析了适应过程中民族共性的角色,比如,萨顿(Sutton,由奇里奇引用,1989:15)比较了移民对于西印度群岛人民族共性形成的影响。巴斯考斯卡斯(Baskauskas,1985)说明了立陶宛难民维持民族地域的方式。戈尔德分析了由苏联籍犹太人和越南难民组成的民族社区后认为,"在现代社会中,族裔动员将民族间的纽带看得日益珍贵"(Gold,1992:15)。巴斯等认为,这些民族群体构成了跨国的社会领域。格雷纳迪安和文森迪安认为移民愿意根据不同的社会环境来表现他们的多元民族身份(Grenadian & Vincetian,1994:54)。

以在加拿大的民族群体的调查为基础,布雷顿(Breton)等认为,民族性是一个自我解释的过程,同时也是他人作用的结果。所以民族共性和民族环境之间存在直接联系。巴斯认为文化接触在研究中非常重要(Barth,1969:32—33)。

民族共性,如同纳伽塔认为的那样,作用就像塑料一样:易弯曲而且受社会群体的意识形态、期望和实践的影响(Nagata,1974)。社会也许根据文化、相貌、宗教、国籍和其他标准将人口进行分类。民族共性有助于我们理解在特定的社会环境中个人是如何阐明身份,同时借助于一些特殊的形式和其他多维价值观。她进一步指出"人们从一种制度转变到另一种制度,性格也必会发生变化"(Nagata,1976:257;也参阅 Briggs,1971;Bentley,1987)。这个研究评价了上述讨论的观点;移民是如何在社会生活中操纵多元身份以便实现他们的移民梦想,但必须以遭受歧视为代价。

（三）压力、应对与适应

在研究移民/难民适应过程中经常使用压力与应对的概念（例如
Athey & Ahearn, 1991; Berry 1991; Berry et al, 1988; Chan, 1984;
Dressler, 1991; Scott & Swtt, 1988）。最初用来指艰苦的环境，后来泛
指将环境需求与反映连在一起的整个过程（Lumsden, 1981）。在这个
更为广泛的用法中，只有当认为环境恶劣或危险时，人们才遭受压力
（Lazarus & Folkman, 1984；也参阅 Lumsden, 1984）。压力是生活中
不可避免的一部分，而且人们的应对方式各不相同。实际上，如同卢姆
斯登的观点，压力的概念出现在各种西方世界的"应对"词汇中（Lums-
den, 1981:8）。

卢姆斯登进一步提出了四种研究压力的常用方法：（1）赛勒（Se-
lye）的"非特指回应"（nonspecific response）模式；（2）霍姆斯（Holmes）
和拉厄（Rahe）的"刺激组合"（stimulus cluster）模式；（3）理查·拉扎鲁
（Richard Lazarus）的"交易的"（transactional）和"认知现象学的"（cog-
nitive phenomenological）方法；（4）布朗（Brown）和哈维（Hawi）的"社会现
象逻辑"（social phenomeno logical）方法（Lumsden, 1984:2—3）。

同现在研究相关的是"交易的"和"认知现象学的"模式。此观点认
为压力研究应侧重于"人和环境间的关系，一方面考虑人的因素，另一
方面也考虑环境的自然属性"（Lazarus & Folkman, 1984:21），因为关
注人与环境间的关系的观点没有削弱压力对非文化的、物质的或哲学
现象的影响（Berry, 1991）。

此观点同样使学者注意到新社会的不同特点及其加大或减小移民
所受压力的方式（参阅 Basch et al, 1994; Schiller et al, 1992）。阿西和
阿希姆进一步描述了难民儿童所遭受的三种压力：精神创伤、失踪、权
力剥夺（Athey & Aheam, 1991）。在研究印尼华人难民早期在加拿大

定居时，Chan 认为每一个难民都必须应对来自于混乱和定居的压力源。同亲人分离是最残酷的压力之一，而且难民也同样遭受"个人所有物、职业或物质的、精神的损失"（Chan，1984：260）。

以个人评估模式为基础，拉扎鲁和福克曼认为"自我评估"应包括文化含义，而且应对是指他为改变压力产生的环境所做的努力（Lazarus & Folkman，1984：141）。应对方式变化很大，可能包括：改变压力产生的环境、以一种弱化压力意义的方式来重新定义经历压力、调节产生压力的情绪因素使它限定在可管理的范围之内（Pearlin & Schooler，1978；也请参阅 Dressler，1991）。

个人应对压力的方式是由个人资源和外在所能利用的资源决定。个人资源包括：健康和能力、社交技巧、社会支持和财富（Lazarus & Folkman，1984：179）。对个人应对压力有利的资源，社会制度形成了"社会环境相对平衡状态"（同上，259）。同时，人们之间的社会关系并不意味着人们必须从中得到帮助，因为这种潜在的资源随着提供帮助的个人而发生变化。拉扎鲁和福克曼也把社会帮助分为三类——情感支持、触觉支持和信息支持（同上，250），而且他们认为"当需要的时候如果人们能得到帮助，那么就会产生积极的适应结果"（同上，1984：259）。

有关学者列出了三种难民/移民可利用的社会制度的不同形式。例如，陈和拉姆认为蒙特利尔的印尼籍华人难民把民族自留地看做是一种主要的应对淘汰的资源（Chan & Lam，1981）。纳伽塔的研究关注宗教制度在移民适应过程中的作用（Nagata，1986：27；同时请参阅 Lam，1983）。

但是，正如沃克所指出的，从身份形成和保持来看，应对和适应是不同的（Walker，1991：58）。身份认同是自我评估的过程。埃里克森指出，认同的目标是提高个人的声望与保持其存在性（Erik Erikson，1975：18）。麦考尔和西蒙（McCall & Simmons，1978）、纳伽塔（Nagata,1974、1981)也探讨了身份形成和保持的长久意义。在此项研究中，应对和适应过程中的关系是在"中国大陆非规则移民"自我表现和自我认同变化的环境中进行的。我认为这种变化也许会影响自我表现以及保持身份的延续性。而且应对适应过程中遇到的压力源这一概念，对于我们描述"中国大陆非规则移民"在加拿大如何塑造自我，具有非常重要的意义。

第三章　与华人社会相关的
文化价值观

一、华人特殊的文化价值

（一）适应过程中的亲情和家庭

在华人社会里,家庭一直扮演着十分重要的角色。事实上,"传统的"个人资源来源于家庭,同时也受到家庭的影响,也就是说中国人的社会经济资源是由家庭中个人的地位所决定。

许多人类学家的研究指出,难民/移民的"以群体为中心的"适应对策,主要体现在和睦的亲情关系上(Basch et al,1994;Chierici,1989;Gold,1992),而且作为个人资源的补充方式,家族资源是非常重要的(Basch et al,1994:82—85;Kallen,1982;Li,1975)。

迪图瓦(Du Toit)认为,移民决定实际上是受家族影响的(引自Kallen,1982)。人们移民到有亲人的地方,这个地方已经建立了亲情关系和民族意识,民族网形成了移民者和出生国之间的"天然桥梁"。亲情关系和民族意识同样也提供了融合过程中的环境因素:一个人也许会因为经济原因而移民,但是在到达国的职业选择不仅依赖于薪水而且依赖于此职业所需的社会环境。金(Kim)认为,亲情和民族关系网,通过提供信息和促进在东道国的适应过程为移民开辟了大道(引自Kallen,1982:22—23)。

斯科特夫妇通过在澳洲的调查得出结论,家庭对于适应过程的影响既有积极的一面也有消极的一面(Scott & Scott,1989:95—117)。此观点在其他人类学研究中得到验证,比如波恩(Boone,1989)关于华盛顿特区的古巴难民的研究,奇里奇关于海地移民的研究(Chierici,1989),戈尔德关于在美国的越南难民研究(Gold,1992),均涉及这个观点。

大部分学者在强调家族和亲情关系对社会经济行为的影响时,认为中国文化起着积极的作用。对于中国人,家族和亲情关系是大部分社会作用(政治、经济、文化、娱乐)的中心。而且,Wong(1982)认为中国人从出生起就受到家族的影响(请参阅 Fei,1939;Kulp,1925;Yang,1959):

> 有关和睦、礼仪、尊老、勤勉、自尊和勤俭等价值观在年轻时就形成。在家族中,亲情关系常被用于区分年龄、性别、辈份和血统(Wong,1982:58)。

"家族主义"可用来描述"传统的"中国文化制度[①],在其中所有想法和行为都是按照是否有利于家族的繁荣为判断依据。虽然"社会生活"也存在于家族之外,家族和亲情关系的重要性并未因此而消弱(Kulp,1925;105、187—188)。

理想的传统中国家庭有五个显著特点:(1)强调父子关系(区别于西方社会强调夫妻关系);(2)家族成员以家族为荣;(3)同一屋檐下几代同堂;(4)家族成员祭祀祖先活动;(5)家族财产的共同分享、共同生产和消费(Wong,1982:57—58)。

在传统的中国社会中,家族和亲情纽带并不是经济生活中的有效单位。费孝通认为,家族成员可能会暂时离开或离去,同时通过出生、联姻和收养,新的家族成员的引入并不总能发挥作用(参阅 Oxfeld,

---

① 传统的中国文化体系都是依照儒家思想行事,但是后来,中国文化体系也受到工业化力量的冲击(参阅 Chu,1985b)。

1993）。另一方面，与家族断绝关系的成员也许会暂时形成另外一个有工作关系但却没有任何亲情关系的工作单元。因此，生活在同一处所并且参与经济活动的人们并不一定是同一家族的成员。但是，却是同一家庭的成员。因此，由于家庭与家族的不同，家庭在传统的中国农村社会中显得尤为重要（Fei，1939：95；也参阅 Bender，1967）。

　　总之，家庭的主要目的是尽可能多地增加收入，是经济决策的基本单位。相反，家族的基本目标是通过一系列的节日、婚庆和葬礼等仪式，来表达对祖先的怀念之情。值得注意的是中国家族成员表达爱的方式是不同于西方社会的，除了口头表达外，中国人更关心他人的心理需求。在应对和适应过程中，家族是一种很重要的资源。家族成员依靠彼此间的情感、触觉和信息相互帮助，这种帮助可以是跨越国界的。比如，迁移到北美的中国人仍然寄钱给国内的亲人。汤普森通过研究多伦多的中国城，发现中国移民的亲情关系代表一种意识形态，这种形态反过来也影响加拿大亲人的行为。他认为新的中国移民对于加拿大社会经济的适应过程通常依赖于亲情关系："中国人将亲情关系摆在首位，而且把对于家族的重视看做是一种区别于其他群体的文化特点。"（Thompson，1989：166）于是，他总结道，任何华人组织都重视亲情关系网的维护（同上：175；也参阅 Lum ＆ Chan，1985）。

　　但是，不管传统的中国家族主义对北美华人社区在历史上的影响程度有多大，它都不可能主导已经发生了重大变化的当代北美华人社会。北美华人社会的变迁是由多方面的原因造成，比如，二战后一些限制中国人移民的法案撤销了[1]，例如人头税[2]，于是出现了加籍华人家庭。这同二战前，大部分加拿大的华人男性不被允许结婚，被强迫生活

---

　　[1]　加拿大曾经有一些联邦和地方性质的排斥华人的法案。例如大不列颠哥伦比亚省1884 年和 1885 年均通过反对华人移民的法案（参阅 Peter Li，1988）。

　　[2]　1885 年，加拿大联邦政府通过了第一个反华法案，规定从每一个来到这个国家的中国人身上收取 50 加元的费用。1900 年，人头税上涨到 100 加元，在 1903 年达到加 500 元（参阅 Peter Li，1988）。

在单身社会里相比就是一个很大变化：

> 加拿大华人男性破碎的家庭，以及由此引起的社会生活的混乱，是由于反华政策和不友好的社会环境引起的……战后的变化，特别是对于华人移民闭关主义政策的废除，使家庭成员得以团聚（Li，1988：56）。

许多中国移民同国内亲人保持着联系而且觉得有义务为他们提供更好的生活。尽管由于地理原因而分散在世界各地，但最终还是会团聚。给亲人汇款或其他方式的经济帮助都体现了亲情中的义务关系（Wong，1987：136）。Peter Li 认为个人创造出不同的社会机制用来克服结构限制：最重要的是，在保持身份稳定性的时候，许多中国移民易于使用亲情纽带作为缺少其他资源的补偿。华人间的亲情资助是指相互间的义务和互惠互利（Li，1975：182）。同时，许多跨国移民同其他成员保持着联系，比如语音传真、电子信箱、磁带录音、长途电话、信件、汇款和偶尔的拜访（Wong，1987：160；参阅 Li，1988；Wong & Kuo，1981）。

虽然对于许多跨国移民来说，亲族关系的意义似乎比较遥远，但却是持久的（Wong，1987）。同时，由于缺少海外关系，亲情关系有它的局限性。哈比森认为，个人移民动机的理解将会使我们更好地了解个人行为和社会、家庭结构变化之间的关系：

> 家庭结构和功能影响四分之一的移民动机：(1)诱因(或目标)，(2)动机，(3)可得性，(4)期望(目标实现的可能性)。这些动机的构成，可以被看作是"中间变量"，是与环境、社会文化、家庭因素和决策过程联系在一起的（Harbison，1981：250—251）。

和哈比森的观点相比，我做此项研究调查的目的，在于说明家族如何影响"中国大陆非规则移民"的移民决策和跨国领域中的移民适应过程。我认为家庭的混乱是由后移民时期所经历的全部压力决定的,我也探求了跨越时空重建家庭的机制及其自然属性(Nagata,1993)。

(二)自我、社会和社会关系的建立

在中国文化中,"自我"受到儒家思想的影响,说得更具体些,自我被看做是一个有血亲或姻亲关系的个体。在封建社会,家庭占据中心地位:不仅是主要的群体,而且是整个社会的原型,对政府起着意识形态作用。在儒家思想里,自我的发展包括自我变为社会人的转变过程,包括一些主观性因素,也是他人的参与过程。

福柯认为,自我不是被给予而是被创造,即"我们创造出自己就像创造一件艺术品一样"(引自 Rabinow,1984:351)。尽管他的自我是以哲学中的本我为中心,类似于儒家的自我完善。儒家的自我完善包括学习过程的发展,对于所有个人既是普遍适用又是固有的。尽管中国的哲学界对学习过程的定义各不相同,但有一个共识:即自我的发展过程。对于儒家思想来讲,自我发展是一个长期学习的过程,不通过书本,而是通过日常实践。从这个意义来讲,德沃斯等人认为:

> 中国人的学习过程颠覆了西方的实用主义。从本质上来讲,自我是家族世系发展的一部分,是某个家族特定祖先的渐进延续(De Vos et al,1985:18)。

儒家思想劝诫人们的行为要符合家族世系的要求。没有外部社会的支持,个人独自寻求发展是无法想象的。总之,如同杜维明所说,"通过他人,个人获得依靠和扩充。这意味着儒家思想中的自我不仅是所有关系的中心,而且是思想发展过程中一个动态的过程"(Tu,1985:249)[1]。

---

① 可以将儒家的自我发展与戈夫曼的社会自我联系起来。依据他的观点,社会的参与决定自我被信任或不信任。一个人代表一个自我,从对方的角度来说,一个人的身份是固定的(Goffman,1959、1967)。

朱谦认为传统的中国人的自我是易变的,而不是固定的。相反,当遇到压力的时候,个人常希望从这些关系中寻求帮助,所以人际关系是建立在社会支持网上的(Chu,1985)。

随着中国"改革开放"的进一步发展,现代社会越来越强调个人在社会中的地位。要求个人把自己同单位、国家联系在一起。最近的 15 年里,中国的社会经济又发生了变化,最主要的是面向西方人的开放政策,这种开放的结果在经济、技术、社会领域产生了巨大的影响。这种变化使中国社会各阶层产生了矛盾和冲突。最明显的例子是个人在社会中的作用发生了变化,特别是青年一代,他们同传统中国人的自我关系并不密切。新一代中国人的自我更加固定,不像过去那样保持家族关系和传统的价值观,而更多地以利己主义和物质主义为基础。

逐渐发展的中国人的自我同社会环境的关系比以往更加自由,个人的生活圈比以往扩大了。所以,中国人虽然还受到家庭结构的限制,但是处在一个更大的社会关系中——比如"单位"(Henderson & Cohen,1984)和"关系网",人们有了更广的自我表现空间。而且,20 世纪七八十年代实行的计划生育政策对家族制度产生了影响,特别是在城市普遍出现的"小皇帝"现象更适合本我的发展。

当前中国人在社会交往中一个明显的特点是"拉关系",即社会关系的建立。"关系"用来指社会联系,这种联系建立在"同学、同事之间,老乡之间,亲戚之间,上下级之间等等……"(Yang,1988:411)。总之,用来形容两人或多人间的"享有的认同共性"(Jacobs,1982:211),而这种认同的共性会给处于关系之中的各方带来一定的便利和利益。依据戈夫曼的观点,对于中国人而言,"拉关系"为他们提供了一个更为广阔的表现自我的社会舞台,通过这个舞台增强了他们应对环境的能力(Goffman,1959:1967)。

友谊在社会关系的形成过程中作用明显。中国俗语"在家靠父母,出门靠朋友",阐明了中国人在社会生活中所必需的经验。皮特—里弗斯认为友谊的基础是情感,而且必须是相互的,"有关友谊的隽语是,尽管朋友间的帮助是自由的,但必须是互惠的"(Pitt-Rivers,1973:97)。
友谊是普遍存在的,但皮特—里弗斯却把它看作是亲情的延伸。特别
是在中国,我们必须认识到友谊是同亲情相连的,把朋友看作是自己的
兄弟姐妹(King & Bond,1985:38)。"自家人"常用来指社会关系网中
的朋友,而且,每个中国人都知道维护个人和家族利益时"关系网"的重
要性(参阅 Smart,1991;Yang,1988)。

　　早关于建立关系网方面,金认为,这是以个人对他人的作用为中心
的,他指出在自我和他人的关系中:

　　　　群体(家庭或其他集体)界线的伸缩性,给了个人足够的社会
　　和心理空间,据此来建立自己的关系,这个关系可以以不计其数的
　　亲情关系之上的个人为基础(King,1991:67—68)。

　　金讨论中国人建立关系网的方式时借用了仲根(Nakane)的属性
和框架概念。他认为,可用两种方式来认同群体:"一种是以个人的共
性为基础,另外一种是以社会地位为基础。"(转引自 King,1991:69)一
方面,共性也许是旧因,也就是说,来源于特定祖先的群体中的一员。
金认为日本社会结构的特点以固定框架为基础的群体构成。在中国社
会中,属性的原则更适合。换句话说,中国人的群体意识是一系列的标
准的基础,比如亲情、同乡、口音、同学和意识形态。一个人的特性越
多,建立的关系就越广,就更容易利用资源在这个充满竞争的社会里实
现自己的目标(King,1991:69)。

　　拉关系是个人建立或加强个人社会网的过程。雅各布认为,同乡、
亲情、同事、同学和友谊,这些是在中国社会建立关系网所必须具备的
共性(Jacobs,1982:211—223)。而且,下文我将说明中国移民/难民建
立社会关系时,意识形态、政治态度和东道国的合法身份,同样也是非
常重要的因素。以集体认同为基础,金认为共性不是永久不变:

有时人们可以以亲情为基础形成一个群体,有时又可以以口音为基础形成另一个群体。而且,共性的自然属性是有弹性的,能被压缩和扩展(King,1991:70)。

最后,有必要强调人情在建立和保持关系时的作用。"人情"被许多学者译为"人们之间的感情"或"人们之间的责任"(King,1991:74)。我认为"人情"也是一个重要的社会文化价值观,仅存在于社会交往中,或是以个人为单位,或是以群体为单位。"面子"是另外一个关键的社会文化价值观,许多学者都对此进行了研究(参阅 King & Bond,1985:37;King,1991:63)。在汉字中,"面子"是"脸"的同义词。对于中国人来说,"面子"、"脸"尤其重要,因为一方面,它能使个人解释"外部"世界而且为个人提供一系列个人行为的协调方式(参阅 Oxfeld,1993:7,n2);另外一方面,社会存在的本性就是一种涉及全体社会成员的道德秩序(Saari,1982:34)。而且,"面子"同样指个人信用、个人荣誉或个人名声。所有这些都相似于戈夫曼对面子的定义,即"一个人有效表明自己正面的社会价值"(Goffman,1967:5)。

在研究生活在纽约城的上层华人家庭的社会行为时,利昂·斯托沃(Leon Stover)更关心"面子"。他认为,"面子"是上流中国社会以权利为中心的游戏。理论上来讲,普通的中国人也许都能获得"面子"(引自 Saari,1982:36),但实际上却不是这样。我认为一个人的"面子"就像一种社会资本,能够被用于个人社会关系的建立。一个人的面子越大,他就越容易获得"关系",扩大他的社会关系网。

总之,和自我、社会相联系,"人情"、"面子"和"关系"都是中国社会中关键的价值观。实际上,对于处理日常生活,这些就好比"知识财富"的一部分(King,1991:63)。"拉关系"是一种很普遍的社会现象,但也不是所有的人都如此(参阅 Jacobs,1982;King & Bond,1985;King,1991;Smart,1991)。中国人更常使用"人情"或"面子"作为建立社会关系的社会资本。"拉关系"是个人认同和表现自我的社会过程;"关系网"是"拉关系"的结果,亲情关系也可以看作是可供个人利用的社会资源。同时,我要指出,生活在多伦多华人社区的"中国大陆非规则移民"建立社会关系网的方式并不同于他们在中国大陆的方式。

二、华人移民和海外华人社区

中国移民开始于 17 世纪末,直到 19 世纪中期才形成大规模的移民潮(Wang,1959)。目前,有 5000 万华人居住在 80 个国家(Nagata,1991)。有关海外华人的文献研究也很广泛(Chan,1983;Coughlin,1960;Crissman,1967;Cushman & Wang,1988;Hsu,1971;Kuo,1977;Oxfed,1993;Pan,1994;Lai,1988;Li,1977,1988;Nagata,1991;Sung,1987;Tan & Roy,1985;Thompson,1989;Tsai,1986;Wang,1959;B. Wong,1979,1982;Wong,1987;Zenner,1991)。有关华人移民,海外华人社区的持续和改变,在不同政治、经济、社会制度下华人的生活方式都是社会学家和人类学家感兴趣的话题(Crissman,1967;Hoe,1976;Lai,1988;Pan,1994;Oxfeld,1993)。在这一部分,我将对有关文献进行综述,这些文献涉及散居华人、海外华人身份的变化,以及全球不同地区海外华人社区的变迁,我们将讨论的重点放在北美社会,特别是加拿大的华人社区。我们将根据多伦多"中国大陆非规则移民"的适应性及其过程,对这些文献中最主要的观点加以评述。

(一)华人散居:移民和变迁过程

杜维明认为我们正处于"华人散居的新纪元"(Tu,1991:21)。"华人散居"包括这些特定的人,"游历过地球,定居在一个遥远的地球的一角,生活在一个完全不同的政治、社会环境中,并且努力去保持一种明显的文化"(Daedalus,1991:V)。尽管定居在不同的社会政治环境里,散居华人似乎生活在"想象中的社区"(Anderson,1983)或"文化中国"中(Tu,1991)。

随着华人移民的历史,散居华人的建立也经历了很长时间(Pan,1994;Tu,1991)。几百年来,华人移民到了世界各地,主要是东南亚和北美,尽管19世纪前,大陆人很少有移民机会(Wong,1982:1)。在清朝,人们由于受到迫害而离开中国(Tan & Roy,1985:4;Wong,1982:1—2)。他们被认为是流浪者,不允许回国;许多人冒着鞭打、监禁和生命的危险偷偷跑回来(Coughlin,1960:15)。不少华人对中国有着强烈的感情,他们降低身份同外国人生活在一起。儒家思想认为"父母在,不远游",移民被看作是仅次于死亡的另一惩罚(Tsai,1986:34)。

Wong认为,移民可以被理解为人们的一种适应性决策,是那些对现状不满而且幻想新到之处会有更好生活的人们所作出的决定(Wong,1982:2)。中英鸦片战争、内战、贫穷和人口过剩促使许多中国人到别处寻找梦想(参阅Sung,1987:12;Thompson,1989:47—49;Tsai,1986:3),特别是广东和福建的中国人感觉到海外有大量机会。于是,福建人移民"南洋"(南海),比如印度尼西亚和马来西亚,广东人移民到美国和加拿大去淘金(参阅Coughlin,1960;Cushman & Wang,1988;Tan & Roy,1985;Tsai,1986;Wong,1982)。

结构主义者曾对早期的中国移民方式进行分析①。谭和罗伊认为,这是中国廉价劳动力的增长和海外对此需求增加的结果(Tan & Roy,1985:3—4),但是这个观点不能解释在共同环境中,为什么只有一部分人选择移民而大部分仍然留在国内。宋认为行为主义者对此现象的解释会更合理(Sung,1987:13)。行为主义者认为,移民是一个受社会文化和个人变迁影响的过程(Meadows,1980:13)。行为主义者分

---

① 结构主义者认为,移民是一个平衡机制或系统,是与社会和经济分配机会相对应的人口的再分配。在这个系统内,当平衡被打破时,推拉因素的力量产生了作用(参阅De John & Fawcett,1981:22—26;Meadows,1980)。

析了个人变迁对移民决策的影响（De John & Fawcett,1981）。例如，李（Li,1989:19）举例说,20 世纪初远离中国来到加拿大的华人是为了逃避灾难,寻求发展机会。总的来说,他们选择移民是合理的（参阅 Coughlin,1960:20—22；Thompson,1989:159—162；Wong,1982:2）。

同时,宋指出,如果结构障碍阻止某人这么做的话,那么合理的移民决策将会是无效的（Sung,1987:13）。事实上,北美的华人移民受到了不计其数的法律控制和排外主义,这都是其他移民群体很少经历的（参阅 Li,1988:第 2 章；Tsai,1986:第 3 章；Wong,1982:4）。宋还认为,在某些特定的时期内,亲情关系网会影响华人移民的动力过程,这属于行为主义的观点。实际上,19 世纪最后 20 年以及 1947 到 1967 年间,大量移民到加拿大的华人都受到在加拿大的亲人的资助（Li,1988:90；Thompson,1989:164—175）。

结构主义者和行为主义者不能合理解释华人移民在全球的变迁过程（Richmond,1993）。首先,必须明白全球化理论描述了世界如何不断交融,然后通过国家地域来理解信息、资金、商品、服务以及人群的流动（Basch et al,1994:11—12；Richmond,1993:31—37）。举例来说,从 1985 年起,加拿大政府放宽了商业移民的项目后,超过 20 万的香港移民进入加拿大。从 1987 年至 1995 年间,30％的人在此项目下移民。仅 1990 年,455 个移民签证以企业家移民的方式发放给了香港公民；他们的财产总计 6.58 亿美元。这些来自香港的新移民为加拿大商业发展注入了大笔资金,特别是在不列颠哥伦比亚省。据说,这些资金使该省走出了 1990 年代的经济衰退（Li,1993；参阅 Skelton,1994）。香港移民不仅为加拿大带来了大笔资金,而且同其他大陆移民、台湾移民一样,为加拿大社会带来了劳动力和技术（参阅 Liu,1995；Skelton,1994）。

（二）散居华人的身份与族群地域问题

虽然孙中山认为所有生活在中国的人都可以看做是一个中华民族

（参阅 Gladney，1991：83），但是中国人的认同是困难的（Hsu，1991）。王赓武认为，"中华民族从来没有认同的概念，只有成为中国人和非中国人的概念"（Wang，1988：1）。对于个体的华人来说，直到离开有共同成员组成的集体，并决定生活在其他地区的时候，才会碰到自我认同的问题：

> 许多华人只有当身处海外的时候才会感觉到他们的华人身份。在东道国里，他们被看作外来者。这种辛酸的待遇使华人以不信任和怀疑的眼光来看待非华人，并且加强了他们同中国以及其他华人的联系。在许多情况下，他们比在国内更坚持自己的华人身份（Hsu，1991：227）。

当我们要详细描述华人在东道国是如何认知自己的身份时，我们就不会再对为什么会有这么多研究海外华人身份认同的课题而感到奇怪了。比如，王赓武认为，当利用其他资源的时候，东南亚华人便使用自己的多元化身份（Wang，1988：10）。

但是，赫什曼（Hirschman，1988）指出，王赓武的局限性是没有足够关注民族变化的原因，也就是说，他未能解释：（1）在同当地人口的联系过程中，散居华人是如何认同自己的；（2）在同当地华人的联系过程中，散居华人是如何认同自己的。

沿着赫什曼的观点，萨弗兰注意到散居华人的意识在一些地区逐渐减弱：

> 在这些地区，一些无效力的政治因素已被排除，经济机会已经扩大，所以散居华人社区的文化同中国文化的联系逐渐减弱；在华人社区占统治地位的地区，例如在新加坡，由于多种原因从而使得华人文化获得受保护的法律资源，因此能够在出生国之外重建华

人社区,而且这些社区有着更引人瞩目的政治和经济条件。(Safren,1991:89)

汉密尔顿认为海外华人亚族群体对于环境的改变持积极的态度:

华人身份的认同受到海外华人社会环境的影响。认同的一个方面是亚族身份的认同,另一方面是中国民族身份的认同。亚族身份的认同越强,华人身份的认同也越强(Hamilton1977:347—348)。

汉密尔顿的两种模式有助于理解海外华人身份的改变,但是却忽略了一些很重要的因素,比如华人的复性文化和政治(Pan,1994:第13章;Tu,1991),而且,先进的科学技术使散居华人能同全世界各地的华人保持联系(Lam,1994)。然而,萨弗兰认为,海外华人"总能找到一处类似于家乡的地方,那里政治独立,而且自己的文化占统治地位"(Safran,1991:89),这个事实能帮助解释为什么散居华人在海外仍然保持华人身份。

王灵智通过进一步研究华人的文化和政治,将散居华人身份同中国人的"根"联系在一起。他认为中国人的"根"常用指代某人的出生地和个人身份的来源①。而且,对于海外华人来说,"根"不仅指中国人的文化而且指"祖国":

正是这个在海外华人和中国之间的纽带,围绕在海外华人独特的种族和文化认同的周围,随着华人爱国主义的上升,更用于指代一个政治实体——中国,海外华人作为华人公民的合法地位来

---

① 这个形容是1993年朱镕基副总理访问多伦多时所讲,他对散居在多伦多的华侨说:"我们都是黄帝的子孙。"

源于此,而且对此奉献忠诚。总之,根的解释随着时间的改变而扩充(L. Ling-Chi Wang,1991:182—183)。

王灵智认为,海外华人的身份既不属于同类也不是固定不变:所有这些概念都是复杂的,比如,中国对海外华人的政策以及移民的政策就受到过东道国的歧视(Safran,1991:93;也参阅 Clifford,1994)。中国政府对散居华人保持着政治和经济关注,这加强了海外华人亚族身份的认同,即"一个种族,一个文化的联系"(L. Wang,1991:205)。而且,华人社区的多样性"并不与民族身份比例的减少有相互关系"(Barth,1969:33)。海外华人不管居住在哪个国家,都保持着民族地域,比如遍布北美的唐人街,在此地域内表现自己,认同自己,并且被他人称为"中国人"(Barth,1963;Goffman,1959)。

最终,没有单一的海外华人身份,但是"如果在现代的跨国经济的条件下生活在非华人区,并且仍然能够得到社会帮助来维持华人身份的话,毫无疑问,华人将会采取这样的方式"(L. Wang,1991:155)。

(三)海外华人社区的变迁过程

对于社区的解释集中在理解个人的属性,如身份是如何产生,互相交往的个人如何创造并维持着社区,而且这些个人如何分享共同的经济、文化和利益。克里斯曼区别了地域社区和民族社区:地域社区形成一个单独栖息的阶级组织,比如邻近之地区、小村庄的市场地区、农村;民族社区既是以民族性又是以地区为基础,二者都适合散居华人社区,比如多伦多的华人社区或马来西亚的华人社区(Crissman,1967)。以下我所涉及的海外华人社区都是民族社区,民族社区不同于地域社区是因为"它既有民族性又以地域性为基础",通常被解释为"区别于东道国的人口,由共同分享民族性的人们组成"(Crissman, 1967)。

北美的华人社区存在于城市,二战后发生了很大变化(参阅 Crissman,1967；Lai,1988；Li,1988；Tan & Roy,1985；Thompson,1989；Tsai,1986；B. Wong,1982；Zenner,1991）。为了对当前的调查提供背景，以下我们将对加拿大华人社区的历史过程进行概述（Chan,1983；Coughlin,1960；Cushman & Wang,1988；Hsu,1971；Kuo,1977；Oxfed,1993；Pan,1994；Nagata,1991；Sung,1987；Tsai,1986；Wang,1959；Wong,1987）。海外华人社区的持续和改变，在不同政治、经济、社会制度下华人的生活方式，都是社会学家和人类学家感兴趣的话题（Crissman,1967；Hoe,1976；Lai,1988；Pan,1994；Oxfeld,1993）。

（四）传统的华人社区

伴随菲沙河谷（Fraser Valley）和不列颠哥伦比亚省黄金潮的出现，加拿大的华人移民始于 1858 年（Li,1988：11）。最早的华人移民大部分是在贫困环境中挣扎的贫穷的农民和工人。他们出国的时候，妻子和孩子还留在国内。大部分都希望在异国他乡通过贸易或劳动积累财富后回国。因此，早期的华人社区可以描述为以寄居为中心的青年男性社会（Lai,1988；Li,1988；Thompson,1989）。

在加拿大的传统华人社会反映出了早期华人移民的特点，比如他们的农民背景，他们以寄居为中心、来自于同一村庄的移民倾向，早期的华人社区是以血缘纽带和地缘纽带为基础而形成的民族社会体系，以传统的洗衣工人和餐厅服务员为特点，其他地区也是一样（Wickberg,1982：106）。而且，排外主义和其他歧视性条款的实施使这些中国人远离某些职业（铁路、矿井和工场工人），使得他们不得不进入特殊的经济领域，比如餐厅、洗衣店和杂货店。只有在这些特殊行业的地位牢固之后，他们才能"形成一个单独的社会结构，将所有华人集中在一个特殊场所，保护他们免受外部世界的敌意，最终调节华人社区的内部事务"（Thompson,1989：9）。

由于社区发展，各种形式的社会组织随之出现，因而单个组织已经不能满足成员的需要:典型的组织包括慈善机构、家族群体、贸易与手工协会和一些秘密组织(参阅 Wickberg,1982:第 8 章)。克里斯曼认为这个单独的华人社会体系就像一个"切割的体系":

> 在海外华人社区中存在不同形式的切割体,或亚社区体,在不同的环境中结合或分离。在某种程度上,华人社区联合起来,但在一些不同场合却互相反对(Crissman,1967:193)。

总之,正如汤普森所指,加拿大传统的华人社区可以看做是社区的群体,通过亲情关系来调节社会的不平等:

> 这个体系内部是有矛盾冲突的,但是不同群体构成的中国城能调节和解决,商人和普通工人间的等级区别是明显的,这种级别关系在民族社区内部是垂直排列的(Thompson,1989:14)。

加拿大华人移民的历史经历了这样一个过程,从自由进入到选择性进入。Lai 认为,最初的华人移民被允许自由出入加拿大不受任何限制,而且所有的中国城都在不列颠哥伦比亚省。1885 年,联邦政府通过人头税开始限制华人移民,直到 1923 年才结束。在此期间,华人人口减少;所有中国城的人口也逐渐减少,有些甚至失踪(Lai,1988:8—9)。比如,1923 年的排外法令(*The 1923 Exclusion Act*)使温哥华的中国城面积变小、人口减少,1941 年减少到 7174 人,只有 10 年前的55%(同上:85)。多伦多(Thompson,1989:)、蒙特利尔(Aiken,1989)和其他城市的中国城(Li,1988;Wickberg,1980、1982)里,情况也一样。

在限制和排外时期,华人移民自愿组成了许多协会满足社区成员的需要(参阅 Lai,1988;Li,1993,1988;Thompson,1989;Wickberg,1980)。这些协会以集体的努力来动员并且利用有限的资源。这些协会都是以成员享有的地缘、姓氏和亲情关系为基础。但是,1947 中国移民法案(*The Chinese Immigration Act in* 1947)的出现,逐渐改变了华人社区的结构。事实上,当社会条件不能满足新移民的需要时,加拿大的华人社区逐渐开始衰落(Li,1993:270),于是进入了一个新时期。

(五)发展的华人社区

19 世纪 40 年代,大部分歧视性的法律被废除,美国和加拿大废除了 1943 年到 1947 年的排外政策,允许早期定居北美的男性家属移民。但是,这两国仍然限制大面积的华人移民,直到 60 年代两国通过法律允许华人成为合法公民(Li,1988:第 6 章;Tsai,1986:第 5 章;Wickberg,1982:第 15 章)。

在加拿大,20 世纪五六十年代实施了一系列新的移民法,1947 年"自由的移民政策"第一次取消了华人移民的种族限额。依据汤普森的论述,正是这项法律,标志着加拿大过渡性华人社区的终结(Thompson,1989:90)。1947 年之后的 20 年里,共计 40593 名华人移民到了加拿大,许多是以家庭为单位的新移民(Li,1993:271)。加拿大的华人人口从 1941 年的 34627 人增加到 1971 年的 118815 人,在不列颠哥伦比亚省、安大略省、魁北克省和阿尔伯塔省出现了庞大的华人社区(参阅 Lai,1988)。

在这些变化中,曾经一边倒的男女比例逐渐缩小,加拿大出生的华人(Canadian born Chinese,CBC)并没有追随先辈去维持华人的小圈子;相反,他们学会了北美非华人的"游戏规则"并且获得成功。其他显著变化包括 20 世纪 60 年代末大都市华人社区的发展,二战后的过渡时期从商和从事其他专门职业的华人人数增加(Lai,1988;Li,1988;Thompson,1989;Wickberg,1982)。

过渡时期同样对传统的华人社区的结构产生了影响,比如一些亲族关系和地域的协会不招收年轻的华人,因为他们既不分享也不依靠传统的民族经济。所以最初的隔离就像"他们被自己的孩子所抛弃"了一样(Thompson,1989:19),结果华人社区分为"华人中国城"和"非中国城的华人"。前者是一些不会英文且仍然局限于传统经济的人们;后者是生活在华人民族群体之外的年轻人,出生在北美,受过良好教育,从事中产阶级的职业。(同上:17;也参阅 Lai,1988)他们不适合传统的结构,要求最基本的公民权利,比如各级政府的选举权。

总而言之,这样一个过渡时期,也就是重新解释统治阶级和华人移民社区关系的过程,为华人提供了更多参与政治、经济和文化领域的机会(Thompson,1989:89)。随着青年一代和1967年之后大批香港华人的移民,加拿大的华人社区逐渐发展繁荣。

(六)当前的华人社区

20 世纪 60 年代中期北美华人移民的流入,使主要的中国城重新注入了活力,多伦多的华人人口,从 1961 年的 6715 人(Thompson,1989:97)增加到了 90 年代的 30 万人[①];加拿大的华人已经成为加拿大少数族裔人口最多的族群(参阅 Li,1993;Thompson,1989)。加拿大联邦政府在 1978 年公布了商业移民计划,并且在 1985 年进一步放宽了政策,吸引了一批富有的来自香港、台湾和东南亚的华裔商人移民。随着这些富有的华人移民大批资金的注入,他们为加拿大华人社区的发展带来了新的动力和活力。尽管一些散居华人想回国,但大部分华人移民都希望成为加拿大的永久公民(参阅 Lam,1994;Oxfed,1993)。因此,大部分多伦多华人都没有考虑返回本土国(*Toronto Star*,March 15,1995:A1)。

新移民和在加拿大出生的年青一代重新建立了加拿大华人社区的结构,如同赖所观察的结果,许多新移民都接受过良好的教育而且熟悉

---

① 参阅 *Toronto Star*,*March* 13, 1995:A1.(加拿大地方报纸《多伦多之星》)。

西方文化：

> 他们居住在大都市里、并不需要依靠中国城。到达加拿大后
> 立刻搬入郊区，在保持华人身份的同时显示了他们适应东道国的
> 能力（Lai，1988：279）。

香港和台湾移民在旧的中国城外建立了新的大面积的餐馆和超市。年青一代为华人餐馆零售店和杂货店创造了市场，其结果是，新的华人社区不仅出现大都市，也出现在从未建立过中国城的郊区（参阅Lai，1988）。

新的华人社区的出现，消弱了传统结构和以亲族为基础的"道德社区"。与此同时，新移民和成功的加拿大出生的华人一代，在更广的社会领域里要求平等待遇，最有名的 Chinese ethnopolitical anti-W5 运动就是一个很好的例子，这项运动将华人社区以共同的目标集中在一起（Chan，1983：186），而且形成了华裔加拿大人民族协会（Chinese Canadian National Council，CCNC），这是加拿大最具影响力的族裔组织。加拿大的华人不像以往那样具有同类性：

> 这种多样性不仅反映在移民身上，他们在来源、社会和文化技
> 巧、经济地位上大不相同，而且反映在民族群体的结构上、民族身
> 份的人口和类型上（Thompson，1989：142）。

近些年出现的大陆华人移民（mainland Chinese immigrants，MCIS）就是这样一个亚群体（Tian，1993；参阅 Liu，1995），他们中的大部分都受到亲戚的财力支持。只要有亲人生活在加拿大，移民法的条款允许成千上万不会讲英文的中国大陆人移民加拿大，在某种情况下，难民也如此。汤普森认为，这些不会讲英文的大陆华人移民，"不管他

们的文化水平或职业技能如何,都被局限在一些民族经济新开辟的低水平的职业上,比如制衣工人、酒店服务员和餐馆雇员,他们同样也涌入早已人满为患的中国城,居住在不合标准的住宅中"。(Thompson,1989:21—22)

　　传统的华人社区结构的崩溃,造成近些年来社会经济问题的涌现,同时也出现了新的华人社区形式,这些社区的社会关系与早期的华人社会相比有着本质的区别。亲情关系不再是社会交往的主要原则;相反,以个人为中心的社会关系出现在华人和其他民族群体之间,以及不同的华人亚社会群体和文化群体之间,而且变得越来越重要(Lai,1989;Li,1988,1993;Nagata,1991;Tian,1993)。正是在这样的环境里出现了"中国大陆华人非规则移民"调整适应加拿大社会的现象。

第四章 方法论问题及讨论

本章探讨的重点是方法论,同时涉及一些笔者在"中国大陆非规则移民"社区开展学术研究遇到的问题。首先,简略介绍我的研究对象即多伦多的"中国大陆非规则移民",也就是"中国大陆难民",我如何与他们交往以及怎样实施深入的学术调研。为了研究,我特别注意与他们维持良好的人际关系。由于本人具有研究人员及"中国难民组织"董事的双重身份,工作中常常难以将身兼的两个角色区分开,这使我更谨慎地对待我的研究对象,并刻意注重本项研究所涉问题的复杂性。其次,我将阐述实地考察中的工作方法问题,这包括如何制定访谈计划,如何运作关键变量,还有如何广泛进行参与式观察。最后,我会提出一些研究假设。这些假设体现了本项研究的关注重点和目的,以及相关文献所涉及的敏感问题。

一、由好奇到实地工作:对"中国大陆非规则移民"的人类学研究

(一)与目标群体建立良好关系

本书的研究目标之一,是探讨"中国大陆难民"怎样在一个约定俗成的新环境下,安排自己的经济、社会生活。他们的生活安排是通过多种途径,如社交网、公共服务体系来实现,还是充分运用他们的多重身

份来实现? 例如国际上称谓的华人①、中国人②等,这都是特定时期的特定称呼。

　　比较其他中国移民群体,"中国大陆难民"在与其他人接触时小心谨慎,是为了不暴露自己的"身份"③。他们经常担心会被视为难民,部分原因是害怕自己的"难民身份"会被国内的亲属知晓而蒙羞④。同时,也担心自己的经历会泄露给加拿大移民官方,这样会引起更多的法律问题⑤。除此之外,许多人不愿意承认"难民"身份,这是因为难民这个词的中文意思含有贬义(Montgonmery,1992),是一种耻辱。中国内陆的一些传媒对难民"问题"的报道,则在客观上强化了该词含义中的负面意义。基于这些原因,我意识到要进行学术研究,非常重要的一个方面是做到与我的研究对象建立并维持良好关系,还要赢得他们的信任。与信息提供者建立良好的关系,并赢得他们的信任,这是人类学界多年来一直讨论的话题(Fahim 1982;Johnson 1975)。有些学者如唐奈利和霍普金斯均认为,实地考察资料的质量取决于信息提供者与研究者之间亲密信任的关系。(Donelly & Hopkins,1993)根据自己的实地工作经历,我对此深有体会并非常赞同他们的说法。

---

　　① 海外舆论称呼所有中国人的专用词汇,包括中国大陆人、香港人和澳门人、台湾人,还有居住在其他国家的海外华人。

　　② 在香港和澳门特别行政特区未建立之前,海外舆论称呼的不包括港澳台居民的中华人民共和国公民。

　　③ 中文用于描述个人社会存在的一个词汇,与涉及人的社会法律地位相联系。因为许多"中国大陆难民"没有在加拿大取得合法社会地位,所以他们对被他人问及个人的社会存在状态显得非常敏感。

　　④ 有关《联合国关于难民状态公约》的信息,中国大陆内地许多普通民众并不了解。因此出现了一些信息不对称理论描述的社会活动中的沟通缺乏现象。

　　⑤ 依据我个人的人类学工作经验,多数"中国大陆难民"在申请难民庇护时刻意修饰了他们讲述的经历。例如,在我被请求为其担任翻译的 56 个申请人中,只有 5 个人承认他们讲述的作为申请难民庇护的法律鉴别的经历是真实的,但是带有夸张。因为他们中的一些人一面领取社会救济福利,一面挣钱甚至是得到了加拿大政府的工作许可,他们非常警觉被其他人了解。

　　人类学家约翰逊曾深入研究了田野调查资料中提到的建立亲密互信关系的四个常识性理论:信任互换理论、个人道德信任理论、成员道德接纳理论、心理需求理论。约翰逊认为,信任互换理论显示,研究者与其研究对象间良好关系的建立是双方都想从对方得到某些需求的结果。因此可以推测,信任关系的建立,是双方互惠交流的结果。个人道德信任理论强调要用西方社会一个古老的常识理念来衡量道德。该理论指出,研究人员必须是个好人,惟有如此,其研究对象才会相信他或她不会利用所发现的事实做出有损他们的事。成员道德接纳理论则倡导了一个核心思想,即研究者必须保证要在合理的限制下,能够为保护和维持所在集体的统一性做出有意义的事。心理需求理论则提倡,只有被观察者认为所遇的研究项目是为了满足他们的心理需求时,研究者的观察资料方才有效(Johnson,1975:86—89)。

　　然而,也正如约翰逊所说,这些常识理论都不是由严肃的社会研究者在实际交际中做了工作后而得出的。他还指出,一位能真正和研究对象建立起"有效"人际关系的人类学家,"总趋向于通过自己的适应努力并全力维护所接触的群体的统一完整性来实现他的学术研究。"(Johnson 1975:113)他的这个观点和我的经历正相符合,也与其他几位人类学家的见解相同。他们讲述自己在难民中的调查研究时,也将成功归于"和信息提供者建立的亲密互信关系"(Donelly & Hopkins,1993:5)。需要指出的是,这些人类学家是在本国进行实地考察研究的,他们与研究对象维持关系的方式与民族问题及实际问题有着本质上的紧密联系。

　　　当我们的研究对象是同一个城镇的,或许甚至是我们生活工作中的一部分时,泄秘、匿名及保护隐私问题就显得更加迫切。当我们和自己的其他朋友在社交场合遇到我们的线人时将会怎样呢?(Donelly & Hopkins,1993:6)

在整个研究过程中,我也必须面对与唐奈利和霍普金斯提出的问题相同的难题,而它们是必定要认真且详细处理的事情。此处有必要做个补充说明,此类问题并不总是指日常社会交往中普遍的一方面。与其他人类学家一样,在和研究对象接触时,你自己也会偶尔置身于潜在的危险或非法活动中①。我在观察工作中时常提醒自己要善于处理这些敏感问题及相关活动。总之,我面临着唐奈利和霍普金斯所提到的难题,即研究者必须权衡是否使用或出版某些信息时面临的道德尴尬问题,这些信息对他们的信息提供者来说,可能很重要也很有趣。为了不给信息提供者的生活添麻烦,必须反复权衡。

我对"中国大陆难民"的研究受到过一位1989年底由日本来加拿大的中国非规则移民的启发,此人后来成了我的好朋友。那时他一抵达多伦多的Person国际机场,就正式提出难民身份的申请。我与他的第一次见面是在一次由中国教会举行的圣诞节晚会上。当时,牧师介绍我们互相认识,并让我帮他,因为那时我已在加拿大居住了半年多。从那以后,我们共同度过了许多美好时光,彼此互相帮忙购物,一起用餐,或互访并谈论作为新移民的经历。他那时并没有告诉我他是难民,我也没有问过他的"身份"。直到1990年夏末,他要经过第二次审讯,需要我做翻译去会见他的律师,此时我才知道。对他声称难民这一点,我并不觉得奇怪,因为虽然在和这位朋友接触之前,我并没有和任何难民有过任何个人直接接触,但是,我也听说了许多中国大陆人是以难民身份来加拿大的。可令我惊讶的是,他似乎把个人在加拿大经历的其他各方面的事情都对我坦诚相告,却唯独没有早点告诉我他的难民身份。这件事客观上表明了一个原理,社会学家通常需要遵守一个最基本的人际交往形式:自我公开,这样有利于学术研究。当然,通过自我

---

① 在正常的调研工作中,我目睹了一些"中国大陆非规则移民"的违法活动,如伪造文件,或在挣钱的同时又领取加拿大的社会救济。

公开来展现自己的身份及情感的层面,这要取决于个人对所处环境与交往人员的认知程度。

上述情况的不同寻常之处在于:我以为我的朋友把我不仅仅只看做一个朋友,我们实际上已习惯称彼此为"兄弟",这意味着我们的关系在那个时候"不仅是简单的道德关系而且含有法律上的关系"(Pitt-Rivers,1973:97)。当我问他为什么不早点告诉我他的身份时,他非常坦诚地告诉我,他故意隐藏身份不被人(包括我)所知,是考虑了他和家人的诸多因素。他解释道,尽管我们俩是好朋友,但是他还是不能冒险让我知道他是一个"难民"。原因不是怕我鄙视他,而是怕我可能会告诉其他人,多一个人知道就意味着多一张嘴说出去的可能。他一直强调的个人立场,是不愿意让自己在中国的家人担心。但自这次公开身份之后,我和这个朋友分享了更多的他所知的多伦多的"中国大陆非规则移民"的情况以及他们关心的问题。

后来,他又把我介绍给其他几位有同样需求的人,那些人见加拿大律师时也需要翻译。在此期间,我开始考虑将"中国大陆非规则移民"视为一个与其他中国移民身份不同的群体的可能性,因为他们拥有共同的身份,又都需要隐藏自己身份尴尬这一秘密。尽管这个朋友担保我不会将他们的身份透露给其他人,可是这些人初次和我接触时个个都非常谨慎小心,而且有个典型的请求:我在见完他们的律师后要保守秘密,我总是承诺一定尊重这个请求。渐渐地,我在"中国大陆非规则移民"中树立了值得信赖的良好声誉。结果,这批人中找我当翻译的越来越多,无论他们说的真实与否,他们个个都要求我"保密"。经过频繁接触后,我对这批人是否与其他中国移民不同及如何不同这些问题更感兴趣,从而促使我决定将此话题作为学术论题。

唐奈利自从事 Hmong(老挝苗族)难民研究的经历中得出个结论:"在难民中从事调研不同于在那些非移民群体中进行研究。"(Donelly,1991:25)自从我决定着手"中国大陆非规则移民"的调研后,我开始倾向于这个观点。与大多数传统人类学研究相比,难民研究这个"领域"无论是从空间上还是概念上都更加难以界定(参阅 Krulfeld 1993:33)[①]。而且,我做的相关研究属于民族志个案。作为一个研究者,我和这个群体的所有人一样,刚刚从同一个国家(中国大陆)移民过来,这与西方社会学者研究时的起点截然不同。因此,相对于有些学者的观察(比如 Donelly & Hopkins,1993),我的研究案例增添了新观点:难民研究使人类学家能够知道自己与研究对象所处的社会地位间的差异,这就无疑能避免主观失误并提高了学术性。作为来自中国的人类学家来研究中国人,我的这一特殊身份使我在强调有关华人自我认同及对文化变革之感受的同时,也能够强调一些有关本项研究实地考察工作的本质话题,特别是有关这些特殊的非规则移民的身份问题。尽管我在西方大学里学习人类学已经有一段时间了,但是我仍然认为自己是一个刚来加拿大的新移民,并以这种身份和我的目标群体接触。因而无论在形式上还是在社交场合,和许多"中国大陆非规则移民"一样,我也经受着文化冲击,有生活压力和怀旧思绪;甚至当开始进行实地调研时,我对新环境也并不很了解。除此之外,我也和他们一样,与国内的家人保持着联系并将中国视为自己真正的家。

我是加拿大的大陆中国人社区的成员,与我的目标群体有许多共同之处,这也许意味着我更应该理解"中国大陆非规则移民"适应新环境的策略;同时也意味着我应该能更好地从自我感受的角度,来解释和分析我研究对象的日常生活。但是我自己并不是一个非规则移民(尽

---

① 在传统的人类学研究中,一些人类学家通常离开他或她的祖国,研究一个小的、相对封闭的社会,那里通常没有聚合为一个广阔的社会(1993:32)。他或她典型的任务是寻找究竟什么事务可被囊括在"标准"生活内,形成全体意识的惯例和规则,一个群体成员遵循的标准和撞击他们的环境因素。在从事调研活动时,有的人类学者则经常将他或她置身于一个访问者的境地,一个过客,一个有点不必要的人物。无论是恩人、不相干者,或者随便什么,研究工作开始于作为一个局外的对面门的居住者,他虽在家可有自己的生活(参阅 Donelly,1991:25)。

管我在刚来加拿大时的确分不清自己到底是规则还是非规则移民）。
作为一名加拿大永久居民和一名博士研究生，我并没有诸如合法身份
或找工作问题的困扰①，可是这些恰好是他们亟需解决的问题。更重
要的是，相比之下，我的英语读写能力比他们都强，有更多的"老外"朋
友，从而比他们更加了解西方文化。然而必须指出的是，当我所交往的
"中国大陆非规则移民"意识到我的这种"优势存在"时，要赢得他们的
信任，我所付出的时间和精力比其他任何一位可能从事同样研究的学
者更多。因为物以类聚，人以群分，一个社会群体内的人对非本群体的
外来人，往往会保持着更多的警戒，而且华人文化对"外来人"往往分得
更清。

　　总之，我是一个大陆中国人却不是"中国大陆非规则移民"社区真
正的成员。同时，虽然我在加拿大已居住数年，但我并不认为自己是个
"真正"的加拿大人。我个人在特定文化范畴内的"身份模糊"状态使我
在研究中常处于进退两难境地。尤其是在开始阶段：有时个别的研究
对象视我为他们的朋友但不是"自己人"；有时他们尊敬我是个学者却
不是真正的朋友。无论我对"中国大陆非规则移民"多么友好，他们还
是和我保持着距离。尽管他们中的许多人认为我是一个愿意帮助他们
的朋友，可是那些人作为一个群体最初并不容易接触。对他们来说，我
的角色是起文化桥梁的作用，是"中国大陆非规则移民"和加拿大人之
间的中间人，而不是学者。

　　"中国大陆非规则移民"一到加拿大，他们就立即置身于一个新的
自然环境和社会环境之中，面临着许多相关且可预见到的困难和问题。
部分原因是中国和加拿大有众多差异，所以在多伦多逐渐形成了中国

---

　　①　因为我作为一个研究生，可以按年度得到奖学金资助，因此可以集中精力进行研究。
但是大多数"中国大陆非规则移民"没有稳定的经济收入，他们不得不在一些地方打工，或者
为生计而领取社会救济。联想本书阐述研究情况的那段时期的经济形势，许多加拿大人失
业，更不用说是"中国大陆非规则移民"了。

社区,为广大移民提供了诸多方便,例如有中国食品、中文书刊、报纸等。此外,大多数"中国大陆非规则移民"有机会使用电话和传真,这使他们很容易和中国的家人保持联系。因此,从某种程度上说,他们能够构建并生存在一个"想象的社区"或社会圈里。这个社区是跨越地理、政治及文化界限的。然而,与此同时,那些人不得不学习和适应他们置身的新经济和新社会生活,了解其中的各种习俗与规则。因此,他们和其他群体一样经历着同样的社会变革。无论是从个人还是从群体整体来看,他们对自己的行为及对其结果的期望都会随时间发生变化,这种变化是可以觉察到的。

上述的情景,正如我将在下文中要详细研讨和总结的那样,"中国大陆非规则移民"将可能经受来自新环境的压力,他们会通过各种途径对诸多压力作出反应。一些人可能视新环境为一个可怕的世界,试图通过自我封闭来回避矛盾;或者,用贝里的话说,就是采取孤僻策略(Berry,1988:63)①。其他一些人则试图通过人际关系网及社会机构,在加拿大文化与中国文化间架起一座桥梁,以使自己能够顺利地适应新环境。在随后的一个案例中,"中国大陆非规则移民"经常让那些像我一样了解两国文化特点或会说中文英文的人做他们的文化中间人,教他们了解两国文化,使他们生活便利并得到保护②。

在我研究的整个过程中,我付出了大量的时间帮助"中国大陆非规则移民",这主要出于自愿③。例如,当他们中的许多人去看病或见律师时,由我担任翻译,并且帮忙购物,还就他们所关心的话题提些建议(如如何考取汽车驾驶证、做小买卖、上学等)。我也帮他们中的一些人完成各种各样的文件,包括应聘书、收入税报表等。值得一提的是,同

---

① 按照贝里的观点,孤僻策略是一种缓解环境压力的行为方式(Berry,1988:63)。

② 在扮演一个文化经纪人的角色中,我经常是这样做的,我逐渐理解了 Donelly 所说的在难民中从事研究的"价值"的重要意义(Donelly,1991:25)。

③ 在一些案件中我替聘请我做翻译的当事人向律师支付酬劳。

他们中的几位活跃人士一起,我们于 1992 年 1 月建立了属于中国大陆非规则移民群体的组织。这个组织是按照一定的相关条款建立的,也符合加拿大的法律。我被选为该组织的董事,并被董事会指定为该组织的发言人,还被委派发展"中国大陆非规则移民"居住社区和更大的多伦多社区之间的关系(我将在后面提供更多的有关我和这个组织的关系及董事会的其他成员)。

　　总之,由于我和"中国大陆非规则移民"交往并为他们服务,他们也开始把我视为"自己人",也就是一个既肯帮忙又可靠的人。许多信息提供者也开始视我为解决困难的人,开始和我讨论更多更广的他们关注的问题。得到这些人的信任,我不仅可以进一步深入广泛地进行人类学的学术研究,而且也开阔了自己的视野:了解他们是谁,为什么以"难民身份"来加拿大,是怎么来的,以及他们如何在社会交往中认可自我,如何在日常生活中展现自我。同时,我逐渐意识到西方学者曾提出的一种途径,它可能使身为社会活动家的人类学家能够影响所研究的项目(Donelly,1989:25—26)。于是,我开始关注自己的特殊身份,斟酌与他们交往的方式,引导他们向我展示自己以配合我的科学研究。简而言之,我的研究与一个古典案例相符(Krulfeld,1993)。在这个案例中,信息提供者和研究者之间的界线在实地考察工作过程中被打破。我在自己的研究中也进一步证明了德弗罗和其他一些人提出的观点:人类学,在很大程度上,实际是和交往交际一样,需要观察:

　　　　无论什么契约保证"甲是观察者,乙是被观察者",都体现了观察的功能。遵从契约本身意味着相互意识和自我观察,结果是双方任何一方对自己来说都是观察者,相对于另一方是被观察者。(Devereux,1973:31)

通常来说,实地调研是一项最能将人类学与其他学科分支区别开来的方法,但这对于实践者来讲也许是条件最苛刻的一项工作。正如文格尔指出:"同所有人一样,实地考察工作者有朋友也有敌人,有哭也有笑,有爱也有恨,有极快乐的日子也有绝对倒霉的日子。"(Wengle,1988:169)文格尔也提到了许多让研究者在工作中苦恼的问题,例如迷茫、焦虑、压抑、疲劳、压力和担忧(Wengle,1988:xviii)。我的实地调研经历佐证了文格尔的观点,并且我的研究更倾向于证实:实地调研工作者有必要在工作过程中自我调节。

　　人类学家经常采用特殊方式以减少他们在工作过程中可能遇到的焦虑和烦恼。德弗罗认为,正是这些烦恼焦虑提醒我们应到哪里"寻找"资料。在此,我赞同文格尔的看法,在采用任何既定方法时,能够自己主动去适应研究者,这比那些缺少自我意识的人更能减少研究时的焦虑,而且不会扭曲研究结果(1988:166—167)。德弗罗试图说明,"源于无意识中的每一种思想体系,都可用于防止焦虑和扭曲的产生"(Devereux,1967:19)。根据德弗罗的观点,尽快决定是否用其特定的方法研究即"以升华方式,还是仅仅潜意识的防御方式,是对于研究者至关重要的事情"(同上:97)。同其他许多人类学家一样(Wengle,1988),我在研究过程中也有过焦虑,比如说,在我帮"中国大陆非规则移民"组建自己的组织时,就有人说我是在利用这一组织积累政治资本,想成为一名加拿大政客。当我开始与"中国大陆非规则移民"进行长期访谈时,又有谣言说我为了赢得中国驻多伦多领事馆的信任,已经泄露了每位被访谈者的个人资料。这些谣言使我的实地学术调研工作更加困难,我也很烦恼。但是我相信,自己和被访者之间的关系,不仅仅展示了那些人是如何组织与开展他们的社会生活,还有他们的文化价值观是如何指导他们在多伦多市进行活动的,而且还反映出我是如何适应他们的世界的。作为一名从事参与式观察的学者,我也被那些观察对象琢磨和评估。因此,我的研究活动必须与那些人所遵从的特定情景下的行为保持一致。

　　尽管许多"中国大陆非规则移民"开始认可我作为研究者的身份，但是我在该群体的出现还是引起了一系列的问题。例如，因为我和自己就读的母校加拿大约克大学的难民研究中心有联系，而这个中心受到加拿大政府的资助，因而不止一次被怀疑是政府特工人员（政府密探）。还有些人，基于我以前在中国的工作经历①，怀疑我是在为中国驻多伦多领事馆工作②。初次和"中国大陆非规则移民"见面时，他们中的每个人都会问我一连串的问题，以便确定我的身份和动机。我也很快熟悉了那些反复被问的问题："你自己又不是难民，为什么对难民问题这么感兴趣呢？""如果我告诉你真相，你拿我的经历做什么用呢？""这里有很多中国难民，为什么不问他们而问我？"随着与这批人更多的交往，我的研究在道德方面曾出现过的模糊逐渐变得清晰了。一方面，我面临这样的可能：如果我告诉我的被调查者，我在为自己的博士学术论文收集材料，而且论文将给导师看，并可能发表，那么我的采访请求或者被拒绝（事实上，的确有三位拒绝），或者结果不能真实反映他们的经历。另一方面，我又相当确信：如果我不透露自己研究者的身份，仅以普通朋友身份与他们交往，那么，我会更容易收集到更能反映他们实际情况的材料。然而，若选择后者，我将不得不为了维持与研究对象的伦理关系，从而违背某些人类学标准（Williams，1967）。因此，我决定采用前一种方法，这也就意味着要耐心地回答他们的问题，详细解释我的研究本质。在做这些的同时，我也做了其他一些事，例如，在中文传媒上发表文章，组织移民开展法律研讨及就业研习会。尽管这些事占用了些我的研究时间，但是我的参与有助于赢得他们

---

　　①　在来到加拿大以前，我是一家中国经济改革政策研究机构的研究人员，这个机构隶属于国务院体制改革委员会。

　　②　我也深深地被一些在多伦多的"民运"人士所批评，因为我反对他们要求西方国家制裁中国，我深刻地懂得这会损害中国改革开放政策，因为中国经济发展和社会系统改革后的变化的根本原因是，政府实施了不同以往的改革开放政策。

的信任。

研究过程中,进而出现的问题是:我自己是一个来自大陆的中国人,和受访者在文化价值观及经历方面有许多共同之处,因而很难客观地进行研究。同时,我还面临另外一个问题:我作为一位在西方大学受过教育的人类学工作者,是否能够像他们中任何一个人一样代表被访者的生活和经历(Fahim,1982,随后还要讨论)。一些遇到类似问题的人类学家曾进行了几个饶有趣味的研究,例如,奇里奇对美国海地移民的研究(Chierici,1989);李对芝加哥中国移民的研究(Li,1975),这些研究证实了那些能反映研究者伦理及学术身份影响的项目或课题的效果。另外,与奇里奇和李一样,我也相信自己的实地工作得益于且能够得出唐奈利所定义的概念,带着"某种双视角,田野工作者试图既从个人角度又带着对该研究下众多文化的理解去看待事物,这是人类学中一个由洞察深入到理论研究的过程"(Donnelly,1989:27)。

(二)与"中国大陆非规则移民"互动

如上所述,人类学研究或观察从本质上说是研究者与被研究者、或观察者与被观察者之间的一种交往形式,因此,人类学家收集到的信息不仅仅是相互包含(尤其是在长期参与式研究中),而且资料的内容很明显与人类学家和被访者的实质关系有关。这一点在我的项目研究中有一定程度的反映。因此,阐述我与"中国大陆非规则移民"的交往情况,不无裨益。

多伦多中国大陆移民组织成立于1992年,是在安大略省政府正式注册的一家非营利性机构。其目标是帮助"中国大陆非规则移民"保护自己,同时学习和遵守加拿大法律。这个组织要求成员都遵守组织章程内的四个原则,即自尊、自爱、自强、自立。

但是建立一个由"中国大陆非规则移民"组成并为其服务的组织这一想法,是在1992年1月在约克大学难民研究中心举办的一次研讨会上，当我遇到"多伦多市寄宿项目"（Metro Toronto Host Program，MTHP)①的执行董事时才形成的。当时她告诉我，在多伦多有很多种族难民组织，但中国人没有。她还说，有上万的中国移民在多伦多市生活，却没有一个参加过她的项目，而且也没有一条有效的途径使她的员工接近他们。受她这一席话的启发，我开始考虑帮助"中国大陆非规则移民"建立一个他们自己的组织。我认为这样有助于他们团结起来，共同维护他们自己的利益。于是，我就给一个朋友打电话，想请他帮忙建立这个组织。我的这个朋友，曾被拒绝以难民身份移民，但很擅长社交。他认为我的想法很好，但是要调动难民也许很困难，因为大多数难民不可能认同自己是难民或被他人认为是难民，更不用说参加什么难民组织了。他个人表示支持这个组织，但不愿担任领导。他还推荐自己的朋友吴明作为领导候选人，并承诺会说服吴明和我合作建立这一组织。吴明也是我熟识的一个难民申请人。

吴明是个地道的北京人，三十出头。1988 年，中国政府送他去日本进行专业培训，但他却没有按政府的规定回国，而是于 1990 年春天通过与另外一个人交换登机证来到了加拿大②。吴明十分信赖我。他告诉我，他也一直在考虑建立这样一个组织，因而非常乐意和我一起工作。他还建议我起草组织规则，他招募成员。一周之后，我、吴明及其他五位活跃人士在吴的住所召开了第一次会议。这个会议讨论了我起草的组织规则，并一致认为我提的上述四项自尊、自爱、自强、自立的原则很好。有两个成员建议将中国宪法里的人权问题，还有民主运动加上。在他俩看来，大多数"中国大陆非规则移民"是由国内滥用人

---

①　这是个非政府组织，其宗旨是鼓励多伦多市民联络和帮助包括新移民与新难民在内的各种移居加拿大的新移民。

②　这就是所谓的"跳机"行为。他在机场与另一个人交换飞行目的地不同的客机登机牌，可能是在日本东京国际机场。这种"跳机"可使那些偷渡者，即非法移民他国者，登上一个可以带着他或她转向飞往目的地的飞机。这类偷渡的类型有多种，如利用废弃的旅行护照或法律文件，躲藏在人口走私者的庇护下，离开一个国家而进入另一个国家。

权而引起的。但是我和其他几位坚决否决了他们两人的观点。会议讨论董事会的任命事项,大家一致认为该组织要尽快以正式实体形式确立,因为它不仅仅为"中国大陆非规则移民"服务,也为每个董事的需要服务。在后来的一次谈话中,吴明向我讲述了他参与该组织的动机:

> 一开始,我听说你要用这个组织做研究,我并不在意。只要你为难民组织工作,为我们大陆难民说话,我就支持你,无论我们能从中得到什么好处。另外,你也应该从中受益,因为你很卖力地为我们难民做了很多事。和你说句笑话,刚开始和你一起为"中国大陆难民组织"工作时,我也有个人动机。我想自己一旦成为该组织的董事之一,我将成为该社区的知名人物,这样加拿大政府就不会草率地采取行动将我驱逐出境。

1992 年 2 月 24 日,多伦多中国大陆难民组织(the Mainland Chinese Refugees Orgnization in Toronto)宣布成立,尽管我们已提前向中文报纸发布了消息,期望有 100 多名"中国大陆难民"来参加开幕典礼,但是只有 33 人来参加,并成为第一批成员。吴明被选为董事会主席,我和刘丹被选为董事,其他三位被选为负责人。我们希望该组织能够在华人社区内外公开正面地代表"中国大陆难民"。之后,这个组织确实代表"中国大陆难民"在许多问题上进行了斗争。例如,该组织游说加拿大政府,要求:(1)继续为那些被拒绝难民身份的人签发工作许可证(*The World Journal*,March 6,1993);(2)不要取消对难民的 OHIP 保险(*Singtao Daily*,October 2,1993:A5);(3)给那些被拒绝难民身份但没有犯罪记录、且不依靠社会福利生活的人颁发合法居住证(*The World Journal*,November 11,1993)。大多数"中国大陆非规则移民"意识到这个组织是为代表他们的利益采取行动的,他们很感激该组织所做的一切。于是,到 1993 年 11 月,组织成员迅速增加到 200 人。但是这个组织是一个"草根组织",不经常召开成员大会。所有的决定都由董事会做出。同时,这个组织也是个非营利组织,它接受成员的捐赠但不收成员注册费或者会费。这个组织曾几次试图得到政府的拨款,都没有成功。

　　随着这个组织的活动越来越为人所知,我作为该组织的发言人,在"中国大陆非规则移民"中也小有名气。严格来说,作为董事,我因在组织所有决策中的积极角色而被其他几位董事称为"中国大陆难民事务的总设计师"。事实上,我在 1992 年 2 月至 1994 年 11 月之间提的所有议案,除两项外,其余都被董事会通过了。下面就是那两个我认为重要却被拒绝的议案。第一个议案是,应该以组织的形式和中国驻多伦多领事馆联系,让他们了解到所谓的"中国大陆难民"不是叛国者而是非规则移民。这样领事馆也许可以为那些没有合法居住权或难民身份被拒绝的人,但想申请居住权的"中国大陆难民"发护照[①]。第二个议案是,组织应该参与并支持多伦多中国大陆移民委员会(TCMIA)。这个委员会是由一些中国大陆人组建的,其中有一些人是"中国大陆难民",但不希望承认或被认为是"中国大陆难民"。该群体是最大的中国大陆社区之一,有 300 多名成员,他们致力于丰富多伦多市中国大陆人的社会文化生活。实际上,该委员会是在几个著名的侨民支持下建立的,例如,洪锤(Hong Zhong),他在华人社区影响很大,被多位中方代表所认可。因此,"中国大陆难民组织"可以和他们共享更多的社会资源,也许还会获得更多的支持。这两个议案虽被董事会否决,但并不意味着我在这个组织中的地位受到挑战,而是当时我无法让董事会确信议案的价值。对于所有的董事,建立组织的主要任务是帮助"中国大陆

---

　　① 加拿大移民局要求在提出发给移民申请表格时,每一位想申请移民的人必须持有一个有效的护照。

非规则移民"在中国人社区及主流社会中树立良好形象,同时为被拒绝的"中国大陆难民"做些有益的事情。实际上,在讨论第一个议案时,金董事和刘董事是赞成的。第二个议案尽管似乎只有吴董事赞同,但其他人除了金董事外都没有强烈反对。

议案一被拒绝的原因我很清楚。正如一位董事所说:"我们应该牢记'大陆难民'之所以成为难民,是由于特殊原因。如果我们和领事馆联系,我们的成员将怀疑我们向领事馆提供信息而离开我们。除此之外,加拿大政府也许会利用这个做法为借口,最终否认我们的说法。"当时,我不得不放弃。然而议案二被否决的理由很模糊,连金董事也解释不清楚为什么。只是说:"他们走他们的路,我们走我们的路,管好我们自己的事是最重要的。"我意识到,有种嫉妒情绪使金董事和其他人持对抗态度,因为"中国大陆非规则移民"给其他中国人社区组织的印象并不好,"中国大陆难民组织"几乎无法从中国人社区领导人那里得到支持,所以,即使我的争辩合情合理也无济于事。后来,许多被拒绝难民身份的人想申请独立移民居住身份,却没有有效的旅行证件。他们才开始意识到与领事馆协商以得到护照的重要性,甚至连一位曾极力反对我议案的董事也改变了观念,问我能否帮他办个护照。在 DROC 项目启动之后,这一问题更加突出。因为任何一个申请居住权的移民,都需要持有加拿大居民及移民的有效护照。与此同时,TCMIA① 在一些当地华人社区领导资助下,由一些刚抵加拿大的"中国大陆非规则移民"组建成立,这时,所有的董事,除金董事外,都认为"中国大陆难民组织"应该与 TCMIA 合作以从社区获得更多的支持帮助。

尽管我已在"中国大陆难民组织"社区小有名气、赢得声誉,但是自从金任董事长之后,在工作会议中我们偶尔也会有些摩擦。1993 年

---

① 作为大陆华人社区的一个团体,多伦多中国大陆移民委员会扮演着一个非常重要的角色。该组织在华人社区和更广阔的社会里推动大陆新移民获得社会认可。后来由于资金困难,这个组织在华人社区内的活动日渐减少。

夏,"金色冒险号"(GoldenVenture)事件发生后[1],一家当地的中文报纸采访了我。我指出很同情该事件中非正式移民的悲惨遭遇,但是我个人并不赞同他们的移民方式。来访的记者误解了我的话,说我讨厌"人蛇"(意思是非法移民)。几天后,金董事没有事先通知我一声就召开董事会,要我解释为什么未经"中国大陆难民组织"的同意在报纸上说那些话。她严厉地说,我在报纸上的话深深伤害了"中国大陆难民组织"和"中国大陆非规则移民"。因为许多"中国大陆非规则移民"都被别人称为"人蛇",而"中国大陆难民组织"是"中国大陆非规则移民"的组织。我辩驳道:首先,在加拿大言论自由,我有权利不征求任何人意见,发表自己看法;第二,虽然那位记者误解了我的意思,他也有言论表达的自由;第三,是金董事违反了董事会的规定,而不是我。因为我们规定:要召开董事会,金董事有义务在会前将日程通知各董事。而且,董事会从没作出规定,凡董事不可以在没有通知组织的情况下接受公共传媒的采访。说完之后,我虽因出语急躁而受到批评,但是所有董事都认为我言之有理:金董事没有提前通知我,却让我做出解释,这是她的不对,而且我也有言论自由的权利。于是金董事不得不在会上承认错误,并用了几分钟向我道歉。之后,虽然偶尔有争执,但总体我们合作的非常好。

我在"中国大陆难民组织"的作用加强了我与该组织成员的关系,事实上加入这个组织使我受益匪浅。我帮助建立这个组织不仅仅是为了进一步拓展我的研究,也的确是为了便于组织他们之间的互相帮助。于是,尽管我在参与这个组织的活动时从不谈及我的研究工作,但所有的成员都明白我的参与是我研究课题的一部分,他们也都

---

① 1993 年夏天,300 多名中国偷渡"人蛇"被"蛇头"用一艘旧货船偷运往美国纽约。6月 6 日午夜,货船在纽约附近搁浅。这个偷渡灾难至少造成有 8 个"人蛇"死亡,28 人受伤而被送到医院治疗。所有偷渡"人蛇"被美国政府依法扣押。这个事件引起华人社会的关注。(参阅 *The World Journal*,June 7,1993:A4.(加拿大《世界日报》)。

同意或者默认我的参与观察。事实上我和该组织的紧密关系,的确使我的研究受益匪浅,因为作为这个组织的代表,我不仅更容易在目标群体内发展关系,而且可以获悉许多别的途径不可能观察到的"中国大陆非规则移民"现象。

"中国大陆难民组织"起着一个媒介作用,它向政府及其所属的大型社区传达他们的心声,反映他们关注的问题。在与该组织的交往中,我认为是一个互惠的过程,一方面对于我的研究工作有所帮助,而另一方面该组织也获益。在此我强调一下互惠关系是很重要的,这主要表现在:我不仅仅是他们的代言人,而且也经常在他们的请求下帮助他们。我的组织管理能力也发挥了作用。当我告诉我的同事——金董事,我应指导我博士论文研究的导师要求,必须离开"中国大陆难民组织"时,她的一席话说明了我在这个组织中举足轻重的作用。她说:

> 说你在利用"中国大陆难民组织"是不公平的,事实上是"中国大陆难民组织"在依靠你,我很佩服你为组织所做的一切。坦率地讲,我很清楚,如果我辞职了,组织依旧会运行,可是若你走了,将很难撑下去。如果真是你的导师的意思,我们几个董事去和他们谈谈。

我引用金的话是为了说明,我身兼"中国大陆难民组织"成员工作与研究者所做的事是很难分开的,而且是互惠的。此外,尤成杜(Uchendu)也指出:"实地工作者的目标和他所在的社区利益是互补的。互惠是建立和谐关系的有效手段。"(Uchendu,1970:236;参阅Devereux,1967)我认为自己的研究受益于这种互惠关系。进一步讲,我"过多参与""中国大陆难民组织"也涉及方法论问题。约翰逊指出:"参与在某种程度上总是改变着背景环境,使其发生本质变化。"(Johnson,1975:84）如果我同意这一观点,认为有影响的话,那么我的参与是如何影响我研究的事务呢？如果依稀可辨,我该如何叙述这种影响呢？人类学家已逐渐开始在其国内、社会及种族内部进行民族志研究（Fahim,1982）。如同上述在难民中的研究一样,他们也倾向于和被研究者建立友好关系（Hopkins & Donnelly,1993）。然而,我在文献查阅中并没有看到,在人类学意义方面有任何确切反映与我所研究的实际调研案例相类似的案例。我想部分原因是人类学一直受传统价值观的指导,即研究者之所以能获得最有价值的信息完全由于他们是"外人"。

不管怎样,我相信只要自己公开、公正地公布调研资料,我在实地调研工作中所做的一切,都可以被接受。我也意识到我的逆迁移行为,正如德弗罗所述：

> "所有行为科学至关重要的资料是'逆迁移',而不是迁移。因为任何从迁移中推导出的资料、信息通常也可由其他方式得到,然而逆迁移分析中获取的资料却不可以如此而得。简而言之,逆迁移分析能更'科学地'得出有关事务的本质资料。"（Devereux1967：XVI,原文中带有引号）

另外,费边指出："在人类学研究中,客观性不是存在于理论的逻辑连贯性中,也不在资料的延展含义中,而是存在于人类'共同主观性'的根基中。"（Fabian,1971:25,原文中带有引号）面对这样的给定情景,我既不可能像外人一样客观地分析,也不能像圈内人一样完全或仅仅主观地分析,另一方面,我也是被观察的对象,不得不保持一定距离进行观察研究（Pinxten,1981:62）。很明显,我的处境很矛盾：我既要融入其中,又要从中脱离开。而在这整个过程中,一种类似编剧法的谨慎态度恰如其分地形成了（Goffman,1959:212—216,218—228）。下面我将更详细地讨论这个问题。

二、方法论

学者博尼(Bonne,1989)建议,在当代城市背景下进行研究的人类学家,应该采取主观客观相结合、定性定量相结合并用的方式。我的研究就采纳了该建议。我在本研究中采纳的基本方法有:(1)结构性访谈;(2)参与式观察;(3)查阅资料,包括使用政府统计数据;(4)问卷调查,但最主要的方法是访谈和观察。我设计的访谈和调查问卷按以下的类别来推导与处理信息:自我认同和民族认同、日常生活及经历、面对的压力和应对措施、家庭及社会关系、经济和工作状况、教育和思想意识状况[①]。

(一)抽样

如上所述,本研究的目标群体都是 1993 年 2 月 1 日之前来加拿大、有难民身份的大陆中国人(当时,加拿大政府实施的一项 Bill C-86 政策开始影响"中国大陆非规则移民"的迁入及审讯程序)。如果能够在多伦多的"中国大陆非规则移民"中随机抽取样本,这是比较好的方法。但很遗憾,这几乎不可能,原因至少有两个:第一,不知道居住在多伦多的那批人的确切数量;第二,如上所述,他们在政治上和社会生活中都很敏感,总试图保密,让人难以接近。基于这些原因,我采用了复合样本。

首先,我选取了一个 10 人样本库,我认为这 10 个人在那批数量不少的人中具有相当的代表性(例如年龄段各异、社会经济背景不同、在加拿大居住的时间长短不等。)通过选择与分析这些抽样,我收集了一

---

① 考虑到这个项目是民族志研究,因此我不倾向于运用精神分析范畴和实验手段去解释资料。

定的资料①。同时，又让他们参加我设计的"20题测试"（Twenty Statement Test），从而证明了我的一些学术假设，而这些设想使我能够继续进行研究②。

其次，我选取了一个56人组成的"雪球"样本，并和他们进行自由交谈。我先让每位关键性的被调查者列出两三个自己的"中国大陆非规则移民"朋友，而后选择和确定了样本。我和每一位已知名字的人交谈后，又要求他们再写出两三个其他的"中国大陆非规则移民"姓名，并接受我的采访。需要指出的是，这56人中有两个小孩，我采访过他们的父母。对于这两个孩子，采访的基本程序一样，只是提问时稍做了变动，用更简单的语句提问。最初，我只打算访问成年人。但是，当我在他们家遇到这两个小孩时，我发现他们对我采访自己的父母非常好奇，很感兴趣，于是我决定采访他们俩。尽管他们很小，不能完全领悟我的问题，但是他们的话对我很有用，使我更好地理解他们父母的经历。

第三，我调查了116名"中国大陆非规则移民"，借助他们组成一个方便样本库。他们都愿意接受采访，并且同意完成我的调查问卷③。更确切地说，我是在一次"中国大陆难民组织"全体大会上，给与会的200名符合调查标准的人分发了我的问卷，其中125人（占被调查人数的62.5%）填写了问卷，但其中有9份由于没有完全按要求回答具体问题，因而无效。

最后，为了了解持加拿大合法居住证件的中国人对"中国大陆非规则移民"的整体态度，以及"中国大陆非规则移民"和他们之间的实际关

---

① 这些样本库，通常称为判断样本，经常被用来进行民族志研究（Brim & Spain，1974：86）。事实上，与社会学家相比，为获取特殊类型的资料，人类学家更易于依赖关键信息（Langness 1965；Lonner & Berry 1986：104）。

② 如果我运用20题测试法测试被访谈者，将会得到更好的效果。然而考虑到这样一个事实，这个测验已经占用了每个访谈者持续2个多小时，而我仅能问10个关键问题以实施测验。进一步讲，虽然我要求被提问者回答10个问题，他们中仅回答了6个问题，其余4个问题被容许以后做答复，但是我没有从他们那里得到答案。

③ 我最初设计这个问卷样本是为了了解"中国大陆非规则移民"，但是后来发现问卷也适宜我的研究项目。

系,我采访了七位持加拿大合法居住证件的中国人。据我所知,那几位人士由于其社会角色或社交关系广泛的原因,他们和"中国大陆非规则移民"的交往比较多。他们分别是:律师、牧师、移民顾问、社会福利工作者、侨民及两名签证学生。

(二)访谈及问卷调查

为了方便被采访者,我的大多数访谈都是在"中国大陆非规则移民"家里或我家里进行的,有时会去附近一家快餐店。所有的访谈交谈都是用普通话进行[①]。采访时间大都持续两三个小时,时间长短取决于他们愿不愿意继续和我交谈(Schwartz & Schwartz,1955:344; Johnson,1975:84)。在整个采访过程中,我都用中文作详细笔记。除了两名采访者同意录音外,对其他人我都没有录音。大多数有关这些人的数据统计,是我从问卷调查的反馈中得出的。从我和他们的谈话中所得出的资料,支持了我的学术分析。

大多数所使用的调查问卷是由被调查者自我完成的,然而其中有1/3是我亲自或由我指定的参与调研工作的三位"中国大陆难民组织"董事统一完成的。我总共用了两周时间进行问卷调查,又编写了材料。我和李士民共同写了本编码书,帮助三位董事编写资料。李士民是多伦多大学的一名研究生,应"中国大陆难民组织"邀请来和我一起做该项目。为了确保个人隐私不外泄,我没有让"中国大陆非规则移民"在问卷上签名,也告诉了编写者如何处理那些署名的个案。

(三)观察及查阅资料

研究伊始,我就采用参与式观察法来收集资料[②]。参与式观察要

---

① 所有被访谈者都会讲普通话,有些人则习惯讲广东方言或者其他普通话支系语言,只有几个人说英语。

② 我开始观察"中国大陆非规则移民"的活动是在 1990 年秋季,那时我开始意识到这个题目的学术价值。

求研究者深入其研究对象,与他们交往。我有很多机会与"中国大陆非规则移民"交往,观察他们的生活,包括:在他们与加拿大律师交谈时当翻译;参与"中国大陆难民组织"的活动;参加他们的聚会,到他们家中用餐;应他们的请求施以援手。我尽可能使自己与他们在特定情景下的行为方式协调一致,尊重他们的谈论议题,包括加拿大、合法地位、工作、家庭及思念中国大陆家乡的方式。

我认为,在与这些人的长期交往中,我并没有从自己的主观方面对他们的行为方式施加影响。临时观察者或短期观察者总倾向于埃杰顿和朗内斯主张的观点:虽然已经有许多方法来处理研究者对"研究对象"产生"反作用"的问题,但是,如果说在这方面有任何已证明有效的方法,那么,没有哪种方法比人类学家的长期参与性观察更有效。

> 人类学年鉴列举了大量的资料和群体示例,那些人试图欺骗仅进行了一年多田野工作的人类学家。但是随着时间的推移,试图隐瞒越来越不奏效。同一个民族群体生活在一起,他们想隐瞒一件事是困难的。一个人与他们生活的时间越长,他们设法隐瞒的做法就变得越难实施……也许所有的人都有可能做到有时不让每个人,甚至连他们的自己人不知道某些事。但是和他们生活的时间越长,了解他们就越多,调查者的出现就越不可能对他们尝试探求的行为产生影响。(Edgerton & Langness 1974:32)

我和"中国大陆非规则移民"交往越多,他们似乎对我的出现越放心。尽管他们都知道,我在他们中间做研究,但是许多人似乎忘了我在观察他们,而且渐渐地在我面前表现的和在其他同伴面前一样自如。同时,我也获悉了许多他们不可能向公众透露的秘密(尤其是向政府官员)。例如,他们来加拿大的实际目的、他们在中国的经历,以及他们参加的一些非法活动（例如利用现金工资逃税①、伪造证件等）。在很多情况下（例如和他们的加拿大律师一起听审），我常面临选择：揭露某些谎言或保持沉默。除了在我可能被涉嫌参与非法活动时，我都保持沉默。有时，我不得不为保护我的被调查者而向其他人撒谎，使他们免受难民歧视或被认出是难民。

当然，我在观察时并不作记录，因为地点不方便而且那些人对此很敏感。实际上有很多事和场景太感人了（参见 Williams，1967：22—27），我现在依然记忆如新。例如 1992 秋天，我参加了"中国大陆难民组织"举行的中秋节晚会。当时，大约有 60 位"中国大陆非规则移民"和他们的亲戚朋友们来参加。晚会开始，所有的人都吃着，喝着，聊着。一段时间后，要求每个人轮流唱首歌。当一位女士唱起中国经典电影《上甘岭》插曲《伟大的祖国》时，另外几个人也跟着唱了起来。又过了一会，所有的人都跟着唱了起来，并重复唱了三遍。唱完之后，大家都非常激动，兴奋地继续唱，并逐个谈起发生在中国的事。这样的场面，我从来没有在其他大陆中国人的聚会中经历过。这件事使我深受感动，也使我思考，为什么他们如此热爱自己的祖国却要来当难民呢？我不认为这首歌只是表达了他们的"思乡情怀"，而是反映了他们对自己国家与异国的矛盾情绪：歌曲反映了下列现象，如同布雷卡里奇和阿帕杜拉所说的事实（Breckaridge & Appadurai，1989：I），即散居在外的人总是怀着对另一个时空的记忆去创造一个自己渴望而眷恋的新世界。

在与这些人交往的过程中，我尝试通过建立友好关系来最大化他们对我的"信任"，期望以此获得更多"事实"（Fielding & Fielding，1986：55）。同时我也注意到，我的参与方式可能会影响他们的行为（参阅 Devereux，1967）。尽管对于该项研究的总体判断，我已通过个人经

---

① 直接用现金支付雇员工资，这意味着收入不被记载。雇员并不需要向政府报告收入，所以他们的福利收入也将不会受影响。

历及知识进行了阐述,但是查阅资料和文献回顾,有助于我寻找定位相似的研究坐标系,也帮我搭建了一个概念框架,用于分析所收集的资料。总之,我的观点师承著名学者麦克科拉肯的主张:"文献回顾不仅仅是简单地搜集思想的过程,而是在寻找学术界有意识及无意识的假设推测。他们决定了这些假设是怎样促进问题和答案的定义。"(Mc-Cracken,1988:31)

(四)变量与量度

用作待测概念的变量通常是研究设计中最难的一部分(Brim & Spain,1974)。适应和应对这两个概念已是许多移民研究/难民研究的焦点问题。但是,这两个变量都不易定义和衡量。如上所述,移民/难民的适应是人类活动行为的特殊过程,经常会受到多种因素的影响,如移民动机和目的、移民的经历及接受国的状况、移民的年龄、工作技能、受关注的个人教育、进入东道国的家庭支持及社交网等(Richmond,1985:51)。在衡量单个移民/难民的适应问题时,所有这些因素都很关键,但是其中一些因素不易直接测量。

依据个人观察和经历,我认为以下几点是测量适应程度和速度最直接、最有效的变量:"中国大陆非规则移民"在社会交往中接受和适应新的社会价值观念的程度,他们中的个体在跨国后的日常生活中建立起来的新社会生活中,能够达到某些社会经济目标的程度。我用格特曼量表法(Babbie,1992:183—186)构建一些标准来衡量三套总变量:第一套着眼于探究促使这些人来加拿大的"推动力"因素及动机;第二套是详细调查他们自我定位变化的程度,还有他们接受新的社会文化价值观念的程度;第三套是衡量他们在加拿大的社会经济成就。

根据每套测量的变量不同,我又将三套总变量细化。例如,"推动力"变量是测量与中国国内状况有关的因素(诸如中国的经济状况、在人权问题上的立场、政府政策等)。"拉动力"变量是测量被认可的东道国机会,如和中国相比,加拿大生活水平较高,有更多自由空间以及更好的社会福利。"中国大陆非规则移民"在社会交往中接受或适应新价值观念的程度是根据以下各个类似点来评估的:他们在加拿大的合法地位,英语知识,在加居住时间的长短,个人在工作、社交中结识的加拿大本土朋友的数目,以及他们与非华籍加拿大人交往的频率。对他们的社会经济成就的测度标准包括他们接受教育和工作的时间、职业种类、收入及融入社会活动的程度。更进一层,教育的衡量标准是正式受教育的年数及是否获得专业学位,职业通过不同类型工作的简化分类决定,收入直接根据他们每位的年收入衡量。他们和中国联系的程度判断,则要根据他们是否在唐人街及附近地区居住,以及他们是否在中国人开办的公司或店铺工作来作出。

教育、职业及收入是工业社会衡量移民或难民适应程度最普遍的三项标准(Goza,1987;Richmond,1985)。它们是建立在以下两个即将讨论的假设基础上的:(1)对于"中国大陆非规则移民"来讲,受过高等教育及获得特殊技能的,适应主流社会体系相对容易。他们能够找到工作,可以拿到与加拿大人一样多甚至更高的工资,因而他们有很强的适应性。(2)反之,教育程度较低的人适应主流社会很难,依然受低收入和低下职业(如服务业中的餐饮工人)这类种族社会结构的限制。因此,他们的适应程度很低。

(五)将"中国大陆非规则移民"的适应作为过程研究

正如第二章所说,"中国大陆非规则移民"处理压力及适应新环境的方式是一个社会过程,进一步说,本项课题的研究将这个适应过程同他们经历的其他一系列社会文化变化(如他们在思维方式、自我认同和表现自我方式上的变化)联系到一起。同时,我认为,他们需要时间来应对和适应,而且,他们的成功因时因人而异,因群体不同而不同。

下面我要讲的是,他们中的那些能灵活自如地接受和适应新社会价值观念的成员,取得社会经济成就的可能性会更高,因而能够更好地适应新的社会环境(Basch,1994)。所谓适应,我认为与时间相关,也就是说,它是一个过程。在阐述巴斯对研究过程的看法时,我想揭示"必然或可能会主导事件(如适应策略、应对策略)过程,而且产生相互信赖性,还有描述该形式产生的过程"(Barth,1981:35—36)。除了巴斯的总体模式,我还采用了德弗罗关于研究者和研究对象如何交往的模式,以及戈夫曼关于自我展现、自我形象塑造的模式。应用这些经典理论,我将努力描述"中国大陆非规则移民"适应过程中各种事件之间基本的内在联系,尝试探究在各种情况下这些联系产生的结果。然而,需要指出的是,由于我所观察的那批人的大部分是在 1989 年或之后来加拿大的,因而即使有可能研究他们适应的整个过程,也是相当困难的。所以,这里描述的适应过程是不完全的,处于"展开"阶段,需要后续研究来深入了解。有鉴于此,我仍想在最后一章做个预测,探讨该如何对适应与应对过程进一步展开研究。

三、具体的研究问题

鉴于上面的目标和概念性问题,还有我个人的学术兴趣和生活经历因素的作用,本研究旨在阐述以下两点:(1)在从社会主义中国移民到资本主义加拿大的过程中,"中国大陆非规则移民"是如何做到适应新的社会文化价值,如何改变认同自我和展现自我的方式的。(2)这个群体中的个体在适应新环境方式上有不同特点。基于这些观点,我的研究将贯穿下列问题。

问题一:

此问题关注的是:"中国大陆非规则移民"移入加拿大的速度与影响他们决定移民的推拉因素有关。我认为,他们的移民行为受到某些推动因素的影响(如中国内部局势),但更多是受拉力因素影响(如加拿大对难民尤其是对"中国大陆非规则移民"的总体政策和态度)。我列举一些更具体的因素如下：

1.中国的自由空间和社会机会越少,中国大陆人越倾向于移居国外。

2.那些对西方财富充满向往的人,认为西方国家能够提供较高生活水平的人,更倾向于移民。

3.加拿大的移民政策越宽容,难民的社会福利越好,某些中国人来加拿大定居的可能性越大。

问题二：

此问题关注的是:在适应社会文化的变革中,"中国大陆非规则移民"经历身份变化的程度,从他们是如何认识自己以及他们是如何在其他人面前展现自我两方面来考虑。我列举的因素如下：

1.一到加拿大,他们就开始经历认识自我及认同自我方式的变化。他们与主流社会成员接触、交往的程度将会影响这种变化的程度。

2.在与非华籍加拿大人交往时,他们作为中国人的民族意识会增强。他们与其他加拿大人交往越不顺,这种民族意识越加强烈。

3.他们中单个人认同自我的方式与当地华人群体给予支持的程度有关,并受其影响。多伦多的华人呈现出多元化且各自独立的特征,这意味着他们有可能卷入分支民族纠纷中,同时,也有机会拥有多种身份:他们中的个体可以根据自己的兴趣和需要改变自己的身份,可以认同自己是中国人、大陆华人、难民或其他合适的类别。

问题三：

这个问题旨在强调这样一种观念:新移民/难民经常从新社区内有共同民族文化背景的群体里寻求帮助。就所研究的案例来说,"中国大陆非规则移民"从华人社区得到帮助的状况在很大程度上受这些因素的左右,即他们和其他华裔加拿大人(包括香港人、大陆华人、台湾人)的关系,那些资深且有影响力的移民对他们所持的态度。因此,可以说：

1.其他社区成员对他们所持的态度不同,他们从现有的多伦多华人社区获得的帮助也不同,而且这种帮助有可能随着他们群体数量的增加而减少。

2.老移民和事业有成的华人移民曾有的热情态度将会随着他们群体数量的增加而降温,因为他们膨胀的群体意味着在民族劳动力市场上竞争加剧,而且他们进入加拿大的方式被认为是给华人社区丢了脸面。

问题四:

本问题指出,"中国大陆非规则移民"的适应和应对能力与每位个体所能借助的社会及个人资源成比例。具体因素如下:

1.一个人拥有的社会资源越多,就越能更好地应对新环境。这里所说的资源类型从概念上包括:个体拥有的社交技能(例如正规教育的年数、英语程度及工作技能),可以借助的社交网络(家庭、朋友),以及可选择的社会支持体系与机构(包括社会福利、培训项目、宗教和民族组织)。

2.他们的适应程度与他们获得在加拿大居住的合法地位的可能性有关:那些获得协议难民身份的人比那些被拒绝的人很有可能会更好地适应东道国社会。因为后者不仅就业机会和受教育机会相对较少,而且会有较多的社会心理问题(如精神健康问题、家庭破裂问题)。

3.性别也会影响他们中个体的适应情况。一般来说,他们之中女性比男性能更快地掌握英语,易找工作,去交新朋友及发展新的关系。部分原因是与她们在中国的情况相比,这些女性在社会及家庭中的角色已发生了变化。

4.他们的教育水平也有可能影响能否成功地应对并适应新环境。个人教育程度越高,越能应付定居加拿大的压力。

问题五:

本问题受以下观点的影响而提出:巴什(Basch)的跨国主义理论、里奇曼(Richmond)的高移民往返率是后工业社会的典型现象的观点、萨弗兰对现代社会中"散居"者—祖国及回归奥秘的叙述。纳伽塔指出,没有必要将成为接受国的居民作为适应的最终目标(Nagata,1993)。作为一个极其庞大的国际移民人口网络的成员,"中国大陆非规则移民"并不必然将成为加拿大居民作为他们移民的最终目标。确切地说,我认为是如下因素:

1.他们仍然有集体观念,热爱他们的祖国,致力于祖国的安全和繁荣。他们越热爱祖国,越不可能呆在国外。

2.他们与国内的家人朋友联系越紧密,想成为加拿大居民的欲望越小。

3.当他们面对压力无能为力或其他地方有更好的生存机会的时候,他们可能会从多伦多移居其他城市或国家。

4.当他们没有机会取得合法地位,并且他们感到中国国内形势日益繁盛兴旺,他们可能返回祖国大陆。

第五章　从中国到北美：
假避难真移民

　　本章旨在描述和分析"中国大陆非规则移民"从中国前往北美并最终定居于北美的过程，包括调研这些所谓的中国大陆"难民"的组成、他们离开中国的理由、移民和居留北美的方式、到达目的地后的活动形式和情感变化等。此外，笔者还力图分析和研究为什么是这些人，而不是其他中国大陆人，离开中国前往北美洲申请"难民"。

　　前文已经提到，劳动力从发展滞后地区到发达地区的大规模迁移是一种历史悠久的社会现象，确切地说这种现象与全球性扩展的资本生产经营系统有着一定的联系(Richmond，1993：32)。许多学者都认为用后工业社会的观点探讨国际移民的情况具有很重要的现实意义(Schiller et al，1992：32)，本书所分析和研究的结果也同时表明，采纳传统移民理论分析中国大陆"难民"移民过程依然富有成效。从"推拉因素"在中国大陆和北美区域的作用方面入手，作者全力探寻了"中国大陆非规则移民"的移民奥秘。就不同的个体来讲，促使他们移居的因素可以分为两类：其一，他们在中国的社会经济状况低下并缺少安全感(我们称其为推动因素)；其二，可以感知到且具体存在于北美的优越经济机遇和相对稳定的社会政治系统(我们称其为拉动因素)。许多有关移民问题的研究比较倾向于肯定推动因素的重要作用，也就是说推动因素在刺激移民方面的力度胜于拉动因素(Jackson，1986；Richmond，1993)。

　　然而通过研究和分析对比，笔者确认，中国大陆"难民"移居加拿大和美国的动机,基本源自于这两个国家所表现出来的种种可感知的优势,即拉动因素,尽管其中一些也许是被迫离开故土的(Coughlin,1960;Lai,1988;Li,1988;Tan & Roy 1985)。进一步讲,要准确无误地理解他们为什么移民北美,就必须要了解这样的历史背景的影响作用,即这些人大批离开中国的时间是在 20 世纪 80 年代后期与 90 年代早期,在那个时代中国社会经济的发展还相对比较落后。

一、当代中国改革开放政策的深远影响

中国自 1978 年以来发生了引人注目的变化。改革首先采用非集体化的政策,变革农村的生产关系,并迅速产生了效益。家庭联产承包责任制赋予农民长期经营土地和自由出售剩余农产品的权利,农村社会生产力因此快速增长。与此同时,乡镇企业自 1979 年以后异军突起,极大地推动了国家工业经济的发展。绝大多数乡镇企业是由个体和家族建立的,他们是一个新生的社会阶层,经营和推动了出现于中国农村的经济变迁(Chen,1990;Tisdell,1993)。中国工业经济的重大改革始于 1984 年,其关键步骤是分离政党对"僵化经济结构"的不必要管理,而政府由改革前担当城市企业的管理者变为在更多的时候扮演处理经济事务的调节人;通过渐渐消除"大锅饭"和"铁饭碗"的旧有观念,缓慢推进的城市改革努力使企业拥有更多的独立人格,而其中的部分方法是给予企业管理者更多的决策权力。这个改革也刺激了其他条件发生变化,诸如产品价格由成本与供求关系决定,工资由生产效率决定。与后毛泽东时代的改革相随且浮现于上述变化之上的现象是,产生了立足城市的私营商业阶层,即城市个体户群体,他们是都市内最活跃的力量,很少受到政府的具体干预(Jenkins,1990:15;Gold,1990:45—68)。

　　研究中国的变化,开放政策的影响效应是个探索重点,而孙中山在
20 世纪 20 年代早期就已经提出过这个思想(Godley,1993)。同毛泽
东主席所主张和强调的自力更生政策比较,开放政策主张促进与其他
国家的经济和技术合作,部分内容是自由贸易和接受更多的外国投资。
最初,开放政策的实施集中表现为发展位于东部沿海地区的四个经济
特区,部分作用是削弱资本主义的腐朽影响。然而实际情况是,国内各
个地区竞相向中央申请给予经济特区政策,结果国务院出台更多的政
策,鼓励各地积极加强与海外国家与地区的经济贸易交往。不过后来
引起各方面关注的是,中国大陆许多敏感活跃的人,尤其是城市年轻
人,逐渐受到西方思想与价值观念的影响,诸如西方民主意识、个人主
义、自由观念、流行文化(Cannon & Jenkins,1990:16;Chen,1990:
61—64;Rice,1992:第 5、9 章;Tian,1987,1988)。

　　改革开放政策极大地推动了中国社会经济发展,使得国家经济总
量在 20 世纪最后 20 年中翻了两番,尤其是沿海地区一直保持了很高
的经济增长率。国民收入水平的增长率在 80 年代年均提高 9% 以上,
在 1990—1995 年期间达到 13%,高居亚洲国家和地区同类数值榜首
(Madsen,1995:14)。这种惊人的经济增长率和在全球经济排名中不
断提升的位次使中国成为亚太地区最重要的国家之一(Hussian,
1994)。1995 年 2 月公布的国家统计资料显示,中国人口已经达到 12
亿。尽管人口规模如此庞大,实际的人均收入增长率几乎翻了一番,人
均消费数额增长超过了 75%(Tisdell,1993)。对于中国社会,改革开
放政策的影响力度难以用确定的量化指标描述,政府机构的改革前景,
也存在着难以预测的变化。例如,中国市场经济的发展客观上要求共
产党组织减少对农业和工业生产活动的直接指挥管理,因此原有的一
些对大陆普通群众的政治和精神鼓励方式在实际中逐步被物质奖励手
段所取代。此外,社会上则出现了明显的信仰迷失现象,特别是一些年

轻人，他们似乎失去了对马克思主义的信仰（Kristof，1993；Rice，1992：第 6 章）。

更值得注意的是，在中国改革初期，中央政府主动采取了重点发展沿海地区的倾斜政策，从而使得沿海地区与内陆省区间的发展不均衡程度加剧（Cannon，1990：28—60；Tian et al，1987）。其结果是，大量人口不断从内地和农村迁移至沿海地区和城市，这种国内移民和向海外移民有着密切的相关性，他们都是改革开放政策的产物。在此期间，中国改革的市场导向特色日趋明显，地方政府对经济决策拥有更多的权利，经济增长中的通货膨胀压力加大。另外，由于对一些产品实施了价格"双轨"政策①，导致出现了一批"官倒"人物②，他们利用价格差异谋取暴利，从而使普通公民和一些政府成员间的个人收入极不公平。1988 年，中国的通货膨胀率达到 18％，而工资的增长率则滞后于通货膨胀率，这就引得知识分子和城市工人对官倒现象的抱怨之声在 1989 年初达到街谈巷议、群情激愤的地步（Chen，1990；Rice，1992：257—279；Tisdell，1993：13）。

面对民众的不满和随之出现的大规模商品抢购风潮，国务院于 1988 年秋季实施了一系列以"稳定货币"为中心的政策，其目标是通过控制基建投资规模，降低通货膨胀率。这些政策的应用带来了正负两方面的结果。中国经济增长率从 1988 年的 11.3％猛跌至 1989 年的 3.7％，1990 年仅回升为 4.8％（Hussain，1994：14）。高通货膨胀率和部分政府机关成员的腐败行为引起社会气氛紧张，经济大度波动，最终诱发了 1989 年春夏之交出现于中国部分城市的由一些大学生参与的

---

① 许多产品，特别是原材料和制造产品，允许标出两种价格：固定的国家价格和自由的市场价格。国家价格用于保持国家对宏观经济运行的控制，市场价格往往反映"供求关系"。

② 一些占据领导岗位的人和他们的子女利用职权进行投机买卖，他们以低价位的国家固定价格买进产品，尔后以高价位的市场价格卖出商品，从中谋求暴利。这些人物最终受到法律的制裁。

"民主风潮"。而恰恰就是这次风潮成为"中国大陆非规则移民"在北美社会申请避难的口实之一（Tian & Lu,1995;Ma,1993;Tian,1994）。[①]

二、自我移民

1949—1978 年期间,自中国大陆移居北美的人口数量很少,其原因是中国政府限制国内人口迁移海外。政府对向海外移民的管理很严厉,诸如向往迁移国外的人需要获得专门的批复公文,移民申请审查异常严格,相关政策的约束力度很大（Poston & Yu,1990;Liu,1995）。出现于改革之前和改革前期的一类大规模移民趋向,是通过合法与非法手段,自大陆内地移居现在的香港特别行政区,依据不完全的文献资料估算,在限定的 1977—1982 年期间,其数量为 50 万人（Jowett,1990:126;Chen,1984:第 1 章）。还有数量不多的一些人,移居周边国家,像印度（Oxfeld,1993）和苏联,他们是中国少数民族,如藏族、哈萨克族（Jowett,1990:126）。文献资料表明,1959 年有数万藏族人穿过边界前往印度,1962 年有 5 万人,主要是哈萨克族人越境进入苏联[②]。

改革开放政策至少在两个重要方面影响了移民方式:第一,通过放宽原有的限制人口流动的政策,中国大陆公民可以较为容易地从政府申请到护照或允许出国的公文;第二,开放政策使中国人有更多的机会了解"现代西方"的情况。初步得知西方社会的富裕和自由制度与原先听到的介绍有所不同之后,许多人特别是部分城市青年人想去西方国家的兴趣越来越浓厚（Grant,1991:第 8 章;Ma,1993;Rice,1992:第 5、8 章）。这种欲望之火在大陆沿海地区露出火舌之后,香港传媒工具如

---

① 后来出现的中国大陆移民海外的行为越来越规则,与这一阶段的移民现象有很多不同特点。

② 这些人的出走是受到外国势力的挑唆和胁迫的。他们中的部分人员后来又主动返回祖国。

报纸、电视和光碟所表达的各种信息就如同燃料一样注入其中。如此一来，年轻一代人渴望到海外去"看一看"。作者的一位调查对象就说："我出国的目的就是想看看到底哪种制度更好，社会主义还是资本主义。"与此同时，政府也鼓励学生特别是有海外关系的学生出国读书。

　　1985 年 11 月，《中华人民共和国公民出入境法》获得通过，政府更加积极地支持公民到海外经商、学习。这项法律规定，中国公民可以合法地获得两类护照：一种是因私护照，主要颁发给那些由于私人原因而申请出国的人；另一种是因公护照，只有从事海外商务和公共事务的那些人才能得到。法律还规定，出国从事公共事务的人需要获得本单位的允许，在中央单位工作的人向外交部申请同意，在省级和以下单位工作的人则向各类外事办公室申请。以前申请者要求获准时，单位领导都要考虑申请人的条件，比如他们的家庭背景和个人履历，是否拥护共产党的领导，个人工作成就和社会关系。一旦本单位同意之后，公民为公事而获得护照一般要比取得因私护照容易。按照规定，持有因公护照的人是为公共利益工作，或者是政府或单位的代表①。由政府或单位保送到海外留学的那些公派留学生，他们也持有颁发的因公护照，但是获得单位同意之后，他们可能在中国大使馆或领事馆得到改变身份的因私护照。持有因公护照者一旦完成了出国需做的任务，他们就要按规定将护照交还给发证机关。然而在实际中，这些人常常保留他们的护照，以便日后需要时能较容易地使用它们出国。

　　相对而言，获得一个因私护照或相关文件是一件较难办理的复杂事务。申请人首先要在各地的公安局得到同意文件。法律规定，申请人只要能够提交合适的文件，诸如国外亲属或朋友寄来的邀请信函、外国教育机构颁发的入学录取通知书等，所有中国公民都有权利申请护

_____

　　①　中国的工作单位具有政治、社会和经济功能，因此对城市居民的日常生活影响很大。这种特点与西方社会工作机构对个人的影响有很大的不同。

照和出国许可文件,仅仅是那些参与非法活动或从事损害国家安全的人才会被拒绝。可是在实际操作中,即便是那些按规定提交了所有文件的人,依然会经历获取护照和出国许可文件的种种困难。公安局人员会检查申请者的个人档案,向申请人单位领导咨询意见。如果后者认为不能给申请人签发各类出国文件,申请人的要求就被拒绝。为了应付申请因私出国时遇到的各种问题,国内一些人采用了多种能够有助出国的行动对策。

例如,黄健,自北京来到北美。他出国前曾是一家国有公司的律师,受单位委派于1988年前往美国学习国际商业法规,并于1990年返回北京。可是他回国后没有向单位交还因公护照。他在加拿大对笔者讲了他自己的选择:

> 我向单位外办头儿瞎编说,护照丢了。这在我的单位是个公开的秘密,没有人愿意回国后把因公护照上交外办。拿这个护照办私事,我心里有犯罪感。这也是没法子了。当时要是把护照交上去,现在我也不能在这儿给国内来的商业代表团当翻译啊。

为了得到出国许可文件,一些人会从一个单位调到另一个单位,而另一些人会设法贿赂本单位领导。

再如,张茵,来自北京,在北美社会申请避难。1990年张茵的丈夫自费来到加拿大多伦多留学,为了合家团聚,她在1991年初提出因私护照申请,但是她原来单位的领导不同意她出国。她告诉作者说:

> 我问单位领导不同意的理由,他们讲出国是个严肃的事情,以前没有人提出这类申请。他们好似很憨厚而不知如何决策。后来我从公安局复印了一份《中华人民共和国公民出入境法》交给领导。一天我去劳动人事科询问,科长回答我的申请还没有研究。

我明白'研(烟)究(酒)'的含义。我不想贿赂领导，但是又不得不去做。我买了500多元的礼物送给大小领导。我对自己的行为感到脸红。不久他们同意了我的申请。

方勇讲到，为了得到护照，要付出很多努力。他曾经计划来加拿大学习英语，因为他在加拿大阿尔伯塔的亲戚申明愿做担保人。方勇出国前在中国的一家隶属地方政府的小工厂工作，工厂领导拒绝为他的申请向当地的公安局开出介绍信。他动用自己的社会关系从其他单位得到了介绍信。来到加拿大后，他没有去读书，而是去申请难民身份。他告诉作者说：

> 我的申请获得批准了，真幸运。想起那年他们拒绝给我开出申请护照的介绍信，我沮丧极了。我知道他们心里比我清楚出国是怎么回事。可他们还是利用权力设卡子，为什么？妒忌，纯属妒忌！他们自己就想出国。我的外国亲戚这次帮了大忙。这是我为什么申请难民的一个理由，一旦成为落地移民，机会就多了。

由于因公护照和因私护照是由不同部门颁发，所以有些人为了获得不同好处而设法全部得到，他们中地位特殊的人追求这个目标时往往不择手段。

例如，钟靖，他来自福州市，在离开中国时已经是个处长。他在1993年得到加拿大落地移民身份。他对我说：

> 我是用真护照离开中国的。其实对我来说拿到护照一点也不难，可以说我想要几本就能拿到几本，现在我就有几本护照。

简而言之，通过非法手段得到护照和出国文件在一定场合下变得很普遍了,诸如贿赂公安局职员,收买别人的护照然后改换相片。一种常见的非法获取护照的方式是通过走私人口的"蛇头"[①]。与其他地区相比,在东南沿海的广东、福建、海南和广西等省区,这些交易暗地里大量秘密地进行着。就此来说,中国城市居民一方面依然处于能够限制他们迁移活动的多种政策约束之下,另一方面则能比以前较为容易地得到护照和同意出国的文件。1979—1994年间,中国大陆330万城市居民得到了护照,其中包括非法渠道得到的各类护照(*The World Journal*,May 9,1995:A19)。

　　改革开放政策不仅推动了中国经济增长,而且也使部分城市居民欲望大膨胀。与此同时,中国仍然属于发展中国家,富裕人口的数量相对很少。面对依然艰难的生活条件,许多中国人四处寻求移民至其他国家和地区的可能性。这样一来,大膨胀的移民欲望远远超过可能存在的机会,非法移民和要求"难民"庇护的人口数量持续增长,随之出现了不少操纵此类活动的地下组织(Ma,1993:368;Rosemon,1991:Introduction)。20世纪90年代,国际性的难民—偷渡组织在中国出现了。报刊披露,仅在1987—1990年期间,一个难民偷渡团伙一个月内就能偷送大约40个人从中国到北美(参阅 *Montreal Gazette*,August 8,1990:B1;April 12,1990:A1,A4;October 16,1990:A1,A2;*Calgary Herald*,August 8,1990:A2)。每个大陆中国偷渡客到加拿大平均支付的偷渡费用,1989年为1.55万美元,1994年为3.5万美元,1995年为7万美元(Kaihla,1995)。到美国则要依次另加5000美元。

　　改革开放初期,西方社会高水平的生活条件对中国人具有极强的吸引力,对中国出现的出国热潮有强烈影响。陈平,笔者在加拿大的一个调查对象直截了当地说到移民海外的理由,"中国太穷,生活水平太

---

①　从事人口走私的"蛇头"从那些有多余或要废弃护照的人手中收买护照,而后高价卖给需要它们离开中国大陆的"顾客"(参阅 *Calgary Herald*,April 22,1988:A18;*Montreal Gazette*,July 6,1994:A 13;August 8,1990:B1;April 18,1990:A1,A2)。

低。"用比较分析的方法分类,可以将改革后的中国移民活动分为三次高潮(表 5—1):第一次,亲属担保出国潮。1979—1982 年期间,政府放宽了国内公民探望侨居国外的家眷和亲属的政策,一股移民浪潮随之涌起。如同预期的那样,中国内地居民在海外亲属的担保和支持下,合法地离开故乡,他们一旦提出定居他国的要求,遇到的麻烦很少。第二次,出国留学潮。政府在 1984—1987 年期间,鼓励高等院校的学生和教师出国深造,大批学生合法地离开祖国,从而掀起又一股浪潮。这些人中的大多数已经侨居海外,主要是定居北美和澳洲,特殊的求学背景使他们的移民经历与 1989 年北京的政治风波没有什么联系[1]。不过在多伦多的公派留学生中则有一些真想当难民的色彩。第三波次,难民潮。这场移民涌动主要发生在 1989—1992 年期间。北京政治风波后,一些人和某类学生组织的头头逃离中国大陆,在西方国家寻求避难(Ma,1993:369)。

表 5—1　中国移民活动的三次高潮及其与非规则移民的关系

波次	时间	特征	政府态度	与非规则移民的关系
第一次	1979—1982	海外亲人赞助	支持	没有关系
第二次	1984—1987	个人或政府赞助海外留学生	鼓励	一部分成为非规则移民一部分不喜欢非规则移民
第三次	1989—1992	寻求避难	阻止	成为非规则移民的主要来源

那些出逃的学生经常诱惑其他来自中国大陆的人士,其中就包括那些与政治无关,但也在西方寻求"难民"庇护的人,这其中有一个人数较多的群体,成员主要来自东南沿海的福建和广东。概括地说,这类难民部分与政治因素有关,部分与中国的市场经济有关。后者牵连到国际性的人口偷渡现象,这些偷渡者发现,只要贿赂地方官员和边防警

---

[1]　一些曾在日本留学的中国学生后来移居到加拿大。笔者从事研究时,在被调查的"中国大陆非规则移民"中有 14 人(比例占被调查者的 25%)是来自日本的留学生。

卫,大批的人就能非法移民。尤其需要注意的是,在偷渡活动中,某些政府官员蹂躏政策和牟取私利的现象(Kristof,1993)层出不穷。可以说,由于一些政府人员参与其中,使得铲除偷渡活动的警戒行动时常无功而返成了司空见惯之事。与此同时,国际难民偷渡组织在这场浪潮中的作用也难以估量。"蛇头"愿意并能够按照中国"难民"自己的要求,收取为此类"消费"必须支付的费用,而后将他们送往世界各地(*Montreal Gazette*,July 6,1994:13;June 13,1993:A13;*Toronto Star*,June 10,1993:A2;June 7,1993:A3)。中国政府一直支持头两类移民,因为政府认为他们能够返回祖国,又能引入技术、知识,并利于国际商务交流(Thompson,1989:177)。同时中国也在设法阻禁第三类移民,政府官员担心,那些逃离出境而又寻求在其他国家避难的人,他们的行为会有损于国家的国际形象(Cuenod,1989:224)。

受到上述三类移民潮的影响(尤其是第三类活动),西方世界已经对中国社会有了新看法。当中国对世界敞开大门之后,无数中国人特别是生活在沿海地区的人们,逐渐拥有越来越多的富裕机会,还有自海外市场得到的收益,成功也使一些人意乱神迷(Grant,1991:第8章;Kristof,1993;Rice,1992:第5章)。记者克里斯托弗(Kristof)曾经调查分析了许多福建人移民北美的原因,他们的家乡并未因拥有3200万人口而生活条件贫困,导致贫困的主要因素是当地社会的金钱观念恶性滋长,农村土地撂荒,农民心态浮躁,黑帮组织就将他们偷渡到别的国家。一些福建移民直截了当地对克里斯托弗说:

美国真美,太富了!如果那边没有限制,大家都要去那里。如果知道怎样到那里去,我们都会去。

我们住在海边,知道很多海外生活的事情……到加拿大的这些天里,脑子里想的就是钱。这也就是我们为什么出国的原因……很多人去了香港或其他地方,他们发了财,回家后开工厂,当了老

板，我亲眼所见。(Kristof ,1993)

和克里斯托弗调查研究的结论相同，笔者所调查研究的对象也表示，北美社会的生活水平较高和工作机会较多，令人向往。在 56 位访谈对象中，有 34 位（占 60.7%）在回答提问时表明他们的移民决定直接或间接受到西方较发达的经济状况等因素的影响。"我想到国外去开阔眼界，想要一个有辆汽车和个人别墅的现代生活环境。"30 岁的洪泊告诉笔者，他的第一次难民申请被否定了，可他又继续申请。

> 说到底，我想去国外，并不仅是赶潮流。广州那个地方受西方的影响很深。香港电影、广播和报纸传送了海外社会现状的信息。

洪泊在中国大陆获得了硕士学位，是一个研究所的工程师。他在 1992 年的月工资是 300 元人民币，只能支付吃饭穿衣等日常消费所需。有人告诉他，如果他到北美去工作，年薪可以达到 2.5 万美元，相当于那时的 18 万元人民币，预计高于他一辈子在那个研究所工作的工资总和。他动心了，决定出国，碰碰运气。简单讲，改革开放政策引进了国外种种事物，其中一些对内地人的出国移民影响极大。把握那些对中国大陆"难民"发生作用的各种影响因素，诸如他们的决策动机和行动方式等，在学术和其他领域均有意义和价值。

三、移民对北美社会的应对与适应

研究"中国大陆非规则移民"必须进一步对他们的身份定性，他们可以分为日内瓦公约难民（Convention Refugees）、难民身份申请者和难民身份申请被否定人。加拿大移民和难民事务局（the Immigration and Refugee Board, IRB）提供的材料证实，1984 年 1 月至 1995 年 3

月，大约 9500 名中国大陆移民在加拿大提出难民申请。其中，1667 人
在 1989 年 1 月前呈交了申请，被归为积压的难民个案，因此大部分人
可以获得依法落地移民身份或加拿大居民身份[①]。另外的 7325 人是
在 1989 年 1 月后和 1993 年 2 月 C—86 法案生效之前呈交申请的，他
们中的 1547 人以公约难民的身份被接纳，剩下的 5778 人的申请或者
被否决，或者依然处于聆讯程序中。一般来讲，1990 年末是决定申请
人身份的时间界限。

　　受资料来源的限制，准确地判明居住在多伦多的"中国大陆非规则
移民"和他们亲属的数量并非易事[②]。作者查阅了大量存于加拿大移
民和难民事务局的档案后得知，在 1989—1992 年期间，来自中国大陆
的公约难民和特定难民的数目是 2126 人，其中有 741 人以多伦多为目
的地，占总量的 34.9%。以此为参照系并根据作者个人经验判断，估
计至 1995 年底生活在多伦多的中国大陆难民数量达到 3000 人。上文
表述中的调查对象就属于这一大批人，而本项研究继续深入分析的具
体对象，就可以比较科学地判明这一大批人的真实情况。在 116 名调
查对象即中国大陆"难民"中，有 87 人（占 75%）是男性，有 29 人女性。
其中公约难民人数占 14.7%，难民申请被拒的人数占 69%，还有比例
为 7.8% 的人身处聆讯程序中。

　　这些调查对象的年龄以中青年为主，21—40 岁年龄段的人数比例
为 75%，41—50 岁的人数比例是 22.4%。他们中有 48.3% 的人接受
了大专以上教育。他们中已婚的人数比例为 73.3%，但是这其中有
59.8% 的人是孤身漂流异乡。深入的分析显示，在他们来到北美的过
程中，"推拉因素"的作用强度不一。在全部 116 个中国大陆"难民"中，

---

　　①　加拿大政府曾用"人道主义和怜悯的理由"（Richmond，1994：172—173）接纳了一
批中国大陆移民。

　　②　加拿大官方统计文献内没有这方面的资料。

有 24 位（占 20.7%）是在 1989 年 6 月之前离开中国，此后离开的人数是 85 人（1989 年 6 月—1991 年 6 月），还有 7 人没有回答我的这类询问。总之，大多数"中国大陆非规则移民"的出现同中国的第三次"出国潮"相关（参阅 Madsen，1995：第 1 章）。这批人离开故土，来到达北美且提出申请的时间各不相同，加拿大政府的移民政策在不同的时期也不一样，特别是对中国人有所调整。政府的政策指导构建了将他们视为一个可认同群体的总体框架，这对移民的影响是不可忽视。

　　加拿大政府在认同社会群体中扮演的这种积极的指导角色，从管理学的意义来看，类似于中国大陆行政机构在确认某些人群是否属同一个"民族"时的管理作用。此项调查研究也证实"中国大陆非规则移民"来到加拿大的时间与该国的政策有关（Gladney，1991）。在上述"难民"总体中，11.2% 是在 1989 年底以前来到加拿大，1990 年 1 月后到该国的人数比例为 81.9%，其中 63% 的人在 1990 年 1 月和 1991 年 6 月期间进入加拿大①。依据调查研究可以判定，"中国大陆非规则移民"来到加拿大的高峰时期是他们离开家乡半年以后。但也存在其他情况，一些中国大陆难民也许本来不打算前往加拿大。1989 年 6 月以后，加拿大实行的特殊法案给了中国留学生永久居住身份，也未将没有获得难民身份的人遭返回中国，这就激起了许多人的欲望。

　　通过对样本的进一步分析研究，我们可以比较清楚地了解到研究对象的原居住地和前来北美的途径。上述中国大陆"难民"大多数来自 4 个地区，其比例为：广州市占 42.6%，上海市占 20%，福建省占 15.6%，北京市占 13%。他们中 73.1% 的人不是持有有效护照进入加拿大，而其中 76.3% 的人的难民申请被拒。在那些已经获得落地移民身份的人中，40% 的人持旅游护照进入加拿大，40% 的人没有有效护照，另外 20% 的人是采用其他方式入境，如使用购买的不需要签证就

---

① 在这次调查问卷中，有 8 位被调查者没有做答。

能进入加拿大的英联邦国家的公民护照。在那些手持有效签证者当中,学生签证和旅游签证,各占一半。在那些难民申请仍没有完成程序的人中,65％的人没有签证,其余是学生签证、访问学者签证和旅游签证,各占12.5％。此次研究结果显示,中国大陆"难民"的不同状况与他们在中国的出发地点密切相关。来自北京的人持有合法出国文件与签证的比例为61.5％,同类比例在上海人中为63.3％,在全部福建人中为75％,但是在福州市人中高达100％,在广州市人中是84.1％,其余的广东省人则是16％。在他们中持有学生签证者有66.7％来自北京,33.3％来自上海。这些事实表明,在北京,政府的管理政策极其严格,从而保证了那些想出国的人可通过合法渠道实现愿望。因此,大多数北京人原本并不想申请难民身份,而他们这样做仅仅是认识到这种做法可能会有利于延长自己留驻北美的时间。

对来自北京的非规则移民进行分析后,我们还能得出这样一个判断,即市场经济在北京的发展落后于沿海,所以大多数北京人也没有更多的经济能力去支付偷渡的高额花销。相比而言,政府针对沿海地区如广东、福建和上海等省市制定的法规不全,致使那里的一些人能够轻易地寻找到非法移民的渠道,他们也同样轻率地将辛辛苦苦发展市场经济而获得的财富撒到个人的偷渡路上。他们来到北美后很快就提出难民申请也是必然的事情。归纳后发现,研究对象表述的理由也不同(表5—2):8.6％的人表示,他们出国的目的是开阔眼界;61.2％的人说出国是想找到比在家乡更大的自由空间;6％的人想出去发财,以后回国了能有个好日子过;63.5％的人承认出国是想逃避来自行政系统的压力;5.2％的人是到国外与家人团聚;18.1％的人是想改变身份,他们不想代代人总在一个地方生活;6％的人是想到国外碰碰运气,做一些自己想做的事情。在那一大批人中持有合法签证出国的人,想开阔眼界与想和家人团聚的各为一半。许多没有合法签证出国的人1/3是想寻找自由空间,2/3是想解脱种种的行政系统的压力。

表 5—2　　非规则移民出国的原因（按重要地位排序）

	第一		第二		第三		第四		第五		第六		全部	
	人数	百分比（%）	人数	百分比（%）	人数	百分比（%）	人数	百分比（%）	人数	百分比（%）	人数	百分比（%）	人数	百分比（%）
扩大视野	4	3.4	5	4.3	1	0.9	0	0	0	0	0	0	10	9.6
寻求自由	40	34.5	30	25.9	0	0	1	0.9	0	0	0	0	71	61.2
赚钱	1	0.9	3	2.6	1	0.9	1	0.9	1	0.9	0	0	7	6
寻求避难	53	45.7	13	11.2	2	1.7	6	5.2	0	0	0	0	74	63.8
家庭团聚	2	1.7	0	0	3	2.6	1	0.9	0	0	0	0	74	63.8
不适应国内	3	2.6	7	6	9	7.8	1	0.9	1	0.9	0	0	21	18.1
碰运气	1	0.9	1	0.9	2	1.7		1.7	0	0	1	0.9	7	6
其他	2	1.7	0	0	1	0.9	0	0	0	0	0	0	3	2.6

资料来源：1.依据访谈数据。　　　2.百分比：是指占全部116被访者的比例。

更深入研究这些调查对象所得出的结果显示，当大多数中国大陆难民讲述着他们经历的种种压力时，出现在法庭最后陈述时的情景往往是这样的，这些人依据他们对北美社会认可的一些观念如"自由"和"压制"的自我理解来申请避难。一些有高等教育背景的人使用西方自由原则联想到的事情是，公共场合随意表达意见的权利，挑选和改变工作的自由，迁移居住地点的自由。另一些人提出的所经受的压制看似与政治相连，实际内容则是他们在大陆时与学校管理人员的冲突，和邻居们的纷争，或者因为没有遵守计划生育政策而受到惩罚。不过受过高等教育的人不愿意以压制为申请理由。调查对象中85.3%的人说他们到北美的第一理由是寻找个人自由（表5—3）。他们中教育背景好的人有60%是被加拿大"好"的难民政策吸引来的。不过综合调查信息，那些强调追寻更多个人自由而来北美的人，同样受一些经济目标的诱惑。在31个有高等教育背景的人中，仅有3个人（占9.7%）说在大陆受到压制。在25个文化层次低的人中，有10个人（占40%）的申请没有被通过；还有10个人承认他们的压力来自于没有完成计划生育任务；仅有4个广东人和1个福建人说他们受到了单位的压制或迫害。

表5—3　非规则移民选择加拿大的原因(按重要地位排序)

	第一		第二		第三		第四		第五		全部	
	人数	百分比(%)	人数	百分比(%)	人数	百分比(%)	人数	百分比(%)	人数	百分比(%)	人数	百分比(%)
寻求自由	99	85.3	1	0.9	2	1.7	0	0	0	0	102	87.9
避难	5	4.3	21	18.1	2	1.7	0	0	0	0	28	24.1
社会福利	0	0	6	5.2	7	6	0	0	1	0.9	14	12.1
更多机遇	3	2.6	20	17.2	10	8.6	1	0.9	0	0	34	29.3
亲人在加	4	3.4	2	1.7	6	5.2	2	1.7	0	0	15	12.9
其他	1	0.9	1	0.9	0	0	0	0	1	0.9	5	2.6

资料来源:1.依据访谈数据。

　　　　　2.百分比:是指占全部116被访者的比例。

绝大多数人坦率地承认,他们到北美的主要目的是寻求个人自由空间、好的生活环境和挣大钱。自从1978年以来,中国的社会状况有了显著变化,国家的经济成就已经吸引了全世界的高度关注。那么为什么还有一些人要到北美申请中国难民身份呢? 以下个案研究可以更详细地补充说明上述分析。有一位43岁的难民申请被否决了的中国人,曾经这样对我讲:

　　　　在加拿大你不需要操心你的生活,用不着急着找工作赚钱。你能从政府那里得到你想要的东西。在中国你不得不去工作挣钱,没工作,没钱,就没法生活。我已经给家乡的朋友写了信,告诉他们我看到的事情。朋友们都想来。即使出国的希望很小,他们也要想办法来。

陈平,33岁,也和他一样,因为羡慕加拿大的好生活并想合法且永久居留在加拿大而提出难民申请。陈平的父亲是个教授,在家庭成员的资金支持和父亲寻找到的海外担保人的配合下①，他在 1991 年春天持学生签证进入加拿大，那时他刚刚结婚两个星期。在加拿大起初想依靠自己的能力成为新的永久移民，后来他发现这是非常困难的。于是在一番盘算之后，他提出了难民身份申请。他坦率地承认：

> 我申请难民身份的动机就是为了移民。中国太穷，生活水平太低。在国内我没有选择，实际上我也没有权利选择要去的国家，哪里给我发签证就到哪国去。我递交申请之前就知道加拿大难民制度，否则我不会申请。我在中国时一点也不知道它，这里的一个朋友告诉我如果我申请难民，我就有机会成为一个落地移民。我的目的就是移民。我不想真的成为一个难民，我相信所有的中国大陆难民申请人都和我一样，申请难民就是为了要一个身份。

陈平批评加拿大难民体制漏洞百出，缺乏一个有效方式去分辨真难民和想从中得到实惠的假"难民"。他认为这个难民体制成了一些人不愿工作却想移民的工具。

李和平，41 岁，1992 年 1 月持学生签证从贵州到北美并提出难民申请。他出国前获得了经济学硕士学位，是一所大学的讲师。他来到加拿大的合法身份是读书，加拿大一所大学录取他为博士研究生却没有提供资金资助。所以，虽然他的合法身份是留学生，可是实际上从来没有去上学，而是找那些"私下付款"也就是支付现金的临时性的工作干，或者借别人的"打工卡"工作挣钱。1993 年 1 月，他提出了难民申请。李和平说道：

---

① 加拿大政府要求所有申请学生签证的人要有经济担保人，这个经济担保人必须出具证明，表示他有能力和愿意为那个人提供经济支持。

　　我想到国外呼吸自由空气。国内是一个人治而不是法治的社会。那里经济发展落后。西方国家是法治社会,经济非常好。最初我不想申请难民,因为打算要回去。后来我听这里的朋友劝告提出了申请。我根本没去学校,留下来至少可以赚些钱。所以,我提交申请主要考虑的是经济因素,这样我可以从政府那里领到一笔难民费。以前我根本不知道加拿大的难民制度。现在知道加拿大的难民制度是依照《1950 年联合国难民申请公约》制定的。当它能为所有的难民提供庇护时,加拿大的财政资源能支撑下去吗?加拿大难民制度让每个申请人都得到难民费。我担心这种制度能否长期存在。我不感到自己是个难民。我不在乎难民申请能不能通过,我也不认为我申请什么难民就是叛国。人来到这里总要生存吧,当你快要饿死的时候难道你不应当想尽办法求得生存吗?所以我的行为是理性的。

　　1993 年圣诞节之前,李和平带着从加拿大挣到的 2 万美元返回中国,那笔钱里包括 7200 美元的福利费。两个月以后,他写给作者一封信。他说自己时常受到在加拿大时滥用难民制度的良心压力,时常想到加拿大所谓的难民制度应当彻底改革。笔者可以负责任地说,这是一个曾经从加拿大难民制度获得好处者的真实感受。

　　马锦霞,44 岁,来自上海,父亲曾是国民党的高官。在经历了国内多次政治运动之后,她在国内上学和工作时很注意自己的言行。改革开放之后,中国共产党抛弃了一切以阶级斗争为纲的错误做法,她深切地感到自己得到了身心解放。1980 年她担任了一个有 400 多人的工厂的领导,又在 1986 年获得了电视大学的毕业文凭。1988 年她到日本学习语言和商业管理。她在两年的学习中眼界开阔,充分感受了日本的经济和技术优势。1989 年 6 月以后,她有机会留在日本,可是又苦恼不能获得合法居留身份。在一次与四个同学结伴去泰国旅行时,

她从当地的中文报纸中得知,北美社会有通过难民方式获得移民居住
权的机会,于是她和同学每人交给一个"蛇头"1.2万美元,开始了偷渡
之旅。她们一行七人先飞到匈牙利,而后转飞澳大利亚,最后飞到加拿
大。她们听从蛇头的指令,一踏上多伦多国际机场的土地,就销毁了护
照,申请避难。在与她同时递交申请的12个申请人中,七人在1991年
按照难民公约标准获得身份,一人去了台湾,其余四人的申请在1992
年被拒。马锦霞用中国"逼良为娼"的谚语,指责加拿大难民体制会使
诚实的人变得不诚实。她说:

> 那些申请人在法庭上撒谎,他们编造自己的经历。有些人甚
> 至伪造逮捕证。我也能伪造一个,可没有这样做。结果是他们通
> 过了审查,而我没有。

她还讲到,她说的情况与她妹妹几乎一样,可是她妹妹通过了法庭
调查而她却被拒。那个难民体制太不公平。马锦霞的这种认识几乎是
所有被拒的中国大陆难民申请人的共识,这反而使那些申请者确立了
一种共同的认识,使他们联合起来为了身份与移民审批机构斗法。同
时,它也在申请者圈子内产生一种共识,使此类遭遇不公的难民成为
"被拒中国大陆难民"。为了避免这种悲剧,他们鼓励同类申请人,尤其
是被接纳了的申请人,全都在特设的法庭上极力夸大他们在大陆的遭
遇,以便与加拿大的难民条款挂钩。一个此次接受调查的申请者透露,
在1000个大陆难民申请群体中,999个人都会编造他们的遭遇。事实
上,假如他们被遣返回中国,没有一个人会被迫害。
　　戈夫曼指出,有缺陷的个体常常在某种特定的场合撒谎,误导公
众,这是他们用来使自己处于较好的社会地位的一种方式。为了获得
难民公约条款标准内的难民庇护身份,实现他们非法移民的目的,即在
北美社会长期居住,"中国大陆非规则移民"申请人必须夸大他们在中

国遇到的"迫害"。他们认为只要解决了身份问题，自己就会适应或者融入当地居民之中。此时的夸张"与其说是不诚实的标志，倒不如说是为了融入一个特定系统的所为"（Cooper，1993：108）。"中国大陆非规则移民"中的有些人可能在中国曾经遇到过一些麻烦，不过他们往往喜欢夸张，因为他们知道如果不撒谎，不编造他们在中国受到政治迫害的故事，他们想留在加拿大的希望就会落空。而希望留在加拿大的最大欲望是由经济因素促成的。

刘赋，43岁，来自上海，在1990年拿着荷兰护照来到北美。他在加拿大获得了公约难民身份。刘赋在中国曾积极参加"民运活动"，上海政府人员确实指责过他的行为。然而，他在北美社会一方面以逃离政治压迫和歧视，获得自由言论的权利为主要理由，提出难民申请；另一方面，他并不认为自己符合真正的难民标准，反而觉得加拿大是个能使他有更多个人发展机会的地方，可以过上好生活。他在回答调查访问时说：

> 有人告诉我加拿大是个接受世界各地难民的国家。我乘坐的飞机刚一降落加拿大的机场，我就提出了难民申请。加拿大真是一个居住的好地方，这里的生活比中国强多了。国家的福利系统、医疗保险系统的确是世界第一流的。新移民在这里日子过得一定很快活。我相信没有几个大陆来的难民是真正的难民，我的意思是说政治难民。这伙子人为到加拿大吃了不少苦头，从人道主义观点讲，我希望他们能被允许留下来。不管怎么说，那一大批自己表白是难民的中国人，其实根本不是。

很明显，像马锦霞、刘赋所承认的那样，有些人即使在中国遭受过政治压制，加拿大政府"良好"的难民政策和福利系统，也是吸引他们移民加拿大的最大诱惑力量。调查分析研究的结果表明，大多数文化程度高的难民申请者都坦然地向作者表示，他们提出难民申请主要是为了有助于得到落地移民身份，还有得到获取经济好处的机会。相比之下，文化程度较低的难民申请人，特别是来自广东和福建农村的，总是坚持强调他们来北美的目的是寻求政治避难。

范大星，33 岁，从广东的一个小镇来到加拿大。他向难民处诉说，自己 1989 年曾向广东的学生捐献了几千元钱，就遭到了公安局的传讯。他还说，为了逃避监禁，他最初花了 20 万元港币想秘密地去美国，最后来到加拿大是考虑到这里的难民政策更好。特定法庭的一位聆听陈述的陪审员则认为，他没有拿出真实的证据证明他因为自己的政治观点而遭受迫害。范大星的第一次申请被否决了之后，他又继续提出政治避难的申请。从那几年大陆的政策分析和作者的经验判断，范大星编造的这个遭遇即便是真的，公安局也不会拘捕他。

郑佑珐，27 岁，福建籍难民申请者。他是个农民的后代，只读过小学。1992 年，在家人付给蛇头 6 万元人民币后，他离开新婚的妻子，偷渡到加拿大。像其他文化程度很低的中国难民一样，他以受到政治迫害的理由提出避难申请。他说：

> 我刚刚结婚之后，想要个孩子。我老婆怀孕才一个月，政府就要逮捕她。我无法呆在家里。我不明白，为什么他们不许我们有自己的孩子。

虽然中国实行着严格的计划生育政策，但是在城市中一个家庭至少允许生育一个孩子，农村的每个农民家庭可以生养两个孩子，那些没有男孩子的农户和少数民族家庭妇女实际生育的孩子更多。郑佑珐刚结婚，妻子又是怀孕头胎，绝不可能发生像他申诉的那种政府不许他家属生孩子的事情。

总之，调查结果清楚地显示，所有被调查的中国大陆难民并不是因为害怕受到政治迫害而来到北美,他们全是自愿行动且基于一个共同的目标。尽管大陆方面存在一些诸如生活水平低、缺少个人自由环境等"推动因素",但是最大的诱惑来自北美社会,例如更多经济机会、非常宽松的难民政策、良好的社会福利和社会服务系统。为了移居北美,那些人不断利用种种手段留居加拿大和美国,申请难民身份就是其中一种很有效的方式。

绝大多数中国大陆难民来到北美以后,便会立即在体力和心理两个方面遭遇与他们在家乡完全不同的社会生存环境。许多人承受着难以应对的个人经历上的压力,或者是身陷于文化冲突之中。然而他们也使用种种方法,对新的社会要求作出反应。一些人面对自己认为恶劣的新处境,采用自我孤立的方式,试图减少冲突带来的影响;另外一些人则开始与新社会广泛接触,他们喜欢建立个人和社会关系网络,以便利用这个网络使自己能够较为容易地适应新社会。

无疑,并非所有的人都能巧妙地自我调节,融入新环境。例如,上文中提到的调查对象李和平,他来到加拿大以后,就历经磨难。他原来希望自己能够得到加拿大一所大学资助他攻读研究生的经费,而后设法安排妻子和女儿在异国他乡团聚。他在中国憧憬着来到北美之后,自己可以做一切在法律框架内的事情,那里的生活一定不会比他在中国差。他在加拿大所遇到的第一个现实问题,立即改变了自己原有的设想。他的 TOEFL 成绩虽然很高,但是依然没有得到任何一个学校的奖学金,其中的重要原因是加拿大教育机构削减了资助名额。他不得不想到了走打工挣钱的路子,可是又面对严峻的现实:自己既缺乏劳动技术,又没有政府颁发的工作许可证,正式的公司不能接受他。他被迫四处寻找,非法打工,可是也因为不懂技术而又不断被"炒鱿鱼"。后来他在一个街头角落卖鲜花,每天从早上 6 点劳作到晚上 9 点,工作时间长达 15 个小时,而且没有固定收入,报酬仅是销售额的 15% 代卖费。艰难的生活使他有种强烈的失落感,原来憧憬的美梦破灭了。他说:

　　我设计的蓝图不能实现,不得不放弃它。我在中国是个大学教师,社会地位比我现在高多了,是属于北美人讲的"白领阶层"。我在大学讲课,人们尊敬我。在北美社会,你是一个外国人,你能做什么? 在中国,我向往的北美社会比中国强,但是现在我的观念改变了:我再也不认为西方国家比中国好。干体力活不是我的强项,所以老板对我不满意。现在我可以说,任何社会都不是完美的。在国外,你首先要做的是谋生。尽管你有了自由,可是你必须听从老板的支使,你感觉不到自由的重要。我在中国有个稳定的工作,用不着担心被解雇,还可以批评领导,这里你不能讲老板的过错。唉! 当你每日为三餐奔忙时,你就感觉不到自由的重要,生存是更重要的事情。

　　虽然李和平是此次访谈调查的 56 位中国大陆难民中接受过高等教育的人之一,但是在反映自我失落的经历和心态方面,他的感受与其他受调查者一样。对于李和平来说,从一个大学教师堕落到一个他认为是低层次的人,从教育别人到听命于别人,的确是一个痛苦的过程。他在北美忘不了自己在中国取得的成绩,总是喜欢与其他人谈论自己家乡的变化和自己在国内成就,但是与他兴趣相同的异乡客太少。此外,当他遇到严重的生活困难时,他的中国同乡总是无力帮助他,因为他们自己也是为生活琐事所困扰。李和平感到自己完全被遗弃了,最终为了能生存下去他便向加拿大提出了难民申请,他每月从加拿大政府领取 600 加元的福利费,生活条件好了一些。接着他又学会借朋友的工作允许证件,从另外的一些非法途径打工挣钱。他还是被多次"炒鱿鱼",最长的一次是在一个加油站工作了八个月。他感叹地说:

　　我学会了撒谎。在中国我从来不撒谎,这里却不得不胡说。如果我不撒谎,就不能从政府领取难民费。如果我不撒谎,就不能

有工作挣钱。我知道这是非法的,但是不得不去做。说起我到这
里的感受,我可以讲自己不再是过去的我,是个改变了的我。我变
得很现实,更多的是考虑自我。在这个社会里,你必须学会自己帮
助自己,你必须学会服从老板,你绝对不要想象老板会对你发慈
悲。你要是对老板有价值,他会留你,否则他就立即让你明天卷铺
盖走人。我被老板"炒鱿鱼"的次数很多,这伤了我的自尊心。开
始我不理解,也承受不了,现在能适应了。很自然,如果你不能够
在生意上帮助老板,他没有任何理由留你。你必须面对现实。至
于我个人,自己相信不能适应这个体制。我是个知识分子,我的脑
力劳动强过体力劳动。在加拿大,我却不得不用体力来生存。我
无法融入这个社会,所以,我决定回去,在我的祖国找回原先的自
我。

　　决定回国后,李和平更加感受到在加拿大所经历的压力。他节约
挣来的每一个硬币,住在他朋友商店的地下室,每天买来简单的快餐食
品,他舍不得花钱乘坐公共交通车,骑自行车去工作。他为自己申请难
民身份时说给加拿大政府的那些谎言而遗憾,也担心中国政府对自己
在国外那些难民行为不满和查询。国际移民是大量在个人动机的推动
下出国的个人群体。作为来到异国他乡的"陌生人",移民必须学会能
游刃于很复杂、很深刻的不确定和不熟悉的社会夹层内。跨国移民者
在居住国虽然组建了分散的社区,具有一定程度的伸缩调节功能,但是
他们每一个个体依然需要熟悉他们生活的新环境。如同学者金所指出
的那样,进入特定文化体系内,"陌生人"的任务就是学会为这个体系添
砖加瓦的能力,至少是在一个低层次上(Kim,1987:8)。李和平在尝
试改变自己、适应新社会时,部分地变得比以前更加唯物质利益和个人
主义,可他还是不能使自己适应新社会,最终遗憾地返回中国。

　　更有意义的例子是魏礼民的经历。35 岁的魏礼民是北京人,1992

年持学生签证来到北美，他直到 1993 年夏季才提出难民申请。他表示，自己在中国崇信资本主义，认为这是一个较好的社会体制。他出国的主要目的就是想开阔眼界，亲身体会和比较社会主义和资本主义的相对的优缺点。在加拿大生活了两年之后，虽然依旧对周围事物有新鲜的感觉，但是他开始重新审视自己以前对资本主义的认识：

> 我来到北美以后，才认识到西方并不是我原先想象的那样自由、公平。我开始思考和赞同马克思对资本主义的批判。我现在感到社会主义有它的发展价值。我以前对资本主义的理解都来自书本。我在国内认识的许多大讲资本主义好话的朋友出一趟国后，都变得稳重了，甚至保守了，我很纳闷。现在我对资本主义有了真实的个人体会。我在这里借了朋友的打工卡，在一家华人开的工厂做工，亲眼看到资本家如何紧紧地控制工人。他安置了好几个摄相机监视工人，雇佣了一批大大小小的监工，制定了严厉的条例控制工人。他对待工人就像使用一台机器。在中国，虽然社会主义的政治体制缺少活力，没有多少人权，但是那里的经济体制却不赖，这当然是由于公有制的原因。工厂里充满了人情味，工人之间的关系很和谐。在这里，工人之间都是竞争。

魏礼民在醒悟的同时，也像其他中国大陆难民一样在多方面感觉了到文化冲突，可是他不像李和平，他没有感到十分孤立，而是更加积极地调整他失去的一些感觉。由于明白了自己"真正"的社会存在，他在自我调节方面比别人更富有成效。他说：

> 我不灰心，什么事都可以努力争取。我很清楚，从长远发展前景看，我的未来在中国，得到移民身份是为了我在中国的未来发展。目前我觉得自己是个边缘人，因为还没有合法身份。就是以

后我有了合法身份,还是一个边缘人。融入北美的主流社会不容易,我就没能力。我首先是个外来的少数民族,自己的英语也很糟糕。

虽然魏礼民在 1994 年夏天获得了难民身份,可是他又要面对另一个艰难的抉择,留在加拿大呢,还是回到中国? 最后他决定,无论今后的结局是什么,现在他身在加拿大,就是说,他必须首先依照加拿大居民的习俗重塑自己。

李和平与魏礼民都在中国接受过高等教育,那么,那些从农村来的和文化水平低的中国难民是如何应对文化冲突的呢? 访谈调查结果说明,后者表现出来的首次经历文化变迁的形态与前者是不同的。许多来自中国农村的难民对中国城市的现状都只有片面的理解,他们对西方人生活方式的认识更为狭隘。他们对北美社会情况的理解十分简单化,而且所知道的信息是从人口偷渡集团的"蛇头"成员那里听来的。

张平泰,来自福建的难民申请人,他接受访谈调查时说:

> 我想国外生活很容易而且比中国好。"蛇头"告诉我能很快找到一个好工作,挣很多钱并能将全家人带出去。其实加拿大的生活并不像"蛇头"说的那样。我不会说英语,也不会讲广东话,干脆没法找工作。我的生活就靠政府付给的 600 加元难民费。我不得不分开来交房租、吃饭和偿还欠"蛇头"的债。

张平泰在福建农村只读过五年书,来北美之前,他甚至从来没有去过自己家乡的县城。在加拿大,他不知道如何打长途电话,怎样到银行开账户,更不知道市场经济的情况。他与三个同乡合住在一间租来的房子里。他们平时既不看英语频道的电视,也看不懂当地出版的使用繁体字印刷的中文报纸，偶尔打扑克牌消遣，经常一整天蒙头睡大觉。有时也到街面走一走，但是从来不去非华人居住区，更不想到学校读书。

与张平泰住在一起的一个乔姓青年在访谈调查时表示："我没法去学校读书，我没有文化，看不懂书。在中国，你要花钱学英语，在加拿大你不需要出钱，可是你也不想学英语。"实际上他在认识汉字方面都有严重障碍，学习英语就更加困难。更进一步讲，张平泰和他的同伴尚没有认识到学习英语对于在北美社会生存的重要意义。他们四人在一年多的时间里，只有一个人接受了一份工作，在餐馆里洗碗，一星期 15 小时，每小时 5.5 加元。作者也曾设法为张平泰找了一份在餐馆洗碗的工作，可是他不愿意去。他说："我不愿意到外面去做事，再说，我也不能去干那种活儿。洗碗是个又脏又累的事情，我不想让自己太辛苦。"

像张平泰这样的人并不是特例。作者的另外一位访谈调查对象是个从福建来的渔民，他曾长期为找不到工作而苦恼。作者也设法为他找到一份清扫教堂的工作，每日两小时，每小时 6 加元。这位靠难民费生活的人头摇得像拨浪鼓，说他宁可呆在屋子里也不去干一天只有 12 加元的工作。从文化冲突的观点分析，张平泰等人的事例反映了一种传统的"农耕"意识。有农村背景的中国难民习惯了家乡的自然经济农业，也能够安于低水平的生活环境。北美社会普遍采用定时的工作制度，工作竞争性强。所以，跨越自然经济与市场经济的障碍，也是一种不好对付的文化冲突。

总之，无论他们原来生活在农村还是城市，是高学历者还是小学文化程度，中国难民都经历了不同程度的文化冲突。同样，他们应对的方式和自我改变也是不一样的：有些人像魏礼民，适应转变的过程较短，有些人像李和平，可能无法自我适应。下一章将详细分析适应的种种形态。

第六章 经历变迁:在北美社会中的自我认同和表现

　　本章集中探讨"中国大陆非规则移民"个体在移往和侨居北美社会的过程中如何改变自己,怎样开拓新生活的经历。为了适应新的社会生存环境,他们不仅善于选择并且会很好地组合各种各样的人文资源,重新识别和认同并确立了自己的社会地位。从中国大陆向北美地区的移居过程,是使大部分参与者通过所有移民都必须经历的逐步适应且及时应对变化的不同途径,经历自我改变的磨炼过程。

　　这种磨炼并不是一次性的而是一个持续的过程,在这个过程中他们必须面对一系列改变了的社会经济条件,尤其是北美社会特有的强调个人的生活方式。换言之,这些移民者个体都要对自己重新审视才能适应新环境,而这个审视的过程又必须伴随着他们不断改变自己原有的社会文化价值观念的过程。这些过程或者说现象不仅仅存在于非法华人移民群体之中,而是遍布于所有的无论何种方式的移民都会经历的适应新社会环境的过程中,它们紧紧伴随着移民们一步一步取得的调整、适应、和发展。

一、认识新自我:到什么山唱什么歌

　　在不同的学术领域内,研究"自我"的方式有很多种:心理学一般赞同在个人层面上研究自我,社会学和人类学偏重于研究在复杂的社会经济系统中个体自我意识和认同的不同形态(De Vos & Suarez-Orozco,

1990；Erchak，1992：2；Erez & Early，1993：26—31；Goffman，1995；Marsella，1985）。目前的人文和社会科学研究倾向于应用人类学的方法从事大规模的探索，以便从中取得对不同文化体系中自我意识、自我认同、自我表现的认识和理解（Erchak，1992；Goldschmidt，1990；Marsella，1985）。这种研究方法同样可以用于研究越来越多的移民群体，例如中国大陆"难民"对异国他乡的适应就是在改变了的社会经济环境中的自我再认识的典型事例。他们面对生存环境的变化所进行的一系列调整、适应和发展，其直接结果之一便是各种形式的明显的角色改变。

（一）传统中国人的自我意识

中国人敬仰思想家和教育家孔子，他们关于自我的认识深受儒家思想的影响，而儒家理念视个人为社会关系的一种存在，个人的意识和角色是与他的家庭相连的。中华人民共和国建立以来，随着儒家思想影响力的下降①，特别是 1978 年实行改革开放政策以来，人们的自我意识与以往相比大不一样。自我意识在中国的现实社会里表现得十分明显，尤其是在年轻人中间，在一些社会需求活动中，他们享有更多的个人自由（Rice，1992）。特别是邓小平倡导的"让一部分人先富起来"的政策实施之后，诱导了一些乡村和城市里的企业家们改变观念，相比其他大陆公民，他们极力摆脱政府的计划经济体系控制，行使扩大的管理决策权等改革政策，同时也热衷于得到更多的个人自由权利，他们的意识也就更以自我为中心，或者说个人主义色彩浓厚。

尽管出现了上述这些变化，个体的认同依然倾向于参考他们的社会关系和行为能力，例如他们的工作、单位、政治面貌，还有家族、籍贯和年龄。事实上，中国公民依然存在着依靠有重要影响力的家庭成员来彰显自己身份的习惯，同时借助重要工作岗位显示自己身份的情况

---

①　一个有趣的现象是，最近儒家思想在中国和东南亚重新得到学者和政治家的重视（参阅 Rees & Nicholson，1994）。

也在增长（Chu，1985）。笔者使用"20 项陈述测验法"（the Twenty
Statements Test，TST）①对部分研究对象进行了他们如何自我陈述的
研究，其结果非常有意义。在回答"讲述你个人在中国的情况"问题时，
那些大多数被调查的中国大陆难民总是首先讲他的家庭背景，在国内
的工作单位，没有人讲作为一个独立于社会关系网之外的个人。例如，
夏华，上海人，35 岁，是个难民身份申请人，她在讲述在国内工作时对
自己个人身份的认识时说：

> 我在中国是一个"三八红旗手"，的确不知道什么"自我"。我
> 做的每件事都在领导和同事的关注之下。在单位人们用"三八红
> 旗手"的标准要求我，我也必须用一个劳动模范的准则约束自己。
> 就是回到家里，我也很谨慎，因为邻居们都知道我是一个劳动模范。
> 要回答在中国时我怎样全面认识自己，我的答复是我没有自我。我
> 不能随意做自己喜欢的事，必须时时想着自己是一个劳动模范。

夏华的感受反映出一个实际存在的现象，即用社会角色和环境角
色取代鲜活的自我。在她的意识中，鲜活的自我是模糊的，而她清晰了
解的自我则是一个社会角色。进一步的访谈调查统计结果也表明，那
些中国大陆"难民"倾向于保持社会主流意识范畴内的自我，这种信念
在回答"你在中国社会中的位置是什么？你如何感觉你在中国的自我
存在？"时表现得异常明显。他们中有一半人在回答前一个问题时表述
清楚且迅速，可在回答后一个问题时不得不思考一会。实际上，大多数
中国人没有非常清楚的界定自我个体的观念。个人的认同大多数与家
庭、家族、工作单位、职业和其他以社会角色为取向的功能相连。作者

---

① 这是一个用来测验一个人的社会行为中自我因素所起作用的方法。它要求某个人
在短时间内回答 20 遍"我是谁？"这个方法首次应用于 1950 年，随后扩大了应用范围，是一个
广泛应用的测试技术（参阅 Rees & Nicholson，1994）。

曾询问了 116 个中国大陆难民,在回答"你在中国时怎样认同自己?"时,选择出生地作为最重要的认同依据者有 54 人(占总数的 46.6%),作为第二位依据者有 18 人(15.5%),有 1 人认为是第三位依据;选择职业为最重要根据者有 22 人(19%),认为是第二位根据者有 20 人(17.2%),有 6 人(5.2%)说是第三依据;认为中国人本身就是第一依据者有 21 人(18.1%),有 4 人(3.4%)认为是第二依据。

在回答"你在中国是谁?"这个随意性问题时,多数人是用描述他们的社会和职业角色来答复。例如,"我是一个诚实的人","我是父母的儿子或女儿","我是一个工人","我是一个教师","我是社会中的普通一员","我是北京人。"所使用的 20 项目测验法中的其中一个方法是用 6 个重要问题询问被调查者,要求他们每人对"我在中国是谁?"答复 20 次,结果同样清楚地显示,用社会角色和环境角色取代鲜活的自我的情况在中国大陆难民中普遍存在。他们意识里的主观自我和客观自我的区别很模糊,使用中文表达"我"的意思常常是带有"我们"的含义,而这种模糊的结果之一,就是他们很少用自我的概念认识自己,更多的是用有影响力的社会关系表述自我。这种实际上的社会指向性自我意识对他们适应北美社会影响较大,也使他们在异国经历了一个改变自我价值观念的艰难过程。

(二)现代西方人的自我意识

上述研究表明,"中国大陆非规则移民"在国内时个人认同自我的方式不稳定、是变化的,通常是与其他相关人自身的变化相联系。如此一来,移民经历会使他们在自我认同方面发生带有戏剧性色彩的变化(De Vos et al,1985:6;Erchak,1992;Marsella,1985:287)。这种变化不仅能够强化移民对自我的敏感性,而且有助于我们认识到周围生活的环境对他们个人意识的强化的作用十分重要(比较 Li Xiaoping,1993)。在现代西方社会有一种常见的情况是,个人经历和个人主义的价值观对于人们所从事的各项事务具有重要的影响。"西方人的自我意识在很大程度上受到西方世界的一种宗教传统思想的影响,它也许引出了一个带有更多的个人主义色彩的世界观"(De Vos et al,1985:13)。现代西方自我观念与中国人表述的观念相比,更加倾向于个人主义,更多的考虑个人利益和自我发展。从另一个角度讲,西方人的生活环境很少与中国人相似,缺乏集体意识和共同利益价值,因此他们也就明显地表露出强烈的自我中心并极力设法获取个人独立(Chu,1985;Jansz,1991)。在这些所谓的"中国大陆非规则移民"当中,许多人对日本了解较多,而对北美社会知之甚少,更不了解问卷所提出的自我个体、个人经历和个人主义等概念,也不清楚这些概念在西方社会的价值影响远远高于其在中国的存在等一系列的社会历史和文化价值(表6—1)。

表 6—1　3 个非规则移民的 20 个自我称述测试答案

测试	答　案
第一	1.姓名;2.一个妇女;3.外企工作人员;4.一个雇员;5.一名秘书;6.祖国护卫者;7.一个勤劳的人;8.投身事业的妇女;9.一个聪明的人;10.一个诚实的人;11.有社会关系的人;12.一个有特殊才艺的人;13.喜欢艺术的人;14.一个敏感的人;15.寻求快乐的人;16.一个好的雇主;17.一个报纸的记者;18.音乐爱好者;19.一个不知名的女主角;20.一个朋友
第二	1.姓名;2.一个男人;3.一个学生;4.一个农场的雇员;5.一个工人;6.一个留职停薪的人;7.一个小商人;8.一个好丈夫;9.一个好父亲;10.一个爱国者;11.和政府有不同看法者;12.对新鲜事物感兴趣的人;13.尊敬长辈的人;14.一个倔强者;15.一个值得信赖的人;16.一个勤劳的人;17.对朋友忠诚的人;18.憎恨敌人的人;19.一个爱着女人的人;20.不喜欢妓女的男人
第三	1.一只公鸡;2.一个音乐爱好者;3.向往自由的人;4.尊敬他人的人;5.一个诚实的人;6.一个艺术爱好者;7.一个积极向上的人;8.一个探索未来的人;9.喜爱交朋友的人;10.信仰上帝的人;11.在不同环境下都喜爱生活的人;12.一个普通、忠实的人;13.喜欢娱乐的人;14.一个容易相处的人;15.一个勤劳工作的人;16.一个不容易被忘记的人;17.一个发展特长的人;18.一个认为自由比金钱更重要的人;19.喜欢发展和变化的人;20.一个希望他人理解他的人

如果进一步应用人类学关于自我观念演变预测理论进行分析，我们便不难得出这样的结论，即他们个人意识中的自我化过程会使得他们的思想和行为更多的"西方化"，换言之就是他们的思想和行为会比在中国时更加的突出以个人为中心的个人主义。本项研究不仅揭示了这些人关于自我意识的变化是在踏上北美的土地之后才开始，而且更多细致地分析也表明他们自我意识的改变是有层次的。比如在116个问卷调查对象中有92人选择回答了这个问题：你们经历了什么样的有关个人自我意识的心路里程？所得到的回答可以明确地分为几个类别：43人（占92人的46.7%）选择"我在中国有自我意识，但到北美后自我意识明显增长"为最重要的观念变化；4人（占4.3%）认为是居第二位的变化；2人（2.2%）认为是居第三位的变化。在选择"在中国我没有真正的自我（即自我中心），在北美我感到了自我存在"的回答中，有21人（22.8%）认为是首要的观念变化；34人（37%）认为是次要变化；认为第三位和第四位的各1人。有51人选择了"在中国集体主义是第一，在北美我学会突出自己"的回答，认为这是第一位观念变化的有16人；第二位变化的有11人；第三变化的有15人；第四变化的有8人。有21人选择了"在中国自我的考虑总是放在其他人之后进行，在北美我将自己放在先于他人的位置"的回答，其中有2人认为这是自己观念的第一位变化；3人认为是第二位；10人认为是第三位；6人认为是第四位。

此外本项研究还有一个比较重大而且很有意义的发现，这就是参与问卷调查的人关于自我的认识已经与原有的社会与工作指向角色分开了。也就是说他们不再把自我用自己的社会角色作为第一顺序的联系或者说第一取向，显然这是一个十分明显的变化。被调查者表示，他们在表明自我时较少地讲"我是孩子的父亲"，或者"我是个学生"，而是更加突出自我中心的位置和认同，强调"在所有人之后，我就是我"。作者认为这种增强的自我认同意识也与他们或是孤身一人来到北美，或是没有稳定工作有关系。长时间的独立生活,使他们越来越强烈地意识到,个人的自我存在是与家庭成员相独立的。例如,金小湖是个已经得到难民身份和领取难民费的被调查者,她承认到加拿大后变成了一个完全不同于在中国时的自我。她说自己在中国时认同的自我与其他家庭成员不可分割,可在加拿大,尽管自己依然做母亲的女儿、丈夫的妻子和女儿的母亲,但是身处的环境让她不得不接受更多的个人中心观念,开始认为自我是一个更加独立于其他相关人的个体。

　　如前所述,中国人的自我认同总是和他们的工作单位和职业相联系,可是许多"中国大陆非规则移民"在北美社会经常找不到稳定的工作①。上文所介绍的李和平在停留加拿大的两年期间,曾经为11个老板打过工,他保持的最长连续打工记录是在一个加油站工作了8个月,而最短的是在一家餐馆洗碗涮盘仅两小时后,就被老板解雇了。最初,他为自己被"炒鱿鱼"而感到很丢面子,后来知道许多和他同样类型的人也遭遇了无数次解雇的洗礼,他才有一点精神舒缓,不过依然感到自己在异国失去的东西太多,认为自己在中国是个大学教师,而在这里仅是个"平常人"。由于缺乏稳定工作,寻找工作又很艰难,这就自然而然地使这些人不再将自我认同与以往熟悉的社会和职业角色意识联系起来,客观环境强烈地促使他们发展了个人主义意识,自我中心倾向也比以前更加明显。

　　"中国大陆非规则移民"自我意识的另一个显著变化是个人隐私价值和自由观念十分强烈。亨德森与科恩认为,"隐私可以被定义为在群体中一个只供个人生活的地界,它反映出一个人的生活不能够被左邻右舍干扰的个人意识"(Henderson & Cohen,1984:40)。在1970—1979年期间,在中国192个城市中,居民平均居住面积是3.6平方米,

---

　　①　在我从事这项研究时,大部分"中国大陆非规则移民"还没有成为加拿大的永久居民,所以他们不得不申请三至六个月的工作许可证明,而这是很困难的。如果没有得到许可证明,老板就会辞退他们。

大大低于西方国家(同上)。政府对个人生活事务的干预范围包括盖房子、生孩子,有时候甚至连对象的选择也要考虑"公众意见或者由单位领导批准"。人权价值观念的丰富内容并没有被充分理解,包括那些适用于个人隐私的事情,而这类个人自由在西方国家是很普遍的事情(比较 Edwards et al,1986)。所以,对许多普通中国人来讲,保持个人隐私是很困难的。西方国家对个人隐私的价值极为重视,认为这是基本的人权和人类的普遍需要,而这些思想又深刻地影响和激发了"中国大陆非规则移民"的自我价值观念。一位被调查者说:

> 你在中国没有个人的秘密。你必须向领导汇报各种事情。此外,人们也乐于谈论别人的秘密。在加拿大,你能保持你的个人秘密。如果有人问你个人的隐私,你就直接告诉他,这不是你应当关心的事情。

让其他人尊重他们的隐私,是他们来到北美社会后学会的维护自我的行为[1]。这种对隐私的需求表现出,他们已经将自己的个人角色从社会角色中分离出来,同时也是一个他们看重自我价值的标志。

移民北美的行动让他们中的大多数经历了基本文化和社会观念转变的艰辛历程,在与以往不同的社会氛围里,他们改变了自己的观念,或者是以往的自我意识。通常意识的变化,或者说变得更加"西方化"比移民过程要长,例如,更多的独立性、个人主义和保护隐私权,由于很多人希望成为一个北美国家的居民,他们也就很愿意经历这种变化。他们的行为暗合了一句中国谚语:"到什么山唱什么歌。"需要强调的是,这些意识的变化并不仅仅是在北美才有,它们也反映出中国人固

---

[1] 这里列举一个案例。当我对一位女性被调查者采访时,她正好处于申请被审查中,但是她直截了当地拒绝回答我某些问题,例如关于如何来到加拿大等,她说这是她的私人事务。

有的看重实际的心态,一位西方学者称之为"自我塑造"(Kondo,1989),实际上是跨越国界和多元化的自我认同,也是"社会模仿"性的角色。

二、自我识别认同的变迁与持续

自我认同过程涉及个体如何认同他们自己,或者通过他们自己与其他人的对比表明自己的身份(Gleason,1983;Schlenker,1986)。认同组成确认过程或用某些方式解释自我,由此而引起从属意识,以示与某事物的区别,认可某些社会标准。再者,研究认同,就要置身于大范围的社会结构和关系之中,或者站在其对立面。换句话讲,自我认同是一个产生影响的过程,通过自我信赖的实际存在或想象中的人际关系,维持与一些事务的联系,同时这个过程是由个人和社会之间不同种类的角色互动所构成(Schlenker 1986:23、55)。社会科学家理解的自我认同过程与许多中国人实际经历的过程是相同的和有关联的,后者认为他们是一对一的关系①。进一步讲,中国人的自我意识风格是描述性的,因此,对于许多海外华侨,包括中国大陆"难民",他们的自我认同过程还包括确立"适宜"于个人和大社会的关系。

(一)在中国的自我识别与认同

为了调查"中国大陆非规则移民"在北美社会是如何认同自我的,需要分析中国人在中国大陆自我认同的倾向性,因为他们在家乡产生的个人意识和他们适应异国新环境时的自我重构是有关联的。人类学学者克里斯曼曾用分类实证方法研究了一个海外都市华人社区的结

---

① 许多中国大陆人认同他们的方式反映在建立"关系"方面。个人的"关系"在他们的我识别的发展中占有很重要的影响(参阅 Hsu,1985;Tu,1985)。

构，他指出这些人在中国时的来源地是他们自我认同的一个重要依据（Crissman，1967）。尽管中国大陆在改革开放以来发生了巨大的变化，但中国人传统观念中的根，通常是指个人的出生地、祖辈居住的村庄等，这些意识仍是他们自我认同时特别重要的信息源泉（参阅 L.，L.，Wang，1991）。多数中国人谈到的地区性认同包含有此类意识，如你只有来自上海或北京，你才是上海人或北京人。按照著名的人类家格尔茨"基本从属"的理论（Geertz，1973：259），这些事实说明，他们表示的身份是一系列客观性质的区别标志（Hamilton，1977）。中国人习惯地按地区认同就是客观标示，这种认同能使一些个人在中国农耕条件下得到经济实惠。许多中国人了解地区身份在社会和经济活动中的重要影响，而利用这种基本资源，人们可以编制有利于自己的关系网（King & Bond，1985；King，1991；Smart，1991；L.，L.，Wang 1991）。可以说，通过地区差别来表明个人的身份是现代中国在文化方面的一种重要特点。

现代中国身份认同构成的另一个重要因素是个人的社会职业，人们很重视它的作用[1]。尽管经济体制改革不断带来新变化，特别是在沿海地区，私营企业和股份公司获得大发展，可是现代中国大多数个人依然非常在意职业的选择。人们喜欢到很难获得进入机会的政府机构去工作，而一旦签订工作合约，要变动就更加困难。由于工作时间很长，人们也用工作角色来认同自我。职业角色的重要性与单位有关，单位常常在社会和经济两个方面决定人们的生活情况。城市居民的工作时常由政府分配，由单位决定个人。个人一旦分配了工作，他就被限制在单位里。很少有人能冲破单位的限制，伴随而来的是，个人隶属于单位，他个人的身份由单位限定。

---

[1]　朱谦首先注意到职业角色的重要性，但是他没有深入分析职业角色或职业识别在现代中国社会中的作用（Chu，1985）。

同时,许多中国人应用他们的职业角色决定他们如何与别人打交道,而且强化这种认同在日常生活中的重要作用。工作在中国的职业结构中代表着个人的社会地位,调换工作的困难和职业岗位缺乏弹性都强化了个人与个人之间的身份差异:岗位决定他人对自己的期望,谁可以被尊敬、期望从何人那里得到尊敬。在西方社会,人们通常有更多的权利选择和改变工作,他们认识自我的方式与习惯将社会角色、职业角色和自我挂钩的中国人差别很大。所以,在适应这个差异的过程中,"中国大陆非规则移民"往往显得不知所措,内心充满了失落感。

(二)在北美社会的自我识别与认同

虽然有些"中国大陆非规则移民"是因为在家乡遇到了麻烦后移民,在北美又急切地设法得到"难民"身份,但是他们总体上保持着对生养他们的祖国的忠诚。前文所提到的他们在集会上齐声高唱"祖国颂"就是典型事例。他们自我认同方面的一个重要变化,就是中国民族意识赋予他们一个重要的族裔角色,这个认同标志在他们与北美社会其他族群交往的过程中,体现得非常充分。他们来到北美后,立即清楚地认识到他们与当地原有民族的区别(Grayson,1994),这种区别很快促使他们在意识上形成了一个明显的中国民族意识①。他们认为自己在北美是属于一个可认同的少数民族,即一个基于共同文化、语言和社会背景的"中国民族"。

上文所提的魏礼民是汉族,可是他自己很少有民族意识,他在认识自己与其他人的关系时,从来没有考虑到民族、种族问题,而是更多地考虑性别、学历、职业和籍贯等。可是在加拿大,他学会如何将自己与那些非中国人从体质与文化上区别开来。也就是说,他的中国人意识

---

① 依据 Grayson 1994 年的报告,大部分在约克大学留学的中国大陆学生在自己的宿舍说汉语,有民族意识。

变得极其强烈,这种观念使他自己产生了最基本的角色意识:"我是一个中国人。"他曾在一个加油站谋求打工,老板曾在工作时帮助他回答了两个问题,但是在他问第三个问题时,老板立即训斥他:"这儿不是英语课堂,你先去学好英语。"他感到自己被"洋人"认为是不同的人,是社会上无用的人。因为英文水平低,行为方式不能融入加拿大主流社会,所以他就被解雇了。他感慨地说:"我只能认同自己是个中国人,绝对不能和加拿大人一样地对待。"

在接受调查的 116 位中国大陆"难民"中,经历了魏礼民的这种角色意识认同的人很普遍。他们之中有 25 人(占总 116 人中的 21.6%)说在家乡时就时常想到自己是个中国人,来到北美后的民族意识强化了,而 92 人(占总人数的 79.3%)激动地表示他们中国人的强烈意识是在北美社会才产生。许烺光也曾指出,"移居海外的中国人只是在离开祖居地,作为外来人嵌入到移居国当地人中后,他们才开始醒悟到自己是个中国人"(Hsu,1991:227)。同时,当真正地以移居者的身份生活在北美国家不同的社会经济背景与地区范围内,居住在零散分布的华人社区时,他们又很难在主流社会里表明自己的身份(Tu,1991:21)。

此外,即使非华裔的北美人士将他们视为一个统一的中国人族群,他们自己却表现为多个不同的亚华人群体。例如,在加拿大多伦多市,华人就可以大致分为老华侨、台湾省籍华人、香港华人和大陆华人。就是在中国大陆"难民"内部,也有明显的群体差异,其中籍贯或者地区差异尤为明显,而最突出的表现在来自福建和广东的移民中。这些人喜欢以籍贯作为区别标准,老乡们常常在一起聚会、搓麻将、玩纸牌和庆生日。"根"或者"关系"的意识是他们自我认同时的重要判断标准,中国人古老的信念"肥水不流外人田"是他们难以割舍的处事标准。研究海外华人的学者汉密尔顿曾用一个公式,简洁地说明了这类自我认同特点:中国族群认同 ＋ 地区认同(Hamilton,1977)。

中国大陆难民在海外自我认同的另外两个因素是,中国政府的政治姿态和接纳国的政策变化(L. Wang,1991;Safran,1991)。这些人来到海外后第一个面对的问题是"身份"。依据加拿大法律,国内居民可以分为四个种类:公民、居民、外国劳工和旅游者。合法身份对于难民申请人和被否决的难民申请人来说是不确定的,就是说,他们不属于上述四类人。中国大陆"难民"们都焦急地期盼能够得到身份,对于法庭聆讯申请或者否决申请,他们非常敏感。特别是当一个人的申请进入实际的日常审理程序时,申请者经常去询问新结识的中国大陆移民,期望得到有用的信息。当被问起身份时,中国大陆"难民"的回答往往是:"我没有身份",或"我是一个难民"。这样的自我认同不是他们的真实意愿,他们中多数人不希望被其他人按这个标准认同。中国政府曾明确地以背叛者和非法行为的政治标准来对待这些人[1],所以,他们中大部分人认为,一旦中国政府发现他们的"难民"申请行为,他们在大陆的家人就会面临严重麻烦。为了自我保护和保护在大陆的家人,他们对自己的申请事宜守口如瓶。即便如此,许多其他侨居在北美的华人也将他们视为一个否定的符号。因为在中国人的心目中,"难民"是一群无家可归和乞求别人帮助的人,更有人认为"难民"是些懒骨头。同时,大多数难民的出国途径又是非法的偷渡和"跳机",所以合法的中国移民和大众中文报刊均视他们为犯罪的另类人物(参阅 *Xing Tao Jih Pao*,April 18,1992)。

这些压力使他们感到如果承认自己是个难民,就会被社会完全抛弃。他们意识到,难民一词在许多华人的概念中可能被归入一个如前文所介绍的被学者定义为"污名"的范畴,因此他们都厌恶自己被他人如此看待,除非在某种特定场合(表 6—2)。这些特定场合通常是,他们到加拿大政府领取福利费,他们与律师讨论难民申请,他们在特设法庭上编造"难民故事",他们之间相互交流时的自我认同,这些认同的期

---

[1]　参阅 *Xing Tao Jih Pao*,March 20,1994:A5.(加拿大《星岛日报》)

望是要得到别人的某种同情和帮助。这种为了定居北美而挂靠"国际难民公约"的身份认同，是一种类似著名社会学家戈夫曼所指出的"献身"难民行为(1959)。依据人类学的理论，作者将其定义为"目标指向性自我认同"。

表6—2　非规则移民的身份认同场景

场景	出现频率	占被访者的百分数(%)
和律师会面	77	66.4
和移民官会晤	99	85.3
和其他移民见面	87	75.0
获取福利	60	51.7
找房子	6	5.2
找工作	5	4.3

资料来源：1.依据访谈数据。　　2.百分比：是指占全部116位被访者的比例。

笔者还发现，当这些所谓的中国大陆"难民"在特定法庭陈述他们申请难民的理由时，他们要在法官、移民官面前回答一些同样的提问，然而此刻，他们已经不再对屈辱和被他人诘问甚至揭穿"难民故事"存有顾虑。此外当这些所谓的中国大陆"难民"在聚会集体讨论如何能快速有效解决自己的身份时，他们彼此最常说的一句话是："咱们都是难民哥们，谁小看谁，谁又能揭发谁呀！"无疑，这是一个类似人类学家艾萨克斯讲到的"群体认同"，该类现象的特点是：

> 当个人在最深刻的与最实际的情感上属于他的基本群体时，他不是孤立的，能够享受非常亲切的人性温暖和超越恐慌。他不仅不孤立，而且只要他选择继续留在或离开这个群体，其他任何人都不能主观地决定收留或排除他。这种认同不是他人所能消除的。(Isaacs,1975:35)

总之，不少中国大陆难民在家乡时保持着浓厚的乡土意识，他们来到北美后不再以社会和职业角色认识自己,都喜欢和愿意认同自我是中国人,而且在一定范围内,他们的认同呈现出多层次的特点。

三、在北美社会中的自我表现

"中国大陆非规则移民"在同其他海外华人和非华裔民族的接触交往中,往往扮演着多种角色,并努力从多个方面认同自我。这些自我认同不仅对他们是个重要的用于谋求改变社会地位的工具,也是其他人对待他们的判别依据。社会学家戈夫曼倾向于将人们的行为和交流视为戏剧舞台,每个个体均采用一系列有积极意义和非积极意义的文字来表现自我(Goffman,1969、1967、1963)。这些所谓的中国大陆"难民"在与社会各界交往的过程中都往往力图安排或影响他们所能给予其他人的印象。与其他经济学家、社会学家和人类学家所强调的观点相同,笔者研究的结果表明,中国大陆"难民"在社会上与其他人互动时所期望的事情之一,就是获得社会上其他重要群体的赞同,同时也极力引导与其交往的人们的评价。

难民标识对于"中国大陆非规则移民"有污名和同一群体两种意义,因此他们在日常生活中很少认同自己是个难民。但在前文所提及的某些场合,他们自愿认同为"难民"并十分希望别人也这样认同他们,尤其希望加拿大难民局的法官能够援引北美社会所广泛采用的国际难民公约来判定自己是个"真正"的难民,这在他们与律师和代理人相互交往时表现得非常明显①。为了使坐在移民局法庭内的律师、法官、移民官相信他们符合难民公约标准,确实在大陆居住地受到了很大的迫害,他们中的绝大部分人都向他们的律师认真讲述他们的"难民故事",

---

① 大多数律师对自己的委托人——"中国大陆非规则移民"的政治、社会和文化背景知道的很少,因此经常错误的判断案子。

表露他们内心对"已经遭受"或如果被送回中国大陆所可能面对的迫害的恐惧心情。为了达到预期的效果，还要向律师讲述他们在中国时可怜境遇的详细情况，博得律师的同情与怜悯心，促使他们相信所述的情节是真实的。滑稽的是，这些人自己清楚地知道现代中国的政治与经济情况，明白自己所说的遭遇显然是夸大事实，并不真实。作者曾以中国人翻译的身份，多次在法庭为这些难民申请人的陈述做同声翻译。那些申请人在法庭上对法官陈述时紧张吃力的神态；撒谎和夸大事实时，为了躲避良心谴责的压力，有意躲避与作者的双眼相视及其所显露的面部表情；为了表明故事的真实性在说话时颤抖的声音、表演色彩的肢体语言等等，就连作者本人也能分辨得出真假。这些表现方式无疑都给出庭的人留下很深的影响，因为他们本来就是力图向法官表现已经承受的压制和若在中国可能面对的压力。

　　作者曾为一位来自广州市的难民申请人韶琳担任翻译。那天下午，我们坐在屋子里等待第一次与律师会晤，同时这也是我第一次与她见面。应她的询问，我讲述了自己在中国大陆多年的经历，此后她的脸立刻变得绯红，迟疑了一会说："这么说你对中国的事很了解？"她立即接着告诉我，她不知道怎样给律师讲自己的事，准备也不充分。我告诉她自己只是一个翻译，会将她说的一切翻译成英语，让律师知道。接下来在等待律师的一个小时里，我们面对面坐着一句话也没说。当与律师正式会面后，她急切地向这个目标观众表述了自己的遇难经历：自己在广州市参加了"民主运动"，向学生捐了500元人民币。韶琳讲她工作的单位记录了她的所有活动内容，又将这些材料交给公安局，于是警察要逮捕她。幸亏她在公安局的一个朋友透露了消息，在警察没有动手之前，她就决定离开中国。她之所以选择加拿大是听朋友说，这里是民主人士的天堂。她在朋友帮助下花了3000美元买了一个伪造护照，1991年1月从欧洲来到加拿大。她以非常自信和肯定的语气讲述自己的难民故事，认为自己是一个国际难民标准内的难民。当律师问到如果被送回中国会遇到什么,她想了一会才回答,说话时脸上表现出异常恐惧的神情,眼眶中出现了泪水。她说自己会被逮捕,监禁至少10年。在整个表述中,她极少看我,眼睛一直盯着她的目标观众,观察律师的反应,推测他是否认为自己讲的故事是真实的。当她讲述自己的经历时,她的声音也是神经质的,仿佛她依然处于恐惧的逃难过程之中。作者从曾担任过翻译的职业角色出发,不想在此评论这个故事,值得一提的是,在韶琳第二次与律师见面时,她当场拿出一封她在中国的单位来信。该信表示,她已经被单位开除,要送到公安局审查。

作者依据自己曾长期在中国工作的经验和知识,还有信件的内容和式样,立即断定它是伪造的。韶琳手指这信件,用一种不容对方置疑的口吻(作者以翻译角色转达了她的话)说:"读一下这封信吧,如果我不立刻离开中国,我就会被逮捕。我不能回中国,绝对不能。"无疑,律师此时接到这封信,一定会将它作为重要的证据。韶琳在上特定的难民法庭之前①,与她的律师一起多次彩排了申诉事项。1991年圣诞节之前,她得到了按照难民公约条款认定的身份。韶琳立即请作者和妻子在多伦多的一家中国餐馆共用晚餐,对我表示感谢。席间,韶琳的兴奋溢于言表:"从今天起,我不再是难民了,跟你们一样,我有身份了。"很明显,韶琳讲故事时的行为,例如表述时神经质的声音和流出的泪水,目的是引导他的目标观众产生一个预期设计的判断结论,这种行为实际上是一个人类学理论中所讲的角色"表演"(Goffman,1959:22)。中国大陆难民在北美的难民申请活动,都是属于这种表演,是一种对生存环境的特殊反映,而他们的真实意识和生活规范则独立于表演之外。

温辰是作者的朋友,也是作者为其担任翻译的另一个难民身份申

---

①　　作者个人在加拿大参加过九次为"中国大陆非规则移民"开设的难民法庭聆讯,但是仅仅作为一个翻译而到场。

请人①。可他的行为与韶琳不同,作者的出现实际上并没有影响韶琳对她的目标观众的讲故事表演,可是却影响了温辰的讲故事表演(Goffman,1959:22)。与律师第一次会晤时,温辰的表述显得缺少自信,常常顾左右而言他,甚至为自己编造的虚假故事而笑出了声。律师很不满意,特别建议温辰准备一个更好的故事,讲述时要将他的律师办公室当作自己将要被讯问的法庭。告别律师之后,温辰向作者表示,他无法在一个熟悉中国情况的朋友面前编故事,"为了身份,当着朋友的面撒谎真不好意思。"更重要的是,他只向自己的一个熟人讲了他的申请,而那人最近通过涉及中国政治的一个特别法案,得到了难民身份,他最不愿意让个人的移民行为与政治联系在一起。温辰的妻子建议,可以想一个好故事,不仅使律师相信,而且也使翻译找不出任何人为的痕迹。如同和妻子商量的一样,温辰和律师也进行了数次"过堂"前的陈述练习。非常幸运,他在法庭调查时,没有遇到任何诘问,而且不久就得到了落地移民身份。

温辰的案例再次表明,难民标志在这些人中具有指向性目标和污名两种作用。他们愿意将自己视为难民,仅仅是形势所迫,而这并不是他们的本意。这个案例也说明,人们为使前台的表演更加出色,必须在后台进行彩排(Goffman,1959:22)。当大多数中国大陆难民认识到获得公约难民身份是一个成为北美社会永久居民的非常重要的步骤和期盼的目标时,他们愿意做各种事情,而这些事情主要通过律师,特别是决定他们身份的特别法庭聆讯进行。然而,并非所有的难民申请人都是幸运的,或者都能够被认为是难民。在1994年7月7日以前,仅在加拿大就有4500名中国大陆难民的申请被否决②。

一旦他们的申请被否决,他们中的多数人就进入了一个法律程序,

①　与其他的"中国大陆非规则移民"一样,温辰在让我担任翻译之前,从来没有告诉我他申请了难民身份。

②　参阅 *The World Journal*,July 8,1994:A 1.(加拿大《世界日报》)

申请联邦法院的法庭再审判。联邦法院否决之后,他们企图获得难民公约条款待遇的身份就彻底无望了。那些难民申请被最终否决的人如何抉择呢?因为每个人的具体情况不同,所以大家在这个阶段就"八仙过海各显神通"了。一些持有合法身份或签证的人将转向独立移民渠道去试试运气,而没有合法身份的人则通过他们的自我创建,去尝试人道主义和其他途径的申请,例如,经营商业,购买房屋;男的娶有身份的女人做太太,女的嫁给有身份的男人做老婆,也就顾不上什么爱不爱了;还有人努力通过在职业岗位上的艰苦劳动去寻找机会从老板那里得到实惠①。所有这些形式的共同特点是,他们不认为自己是难民,而是一个对北美社会有贡献的人。

程平拿着学生签证来到北美,可是他没有在那里上过任何正规的学校。由于渴望得到确定的移民身份,他听从朋友的劝告提出了难民申请,他认为这是一条使自己成为当地居民的最简捷的道路。非常不幸的是,他的申请在1992年秋季被否决了,后来的第二次申请同样如此。程平感到自己没有机会留在加拿大,打算立即返回中国。由于妻子不同意,他又寻找工作设法挣钱。程平在一家计算机修理商店找到了工作,他技术娴熟,又自动延长工作时间,深得老板欣赏。他成了商店不可缺少的技术人员,于是老板给加拿大政府移民事务管理机构写了一封信,允诺如果程平能够被接受为永久性移民,他愿意为程平提供一个长期的工作。随后,程平又向有关行政机构提交了一些重要的文件,包括计算机工程学位证书、合法的中国护照,并且交付了3500加元手续费。1994年,程平在美国的一个城市接受了两次移民约谈,因为各种条件都具备,程平最终被同意作为永久居民移居加拿大。在此期

---

①　在研究期间,我目睹了几个"中国大陆非规则移民"的生活过程。两位英语讲得好的妇女嫁给了欧洲籍加拿大人,两位妇女嫁给了有永久居住权利的中国人,一位男士给了一位妇女3万加元获得了3个月期的"纸婚姻",另一个与一位可以短期得到难民身份的女士结婚。所有的人都坦率地告诉我,获得"身份"比爱情更加重要。

间，程平不仅工作努力，而且刻苦学习英语，他使自己成为一个工人、一个勤奋的学子、一个遵守北美法纪的人，即一个能够为留驻国家作出贡献的人。更有意思的是，程平在开始申请独立移民身份时，就立即停止了难民申请活动，他再也不认为自己是一个难民。

　　金小惠的经历表现了另外一种自我认同。她用偷渡的方式进入北美，没有合法护照与签证。她的难民申请在 1992 年被否决。与其他的中国大陆难民不同，她没有上诉，并且明确表示："如果你被拒，说明你不符合难民条件。你上诉也没用。"她也意识到自己是个被否决的难民申请人，这是一个在北美社会被认为不合法的身份，而现实中以这种身份滞留北美的情况或迟或早最终会改变，其改变是由国家关系发展而决定的。她想如果自己能给北美社会作出显著的贡献，或许能有机会成为落地移民。随即，她用自己打工挣的钱和从朋友那里借的钱在多伦多买了一家餐馆，她没日没夜地经营、劳作在餐馆里，养活自己，也为另外一个有同样经历的人提供了工作机会。她用实际劳动表现出自己是一个吃苦耐劳的工人，一个对加拿大社会有贡献的人①。她还提出倡议，呼吁所有难民申请被拒的中国人也努力对加拿大社会作出同样的贡献②。短时间内，金和她的同伴们就在加拿大社会树立起自己的正面形象。他们的事迹也触动了加拿大移民部长，塞尔吉奥·马奇（Sergio Marchi）于 1994 年夏天宣布了一项决定：所有被否决难民的申请时间超过三年的人，没有犯罪记录，而且被雇佣或者自我雇佣至少六个月，他们就可以申请加拿大移民身份（The World Journal，July 8，1994：A 1）。这使金小惠非常兴奋，她在一个中国大陆难民组织的会议上说："我说对了吧，只要我们好好自我表现，遵纪守法，为加国社会做出贡献，加拿大一定会接受我们。"她提议，依赖社会福利救济的人，

---

①　参阅 Toronto Star，March 25 1994：A10.（加拿大报纸《多伦多之星》）

②　参阅 The World Journal，March 20，1994：B 1.（加拿大《世界日报》）

退还从政府领取的钱,加入劳动市场,作出贡献,他们将会被加拿大人认可(*The World Journal*,July 8,1994:A 1)。

总体来说,在辽阔的北美,自我认同和自我表现,是许多中国大陆"难民"在适应新世界和创造新业绩的发展过程中一个必然的反应。升华自我意识仅仅是个人角色认同的一个标记,这在上述那些人的自我认同和自我表现的典型事例中表现得很清楚,而他们又与难民身份标记紧紧地联系在一起。进一步讲,通过与北美社会其他成员间的不断交流,并且逐步深入推进到种族融合过程中,这些人塑造了自己的新形象。而且这种改变过程远没有完结,由于是镶嵌在融入过程内的一个阶段,所以只是作为新开端的一部分。

第七章 为争取社会的接受而奋斗：
与当地人和华人社区的互动

本章研究"中国大陆非规则移民"与非华裔北美居民特别是加拿大白人的交往（白人的祖籍主要来源于欧洲），以及与当地既有的华人社区居民的互动过程（Breton 等，1990：21，268，279；Thompson，1989：第4章、第5章、第6章）。笔者特别注意揭示在移居北美洲后的社会适应过程中他们团结一致，艰难奋斗，由此而在更广阔的范围内为主流社会和华人社区居民所认同，也使当地政府承认他们合法身份的过程，着重强调他们与政府对话的策略性技巧（Gladney，1991：77）。

因此，笔者着重阐明的观点是：他们在与合法移民的交往过程中，彼此之间关系的确定和影响程度，部分取决于他们自我塑造的形象。作者通过更进一步地分析而揭示出一些被广泛忽视了的社会现象，即他们是怎样又是为什么曾游离于主流社会之外，这种游离都体现在什么方面，游离的程度以及这种孤立对他们日常生活的影响。

笔者还试图以更多的调查资料来揭示他们中的一些人是怎样突破这种孤立，以及他们如何采用富有启发意义的方法，在广阔的社会里树立起自己的正面形象。同时，作者还以大量的调查研究为依据，指出作为一个亚族群，他们经历的孤立不仅是主流社会造成的，而且当地华人社区中一些人的误解也起到了推波助澜的作用。此外，作者认真考查分析了他们如何依靠自己的团体即难民组织，团结一致，融合了不同的利益需求，通过一系列的社会活动包括游说各级政府而最终取得合法身份。

一、三等居民:在主流社会里的自我觉醒

在北美,"中国大陆非规则移民"与新的社会关系相关的多种自我认知、自我认同和自我表现是渐进演变的。如果说社会是一个大舞台,那么他们愿意随不同观众的需要而随机改变自己的标识,并为获取那些他们认为的关键人物如律师、法官和移民局官员的欢心,而做出不同的表演。其实,进一步考察会发现,他们的多种认知、自我认同以及展示也是由下列社会现实所造成,即北美社会本地居民对他们的态度、他们自身的社会经济现实,以及他们对相关行政政策采取的对策。他们不仅善于采取一些策略来很好地实现自我表现,而且也不放过新的经济机会,以及在大范围的社会系统内运行的使他们重新实现自我价值的机会。

19 世纪至 20 世纪上半叶,北美社会中国移民的生活方式中带有较多的陈腐习俗,这些早期的陈腐生活方式所描绘的中国移民形象是:他们吸食鸦片,劳动者的组织形式是黑幕遮盖的帮会,而他们主要的闲暇活动是赌博。19 世纪晚期和 20 世纪早期,许多北美白人视华人社团为十分不幸的人群(Chan & Hagan,1982:5;Ward,1990:22)。20 世纪中期,那些华人社区内一些过去流传下来的丑陋习俗依然存在,华人被认为是严重落伍且不受约束的,依然有帮会组织背景的忧闷阴沉的人,甚至是街头暴力集团的主要构成因素(Chan & Hagan 1982:5;*The Toronto Star*,July15,1997)。近 20 多年来,中国人又被认为是从事艰苦劳动,善于经商,十分富有,他们不仅在经济方面,也从社会和政治方面挑战北美主流社会群体(Cannon,1989)。1989 年以来,许多北美人又对中国人有了新认识,他们认为大多数学生是需要得到帮助的,并对他们抱有极大的同情心,认可这些人移居北美[①]。

---

① 　参阅 *The Globe and Mail*,May 14,1994:A1,5.(加拿大报纸《环球邮政》);*The Toronto Sun*,March 23,1994:31.(加拿大报纸《多伦多太阳报》)

与此同时，在 20 世纪 90 年代初期，受当时经济低迷的影响，一些北美人也指责新移民和难民挤占了社会福利，抢夺了代表主流社会的已经有良好发展的居民的工作岗位，从而导致社会经济状况恶化（*The Toronto Star*，Oct. 28，1993；June 29，1993）。由于仇视性的反对移民和反对难民的情绪在广泛和强烈地增长，北美国家政府的相关政策经常成为社会公众和学术界抨击的目标（Stoffman，1993；*The Toronto Star*，July 3，1993；July 4，1993）。大众传媒也经常报道与难民相关的犯罪案件（参阅 *The Globe & Mail*，July 25，1991：A8；*The Toronto Sun*，June 16，1993：17）。这些宣传给移民社区带来一些负面的影响①，许多人实际上是将难民与犯罪活动联系在一起，或者至少是用异样的目光看待难民。绝大多数中国大陆"难民"就是在这种氛围下，非常谨慎地与当地居民进行各种交往。

笔者对此类问题的实地调查结果表明，迂腐的偏见经常来自主观对比和想象中的纠纷，而且此类偏见必定互相影响并四处扩散。随着当地居民某些偏激意识的滋长，在"中国大陆非规则移民"中也产生了对代表主流社会的一些永久性居民的错误看法。例如，在一次加拿大中国大陆难民组织的会议上，成员吴平表示，北美社会居民一方面从人权思想出发，对我们表示同情，另一方面却十分冷淡地对待我们的移民申请。吴平还具体谈到，虽然自 1989 年 6 月以后，大家有了更多获得难民身份的机会，可是一些北美人很不情愿地接纳我们为"他们的"成员，而很多当地人认为移民挤占了"他们的"福利，抢夺了"他们的"工作。他抱怨说，我们成了被认为是对社会无贡献能力的人。

吴平的观点有一定的代表性。这些人在北美社会没有选举权，很容易被政治家遗忘或忽视。因为本身缺乏有用的技术，不仅使他们因

---

①　大多数"中国大陆非规则移民"获得的主流社会对于他们的影响来自当地的中文报纸，例如 *The World Journal*、*Sing Tao Jih Pao*。这些报纸经常刊登从主要的英文报纸上转译的有关华人社会的文章，特别是与移民和难民有关的文章。

为能力不足而丧失了能够获得优厚待遇的工作机会,而且也失去了得到多种社会利益的权利,例如加拿大联邦政府的儿童税收优惠,而这些权利通常是当地居民和永久性移民都能享受的。比如在 56 位接受访谈的调查人中有 11 位认为自己在加拿大是"第三等居民"[①],实际上他们中的大多数没有获得永久居留的身份,是独立于主流社会之外的群体。他们自己也清楚地知道,在与其他北美主流社会的人交往过程中必须小心从事,在繁重的体力劳动和自由度较大的工作中努力认真地干活,以便获得一个社会学理论中常常提到的"好影响",或者至少避免造成一个"坏名声"(Goffman,1959)。

上述心理状态在他们的日常生活中处处可以看到,比如,1992 年夏季的一个夜晚,中国大陆难民组织在加拿大多伦多东部的一个社区中心召开了一次信息咨询活动,为其成员提供如何进入主流社会的咨询,有约 100 个人参与了活动。在咨询活动之前,作者和该组织的领导人陈京和贾明前往一个地铁站迎接那些不知道社区中心确切地点的参与者。望着从地铁站出口走出的大批人群,作者担心不能认出要迎接的人。陈京轻松地表示,从走路的姿态上能十分容易地将那些难民与其他华人区别开来。他解释说,因为那些人担心被看出是难民,遭受别人的歧视,他们平日里常显得很小心,走路的姿态缺乏其他华人具有的自信气质。他们在大街上单独走路时眼睛只是盯着面前几步远的地方,避免与其他人的目光接触。这样的眼神是害怕被其他难民朋友认出自己,更怕被朋友询问自己的身份问题。他们最害怕的情况是,遇到两个或更多的熟人,其中一个知道他的难民申请,而另一个或其他人不知道,因为知道的人会问他申请的结果。他总感到"在众人面前抬不起头来。"

---

① 依据我的一位被调查者张颖提供的信息,张颖和她的朋友认为,大多数加拿大居民是"一等居民";移民者是"二等居民";申请难民者,像她们一样,是"三等居民"。

　　贾明也同意陈京的说法。显然，中国大陆难民在众人面前的行为方式清楚地表明，他们完全意识到自己仅仅处于一个很低的社会地位，如第三等阶层，这是一个被北美当地居民和合法华人移民瞧不起的社会群体。那次的咨询活动请到了多伦多的重要移民律师和相关的政府工作人员。当时的中国大陆难民组织主席吴铭在会议开始之前，要求每位参加者仔细听演讲者讲话，提问题要有礼貌，要给"洋人"演讲者留下一个良好的印象。他强调说，会场内不许抽烟，不能自由散漫，不能将这个租借的会议室搞得乱七八糟，混乱将使在整个社会上确立积极形象的努力遭受重大的打击。演讲结束之后，吴铭让所有的组织负责人留下来，彻底地清扫房间。吴铭说："我们要用实际行动影响加拿大人，让他们信任我们，理解我们，接受我们。"显然，他们努力规范自己的言行，是想树立一个被加拿大社会认可与接受的形象。

　　不过，既认为自己是"第三等居民"，又要积极行动去树立正面的形象，他们无疑在实际中置身进退两难的境地：一方面，碍于自己很低的社会地位，缺乏英语交际的能力，被涂上污名的群体形象，他们在与主流社会居民交往时表现地迟疑忧虑；另一方面，尽管存在于北美社会的华人社区"初具规模"，但却不能也无法满足这些人在精神上和实践上的需要，因此为了被接纳，他们注定必须要与其他北美社会的合法居民打交道。然而涉及116人的问卷调查资料显示，大多数中国大陆难民在日常生活中很少与北美社会中的非华裔居民交往（表7—1）。依据表7—1的数据，从邻居种族结构分析上看，被调查者中仅有38.03%的人居住在白人较多的社区，那里总人口中的白人居民的比例高达60%，或者更多。从易于和非华裔邻居交往方面分析，约有58.9%的接受调查者认为容易与非华裔邻居交往，另外有8.9%的人说与非华裔邻居间的交往时有时无。其余则表明，他们或者很少与非华裔邻居交往，或者是从来没有与非华裔邻居交往。

表 7—1 非规则移民的社会关系或与非华裔邻居交往

没有与非华裔邻居交往 (71 人)	≤30%		31%—59%		≥60%	
	数量	百分比	数量	百分比	数量	百分比
	28	39.4	16	22.5	27	38
与非华裔邻居间的交往 时有时无 (95 人)	有		无		不确定	
	数量	百分比	数量	百分比	数量	百分比
	56	58.9	22	23.2	17	17.9
容易与非华裔邻居交往 (101 人)	经常		很少		从不	
	数量	百分比	数量	百分比	数量	百分比
	9	8.9	64	63.4	28	27.7

资料来源:1.访谈数据。   2.在访谈时,几乎没有人拒绝回答问题。

调查还显示,仅有 35 人(30.2%)参加了当地主流社会的活动;他们之中有 20 人表示,他们仅仅参加了那些可以归属为进入主流社会的活动,13 人参与了政治性和社会性的活动。仅有两人表示,他们访问了非华裔居民的家庭(表 7—2)。更细致的访谈调查也说明,中国大陆难民并没有作好进入主流社会的准备,缺乏技术和语言不通是明显的障碍。虽然他们渴望在整个社会确立他们的正面形象,和那些非华裔居民建立良好的关系,从而得到认同,可是面临的那些障碍使愿望的实现困难重重。

表 7—2 参与当地主流社会的活动

参与当地主流社会的活动或不参与 (116 人)			何种活动 (35 人)		
	数量	百分比		数量	百分比
是	35	30.2	社会/文化	20	57.1
否	66	56.9	社会/政治	13	37.1
没有回答	15	12.9	家庭拜访	2	5.7

资料来源:访谈数据

同时对于那些与非华裔社会成员在一起工作的中国大陆难民,他们彼此之间的关系是和谐的(表 7—3)。在 116 个接受问卷调查的人中,有 74 人谈到他们与非华裔居民的工作情况,44.6%的人讲他们之间关系非常好;37.8%的人说不错;17.6%的人讲一般,没有人认为是糟糕的。这还表明，作为一个群体，那些难民与非华裔居民交往的机会，在工作场合比在邻居之间更多。实际上，许多难民都发现，对于建立积极的友好关系和融入整个社会来说，与非华裔居民在一起工作是非常有效的实际方式。

表7—3　与非华裔社会成员在一起工作的中国大陆非规则移民彼此的关系

是否有加拿大同事 （116人）			同加拿大同事的关系 （73人）		
	数量	百分比		数量	百分比
是	74	63.8	很好	32	27.6
否	32	27.6	好	28	37.8
没有回答	10	8.6	一般	13	17.6

对77个接受调查的人所提供的资料分析表明，比例为63％的人愿意在北美非华裔人开办的公司工作，而不是华裔人开的公司。其中43人认为好处在于能够学习英语，31人认为可以结交一些北美当地人为朋友，获得个人事业发展方面的帮助，30人认为工作报酬较高（表7—4）。在这样的工作环境中，那些难民产生了这样一种信念：通过勤奋工作，树立良好声誉，得到信任、理解和被主流社会所接受，事实上这种方式也是有效的。更重要的是，这种信念促使被雇佣的难民采取了一个重要的行动，他们在1993年9月和1994年7月期间，为了永久居民身份权利而游说北美地方政府机构。

表7—4　在加拿大公司任职的原因

原因	第一重要		第二重要		第三重要	
	数量	百分比	数量	百分比	数量	百分比
福利更好 （30人）	23	76.7	2	6.7	5	16.7
学习英语 （43人）	17	39.5	26	60.5	2	4.7
与加拿大人交朋友 （31人）	9	29.0	11	3.55	11	35.5
其他理由 （2人）	1	50.0	0	0	1	50

资料来源：访谈数据

二、"二等"华人："中国大陆非规则移民"
与华人社会的关系

20 个世纪早期的研究结果认为,北美华人是一个内聚力很强的群体,他们的集体活动与当地主流社会文化存在较大差异(Reitz,1980:86—87)。然而临近世纪末期的一些研究则表明,再也不能将北美华人视为无差异群体(Liu,1995,1993;Thompson,1989;Tsai,1986)。现实情况是,北美华人社会包括几个亚群体,与以往相比具有明显的差异性,因而经常可以看到这些亚群体在社会、阶层、文化和经济方面产生矛盾,甚至是对抗,因此,华人社会经济文化发展已经出现了不同的模式。例如,在加拿大多伦多,香港的新移民就建起了工业区,与其他华人社区隔离开来。中国大陆难民的特殊地位,使他们成为一个与其他华人群体有很大区别的亚群体,研究他们与其他不同华人群体的关系,不仅有实际意义,同时在发展社会学理论方面具有很高的学术价值。

(一)"中国大陆非规则移民"与其他华人的差异

第一,"中国大陆非规则移民"与老华侨的差异。中国大陆的居民移民海外已经有很长时间了。北美社会的"老华侨"是指那些在 20 世纪中期以前自中国移居海外的华人,他们当中有些人已经是祖辈数代居住在那里,已经在经济、文化两个方面取得了显著的业绩。不过从文化方面深入分析,他们虽然置身西方文化氛围之中数十年或更长时间,已经在多方面接受了西方社会的文化价值观念,可是不少人依然在日常生活中保持着传统的社会文化规范。在加拿大多伦多,多数老华侨居住在两个被称为"中国城"(Chinatowns)的街区内:Spadina/Dundas 和 Broadview/Gerrard,他们习惯使用的语言是英语和广东话(Thompson,

1989）。与老华侨比较，中国大陆难民是新移民和陌生人，他们缺少被雇佣从业的经历和永久居民身份，英语能力差，这些都是职业升迁的限制因素，从而使他们只能从事属于种族经济范围和低层次的体力工作，例如餐馆、洗衣房和制衣厂。老华侨经营的企业是他们打工的主要场所，尤其是在他们来到北美的初期。

　　第二，"中国大陆非规则移民"和来自中国香港的移民的差异。在中国香港特别行政区成立之前的十多年间，有一批富有的香港公民移居北美（Skeldon，1994）①。多数香港移民接受的是由西方教育，主要是英国政策指导的，所以他们拥有很接近北美社会的通常标准。同时，他们的生活方式和思想观念也是在与北美社会相似的环境中形成的，他们自己也熟悉资本主义经济运行方式。所有这些因素使得他们能够在北美社会找到技术性强、工资待遇高的工作，这些收入与在香港地区得到的薪水标准类似。从文化方面讲，香港移民在受到英国和中国两种文化影响的混合型文化氛围中成长，所以英语和广东话是他们的日常生活用语。他们虽然基本上是属于新移民，但是他们在多伦多兴建的居住区的面积大于老华侨区（Cannon，1989；Skeldon，1994；Thompson，1989：152—154）。中国大陆难民虽然都在家乡得到了改革开放政策的实惠，但是他们来到北美后大多没有资金或者技术投入到他们新的资本主义居留地中。所以，他们也就不能像自己的竞争对手——香港移民一样，迅速开始新的创业，他们也不能寻找到高技术和高薪水的工作岗位。显然，"中国大陆非规则移民"和香港移民虽然都是北美社会的新人，但是他们开始新生活的道路却大不相同，前者面临的困难远远超过后者。

　　第三，"中国大陆非规则移民"和台湾移民的区别。一般来讲，自中

---

　　①　在 20 世纪 80 年代到 90 年代早期，大约 2—6 万香港人移居加拿大（Skeldon，1994：30）。

国台湾来到北美的移民,与那些香港移民很相似,他们较为富有,受教育的水平高,技术能力强。部分台湾移民在北美社会是成功的商业和企业界人士,但更多的人是以留学生的身份入境。完成学业之后,他们中的多数人通过独立移民程序,设法改变身份,接着又办理了家庭移民。由于接受了北美国家的教育和训练,他们英语水平过硬,熟悉当地社会的民情和风俗,所以在社会劳动力市场上有着几乎与非华裔本地居民类似的选择范围,最终也能得到很不错的工作和报酬。他们一般不居住在老华侨和香港移民聚居的地区,而是愿意在新开发的居民区建立起属于自己的社区,被俗称为"飞地"。相比较之下,在本项研究进行之际,尚没有中国大陆"难民"成为比较成功的企业家,仅有为数不多的人经营着小本生意,有些人也在一些非华裔人开的公司内工作。因为,他们中的大多数人没有在北美社会接受正规教育,英语水平一般较低,对当地社会知识了解较为匮乏,所以语言障碍使他们难以进入北美主流社会,自身的技能也不适应劳动市场的要求。这就使得他们的经济收入和社会地位都低于台湾省籍华人。

第四,"中国大陆非规则移民"和近年来中国大陆合法移民的不同。近年来出现于北美社会的"中国大陆非规则移民"和中国大陆合法移民都有相同的社会文化背景,可是由于他们移民的方式和身份不同,因而依然表现出较大的差异。专门研究海外华人的刘晓峰博士1993年对230位中国大陆合法移民做了调查,结果显示,他们的移居都在合法程序内进行(Liu & Norcliffe 1994)。他们进入北美的身份主要是落地移民(占总人数的17.3%)、访问学者(21.9%)、外籍劳工(12.2%)、学生(41.8%)和旅游者(6.6%)。他们被接受为永久移民所经过的法律认可条款主要是家庭团聚(比例占总人数的16.2%)、互助关系(10.8%)、特别法案获准者(59.5%)[①]和独立移民(11.9%)(表7—5)。

---

① 加拿大政府实施的一项政策,适用于1990年10月前进入加拿大的中国大陆移民。

表 7—5　"中国大陆非规则移民"和中国大陆合法移民的方式和身份

移民方式	数量(人)	百分比	移民身份	数量(人)	百分比
全部	196	99.8	全部	185	100
落地移民	34	17.3	家庭团聚	30	16.2
访问学者	43	21.9	辅助关系	20	10.8
外籍劳工	24	12.2	特别法案获准者	113	61.1
学生	82	41.8	独立移民	22	11.9
旅游者	13	6.6			

资料来源：引自 Liu & Norcliffe(1994:12)

　　这些人在北美的情况一般逊色于香港和台湾移民，但是通常却强于中国大陆非规则移民，或者说至少没有遇到身份问题的困扰。用难民或非难民身份进入北美为判别标准，作者对本项目涉及的 116 位中国大陆难民调查者进行了分类统计，结果显示，他们大多数(73.1%)来到北美时没有合法签证，例如用偷渡手段入境。69%的人是被否决的难民申请者，这就是说，他们在北美社会的法律地位是不确定的(表7—6)。其结果是，与他们合法的非难民身份的同胞相比，"中国大陆非规则移民"在整个社会劳动市场谋职和工作职位提升两个方面，遭遇到了难以在社会经济事务上取得发展的磨难，他们面对着更多的生存困难。他们在与非难民身份的同胞打交道时，一般不愿意暴露自己的难民地位。116 个接受调查者中，仅有 21 位表示也许会让他们的朋友知道自己的难民身份。而这种自我暴露通常出现在工作伙伴和老乡圈子内，极少有亲密的联系。

　　尽管存在以上这些差别，"中国大陆非规则移民"依然与其他亚华裔群体有一系列共同特点。格拉德尼曾经提出了一个有关汉族群体结构的族裔基因模式。他认为，"汉族"大致与"中国人"等同，这种情况"是一个由现在的政权创造和推广的传统"(Gladney,1991:81)。汉族的族裔基因出现在 2000 多年以前，到了 20 世纪早期，孙中山先生又创造了一个"假想"的汉民族，设想中国人"共同集聚在一个假想的汉民族内"(同上：87)。后来，他又认识到在中国人中还有除汉族之外的其他民族，所以又提出了"五族共和"的政策，期望所有的中国人都团结与联合为一个中国人族群(同上：83)。

表7—6　"中国大陆非规则移民"的进入身份和合法地位

进入身份	数量	百分比	合法地位	数量	百分比
学生	6	5.8	落地移民	6	5.2
访问学者	2	1.9	政治避难	17	14.6
参观者	14	13.5	难民申请	9	7.8
旅游者	4	3.8	被否决的难民申请者	80	69.0
没有签证	76	73.1	签证失效	2	1.7
其他身份	2	1.9	其他地位	2	1.7
总计	104	100	总计	116	100

资料来源：1.访谈数据　　2.拒绝回答者：12人。

汉民族在20世纪末占中国人口总数的92％，汉族的自我认同基本上代表着中国人认同自己而区别于其他"民族"。例如，所有居住北美的华人，无论是台湾人、香港人或大陆人，他们都保持某些传统的中国文化价值观念，例如儒家思想、家族联系、阅读中文报纸、欢度春节与其他传统节日(*Herald Monthly*，December 1994)。就是说，他们全都显示出与非华裔北美人不同的一个少数民族——中国人的特点。同时，大多数中国人都认为自己属于华裔中的一个亚群体，从而自群体中得到作为一个成员的认同(Gladney，1991：87)。所以，"中国大陆非规则移民"与其他华裔的区别，意味着他们被北美主流社会居民排斥在外的同时，也同样被孤立于其他华人群体，而这全是由他们的身份所造成的悲剧。

(二)"中国大陆非规则移民"在华人社会中的经历

社会生活中的新来者总是希望得到该社会中同族或同乡的帮助，来到北美社会的"中国大陆非规则移民"也不例外。他们大部分英文底子薄，信息闭塞，缺乏在资本主义劳动市场的工作经验，又没有合法身份，因而不得不从当地华人社区寻求支持，视那里为得到工作岗位、交流信息、适宜的邻居关系和较好的基本生活服务的大本营。华人社区也为他们提供了重要帮助，在他们适应新的社会经济环境中，扮演了一个重要的支持者角色（Lazarus & Folkman，1984）。

在本项目的研究中，接受问卷调查的 116 人中，74.6％的人回答，他们相信华人社区会在工作机会、娱乐和提供居住条件等方面帮助他们（表7—7、表7—8）。有 73 人回答，他们就在华人社区或者附近居住；27 人回答，他们以前住在那里；仅有 12 人表示从来没有居住在华人社区。同时，大部分接受调查的承认，虽然他们愿意到非华裔人经营的公司内做事，但是他们的第一个雇主是华人老板。然而，许多华人社区的老居民并不十分愿意接受这些难民。有些人认为，接受非法难民会使华人社区蒙受被人指责的屈辱；还有些人认为，非法难民在带有浓厚种族色彩的劳动市场上对永久性移民构成了威胁。于是，这些人就尽量与难民保持较远的距离，甚至划清界限，公开批评非法移民行为和难民领取社会福利费的情况[①]。难民问题在一段时期，成为华人社区和华人报纸的议论焦点。

表7—7　"中国大陆非规则移民"对华人社区的看法（1）

华人社区有用或没用	人数	百分比
非常有用	31	27.2
有用	54	47.4
不知道	7	6.1
没有用	13	11.4
不能发生作用	9	7.9
总计	114	100

资料来源：1.访谈数据　　2.拒绝回答者：2人

---

① 参阅 *Sing Tao Jih Pao*，April 18，1992；May，14，1992.（加拿大报纸《星岛日报》）；*Min Pao*，October 13，1993.（加拿大报纸《民报》）

表7—8 "中国大陆非规则移民"对中国社区的看法（2）

有用的类型	第一重要		第二重要		第三重要		第四重要	
	人数	百分比	人数	百分比	人数	百分比	人数	百分比
便利的设施 （84人）	70	83.3	10	11.9	4	4.8	0	0
工作机会 （46人）	12	26.1	31	67.4	3	6.5	0	0
娱乐 （26人）	2	7.7	5	19.2	9	34.6	10	38.5
其他 （1人）	1	100.0	0	0	0	0	0	0

资料来源：1.访谈数据   2.拒绝回答者：很少

以下便是几个典型事例：

〔例一〕1993年11月20日，笔者在加拿大多伦多东华人区的一个杂货店购物，店主是一位笔者熟悉的来自台湾的移民。当时，他正在与三位顾客交谈，看见我后，他立即指点着手中的一张中文报纸说："喂！田博士，你读了这篇新闻吗？又有三个蛇头被警察逮捕了。"我告诉他已经看过了。可是他依然继续说："那些大陆难民是偷渡来的，很多人有犯罪记录，他们越来越多，让我们这里的中国人丢了脸。什么难民？全是骗子、流氓。他们欺骗政府，骗取福利费。他们什么也不是，是垃圾，就是垃圾。我的朋友都赞同我，要是你不信的话，可以问一问。你根本不值得帮助他们去得到合法身份。"三位顾客都赞同地点点头，其中一位女士还说，帮助"这些难民"会毁了博士的好名声。她又抱怨政府调整税收不为做别的事，而是为一群"所谓的难民和懒汉"发放福利费。虽然不能用这个例子作为整个华人社区的代表，可是难民的污名被街谈巷议，甚至是在工作场合也是如此，一些合法移民用十分偏激的态度对待他们。难民面对的困难很多。

〔例二〕笔者曾经就有关难民的问题访问了三位华人社会领袖，其中一位赞成应帮助难民并公平、同情地对待他们，其他两位则或多或少地列举了传播媒体上报道的难民的负面形象(参阅 Tian & Lu,1995)。一位从香港移民北美的刘牧师曾经帮助过许多难民,允许难民组织免费使用教堂的设备,可是他也不满意越来越多进入北美的难民。他对笔者说：

> 人们总是抱怨通过非法途径到他们国家的难民。合法的移民不得不排长队等待签证,所以,为什么政府给这些非法移民不用等待就入境的优惠待遇？我看不出有什么理由这样做。我经常听人们说,那些难民花钱购买假护照,登上飞机,又在机舱厕所里撕毁证件,飞机一降落到加拿大的机场,他们就申请避难。一旦得到难民身份,他们能有资格领到由我们税收支付的福利费。我不相信他们是真正的难民,他们移民的动机是利用我们难民制度的好处。我们教堂曾经帮助过两个难民家庭,可是他们情况好转之后,没有打一个招呼就走了。我们并不要求他们回报教堂,可是他们的行为伤害了我们的感情。人们告诉我许多难民干的坏事,他们一方面领取福利费,又私下挣黑钱,在性生活上也随便。不过,作为一个牧师,我在道义上还是愿意帮助他们的。

刘牧师的言谈反映了在本项研究进行期间华人社区对难民的基本看法。事实上笔者本人就被那些非难民的大陆华人移民所责难。他们警告说,我可能会因为帮助了难民,永远不能回到中国大陆。笔者的家人多是忠诚的中共党员,他们也写信劝阻我再也不要过问难民的事情。此外,在一段时期,有关难民犯罪的报道频繁出现在北美的中文报纸上,难民的形象越来越糟[1]。难民一词几乎等同于罪恶。像刘牧师这样一个对难民抱有很大同情心和支持过他们的人也受到偏见的影响,

---

[1]　参阅 *The World Journal*,December 5,1994:A4;November 5,1994:A4;July 28, 1993:B7.(加拿大《世界日报》)。

认为他们做了许多不规范的事情,那么其他华人对待难民的态度是可想而知了。

〔例三〕1993 年 9 月,中国大陆难民组织同另外两个大陆华人移民组织在多伦多的一个教堂组织了中秋佳节联欢会。有 300 多华裔移民参加了喜庆聚会,其中有些人是难民。几个月之后,一个主要由高级知识分子参加的组织的头儿李栋告诉笔者,由于那次庆祝会与难民组织有联系,他一直受到本组织内成员的严厉抨击。随后在 1994 年 12 月,十个中国大陆华人组织决定举办一个春节联欢会①。在讨论是否邀请中国大陆新移民组织参加会议(即改换名称的中国大陆难民组织)时,李栋站起来激动地说:"如果你们邀请那个组织,我们的组织就退出。我们组织的几个理事正准备辞职,就是因为我们去年和难民组织共同办了一个联欢会。"笔者询问为什么? 他解释说,他们组织的成员认为难民的名声很坏。他说:"我不反对有些难民以个人身份参加,但是我坚决反对他们用一个组织的名义参加。"由于他和其他一些人的反对,中国大陆新移民组织最终没有被邀请。毫无疑问,将"中国大陆非规则移民"作为一个组织排除在中国大陆人组织的春节联欢会之外,这绝对是件非常不公平的事。因为春节是华裔的传统节日,华裔人人都有权利庆祝。这个例子再次说明,"中国大陆非规则移民"受到了中国大陆合法移民者的歧视。

令人深感不安的是,"中国大陆非规则移民"遭受到的中国大陆合法移民的歧视,其程度要高于来自主流社会和非大陆中国移民的歧视。在很多场合下,中国大陆合法移民以非法移民为标准,将自己与"中国大陆非规则移民"清楚地区别开来。其原因为:第一,他们是按照合法途径进入北美社会的规范移民,他们比那些非法移民要优越;第二,如

---

① 自从中国大陆移民多伦多的人数增加之后(参阅 Liu,1995),他们自己组织的各种协会也多了起来。

果他们不将自己与那些非法移民的同胞区别开来，他们可能会被香港和台湾来的中国移民对手和其他对手视为与非法移民相同的群体，他们就会背上黑锅，可能会因此在经济市场上的竞争中失利；第三，他们对中国有着赤子之心，他们很难接受这样一个事实，即那些难民在提出申请时诋毁自己的祖国。华人社区对于中国大陆难民好似一柄双刃剑：他们不能离开华人社会，这是从中得到工作机会，获得居住和生存的条件；他们也不得不接受被歧视的事实，设法遮盖住自己难民的身份。

北美社会将华人视为一个少数族裔群体[①]。作为一个亚少数族裔群体，"中国大陆非规则移民"不仅在与其他华人群体建立正常的关系时缺少应有的权利，而且也很少在接触过程中树立起积极的正面形象。他们中的一些个人也许和非难民身份的同胞有较多的联系，但作为一个整体是被他人瞧不起的。由于这个负面影响的存在，"中国大陆非规则移民"也认为自己是个固有的下等人。例如，作者曾用 20 项测验法中的 6 项标准，向一些难民咨询。所得到的答复反映了这样一些情感："我什么也不是"；"我是个难民"；"我是个被遗弃的人"；"我既不是人，也不是鬼"；"我是一个总被误解的人"；"我是一个遭受苦难的人"；"我是一个穷人"；"我是一个被人看不起的人。"（表 7—9）

表 7—9　在加拿大的"中国大陆非规则移民"20 项测验法

测试	回　　答
第一	1. 一个离婚的妇女；2. 一个难民；3. 一个有心理疾病的人；4. 失业者；5. 一无是处的人；6. 喜欢交友的人；7. 一个失踪者；8. 一个在逆境中奋斗的人；9. 一个需要爱的妇女；10. 一个希望拥有事业的妇女；11. 一个游手好闲的人；12. 一个有精神幻觉的人；13. 一个容易被男人吸引的女人；14. 一个容易吸引男人的女人；15. 一个经常不被人理解的人；16. 一个不容易被控制的人；17. 很有主见的人；18. 自尊心很强的人；19. 能够忍受艰难的人；20. 一个有口才的人。

---

①　这里的少数概念不是以人数为标准的，而是以相关权利和社会平等为标准（Ross，1980；9）。

第二	1.一个经受折磨的人；2.一个可怜的人；3.一个离乡背井的人；4.一个不受尊重的人；5.一个家庭破碎的人；6.一个孤独的人；7.一个悲痛的人；8.一个忙于工作的人；9.一个不受欢迎的人；10.一个不知未来的人；11.一个难民申请者；12.一个没有家庭观念的人；13.一个来自中一国上海的人；14.一个被加拿大政府遗忘的人；15.一个生活在幻想中的人；16.一个思乡的人；17.一个憎恨白种人的人；18.一个对加拿大充满好奇的人；19.一个一无是处的人；20.一个远离故乡的人。
第三	1.一个受人喜欢的人；2.一个小有成就的人；3.一个总是成功的人；4.一个信仰上帝的人；5.一个职业妓女；6.一个从朋友那得到帮助的人；7.一个不会忘记朋友的人；8.一个热爱自由的一人；9.一个总想进步的人；10.一个对家庭不负责任的人；11.一个自己创业的人；12.一个不公会忘记朋友恩情的人；13.一个开始创业的人；14.一个适应加拿大社会的人；15.一个希望在加拿大生活得更好的人；16.一个不想被他人鄙视的人；17.一个喜爱加拿大空气的人；18.一个从不停止工作的人；19.一个游泳爱好者；20.一个加拿大社会的成员。
第四	1.一个想要工作的人；2.一个中国人；3.一个偷渡者；4.一个难民；5.一个在加拿大没有任何机会的人；6.一个想要工作但没有工作的人；7.一个不想要社会救济的人；8.一个想要合法身份的人；9.一个下等公民；10.一个没有亲人的人；11.一个孤独的人；12.一个想要在加拿大生活的人；13.一个想要对加拿大做贡献的人；14.一个想要成为加拿大人的人；15.一个享有自由的人；16.一个独立的人；17.一个想要加拿大政府帮助他的人；18.一个想要加拿大政府善待他的人；19.一个担心会被加拿大政府驱逐的人；20.一个不懂友情的人。
第五	1.一个中国人；2.一个不想中国混乱的人；3.一个我的兄弟；4.一个妻子的丈夫；5.孩子的父亲；6.我自己；7.一个气功大师；8.一个发明者；9.一个来自上海的人；10.一个热爱国际和平的人；11.一个销售员；12.一个公司的领导者；13.一个自力更生的人；14.一个移民顾问；15.一个在中国和加拿大中间做贸易的商人；16.不是难民，但是被拒绝申请难民的人；17.一个等待移民签证的人；18.一个社会活动者；19.一个承担家庭责任的人；20.一个好朋友。

第六	1.一个单身妇女；2.一个身无分文的人；3.一个没有身份的人；4.一个被加拿大和中国政府歧视的人；5.一个不懂英语的人；6.一个愿意从社会底层开始奋斗的人；7.一个努力工作的人；8.一个曾经是保姆的人；9.一个曾经以捕虫为生的人；10.一个有严重胃病的人；11.一个组织的领导者；12.一个组织的上层人物；13.一个接受《多伦多之星》采访的人；14.一个接受电视台采访的人；15.一个餐厅老板；16.一个独居者；17.一个孤独者；18.一个需要爱的人；19.一个热爱他人的人；20.一个性格坚强的人。

资料来源：访谈数据

　　"中国大陆非规则移民"经常被其他华人批判和遭受陈腐偏见的折磨，但是这并不意味着，整个华人社会都对他们存有歧视。事实上，当他们为自己的合法权利而斗争时，这个组织受到了来自华人社会的极大支持。在某种程度上，难民组织自身的"壮大"也使一些主流社会的人士参与其中，从而在华人和非华人社会中形成一定的影响力。总之，他们作为一个群体常常为华人社会和整个北美社会所歧视。当遭受歧视时，他们极力克服各种麻烦，竭尽全力为自己能获得合法身份而奋斗。

三、为身份而斗争：族群政治动员的典型案例

　　为了冲破被社会孤立的障碍，得到自己应得的正常权益，取得永久居民的身份，"中国大陆非规则移民"自我动员起来，在难民组织的保护下，游说当地行政机构。1993 年夏季，中国大陆难民组织的全部七位理事经过商议决定，采取"对话"策略，发动一场重要的种族政治动员，改变难民面临的污名歧视和不利境地。难民组织的一位关键领导人吴明在理事会议上说，眼前的现实清楚地表明，作为个人要躲避压力和污名非常困难，为了大家共同的利益，比较好的办法是所有的难民集体行动。一旦联合起来，就有足够的力量走出困境。理事会议决定，动员需分三个步骤：第一，要说服难民参加组织，人多势众，动员集体力量才更

容易取得成功;第二,通过强调中国人的民族同一性,取得华人社会的支持,要表现出多数难民是守法的纳税人;第三,通过强调难民对北美社会的贡献,游说地方政府从人道主义和怜悯的角度给予难民永久居民身份。

这个族群政治动员符合著名人类学家格拉德尼所说的在不同种族间少数民族认同的"对话模式",也符合现代中国的民族认同:一方面,少数族群总是设法使政府相信,他们符合少数民族的标准,另一方面,政府遵循斯大林的四个标准而不是其他观点,去辨别一个少数族群是否符合少数民族的标准(Gladney,1991:66)。在"中国大陆非规则移民"问题上,虽然对话非常困难,但是程序是相同的。就是说,国家已经创造了一个族群:一方面,作为族群的"中国大陆非规则移民"努力让加拿大政府相信,他们应当得到永久居民身份;而另一方面,政府将决定他们是否有资格成为永久居民。

族群动员计划得到一致同意,可是理事们一些具体问题上又出现分歧。一部分人认为,为了说服政府允许所有被否决难民身份申请的人得到落地移民的资格,可以在游说活动里提出有关中国政府的人权记录问题,另一部分人则坚决反对这样做。这个分歧引起了激烈争论。那些为个人的难民身份申请所困扰的人极力强调,大多数人避难申请所使用的手段是以在中国大陆遭到压制的方式提出的,而且加拿大政府已经作出决定,不将申请被拒的人遣返中国。他们认为,如果不强调中国人权问题,这次动员将失去它的信誉,加拿大政府会认为将难民送回中国不会有危机。然而另外一些与主流社会有较多联系的人坚决反对,他们认为,动员活动的目标是要求得到华人社区和主流社会的支持,必须强调的是难民对加拿大社会的贡献和为适应作出的努力。

笔者也参加了这次会议,表示赞同后一种动员策略,并且具体分析难民面对的形势和"人权手段"的劣势,提出了以下四个观点:第一,难民组织要做的事是赢得华人社区和主流社会的尊敬和认可，以帮助那些申请被否决得到政府给予的永久居民身份。组织必须使难民热爱移居国家，为居住国作出贡献，人权手段无益于此。第二，如果反复提出所谓的"中国人权"问题，难民组织就会失去一些拥护中国政府的组织的支持，而这些组织在华人社区日益壮大。领事馆每年举办的中华人民共和国国庆集会吸引的参加者越来越多，同时，越来越多的华人社区组织都与领事馆有联系。第三，难民组织不能要求加拿大政府在人权问题上做更多的事，因为这样会危及加政府与中国大陆的经济贸易，从而使政府不同意给难民合法待遇。第四，如果这次动员能够成功，加政府同意申请被否决者获得永久居民待遇，多数难民要到中国的总领事馆申请正式护照。过度提出人权问题的难民，会难以得到必需的合法文件。七位理事中有五位同意作者的观点，因此，理事会决定采用"贡献策略"实施行动。

　　为了充分动员，难民组织举办了一系列讲座，中心议题是鼓励中国大陆难民不要畏惧被别人视为难民，要团结起来为自己的权利而斗争。吴明在多次会议上反复阐述，所有的难民要认识到自己已经身在北美，而难民和难民申请在这里是合法行为，同时"难民"一词在英文中也没有贬义。他一遍一遍地说，难民首先要自我尊重，这样才能获得其他人的尊重。一旦自己看重了自己，就能有力量树立良好的自我形象，而一旦树立了这种好的自我形象，自己就能得到别人更多的友谊和尊重。他鼓励难民要积极表现自己，使政府和广大社会民众认识到难民的辛勤劳动有利于社会发展。大多数难民非常赞同吴明的意见，表示同意"贡献策略"计划。为更进一步动员，难民组织在1993年6月进行了一次小型问卷调查，结果显示，在81位接受调查的难民中，79％的人有高学历和受过良好的教育，61.7％的人不依赖福利费生活，80.2％的人年龄在25—50岁之间，没有人有任何犯罪记录。这些事实在当地社会主要的中外报纸上刊载，开始澄清存在于许多华人心目中的陈腐偏见，包括难民都有犯罪记录和依赖福利费为生等①。这是华人新闻媒介首次以正面形象对难民事件进行报道。

接着,难民组织的负责人决定动员他们的关系,联系华人社会中那些对难民有全面认识的人,他们知道难民是努力工作却遭到不公正对待的群体。难民组织主席锦小华首先动用自己的关系请求陆瑶支持,她是平权会主席。平权会在华人社区很有名望,其分支机构遍布加拿大各个主要城市,主要工作是处理个人赔偿事务。平权会经常与政府资助的机构联系,提醒那些机构关注华人媒体的报道。该组织在人权问题上有很大的影响力,很同情难民的处境。陆瑶允诺帮助难民寻求社会的公正对待。她与华人媒介联系,要求报纸不能再歧视性地报道难民事务,而是支持他们的合理要求。

平权会的支持鼓励了难民组织,理事会成员更加坚定了实施"贡献策略"的信心,难民受到歧视的事情一定会引起社会的注意和同情。锦小华又设法使当地的华人电视台(47 频道)采访了几个难民。那几位难民成功地经营了小规模的商业,努力工作和遵纪守法的形象出现在五分钟的电视节目中。同时,吴明也设法求得黄忠和于江的支持,他们是当地华人社区的领袖人物,并且与主流社会有密切的联系。贾明也积极地寻求到郭宁和罗宏的支持,他们也是当地华人社区的领袖人物。所有其他的难民组织理事同样积极地寻求各种支持。

在取得上述成功之后,难民组织又与一些反对中国的组织建立积极合作的关系,使这些组织也在华人社区内支持难民申请被否决者得到永久居民身份。反对中国的组织发给难民组织 50 份支持信件。在难民组织说服政府改变政策和取得合法身份的奋斗中,这些信件是支持一次合理行动的有影响的"舞台道具"(Goffman,1959)。那些反对中国的华人组织都表示了他们的支持意见,与此同时,难民组织决定寻

---

① 参阅 *The World Journal*,June 29,1993.(加拿大报纸《世界日报》)

求主流社会和政府机构的支持。难民组织召开了一次理事会分析正在进行的 1993 年加拿大联邦政府大选，并且决定支持自由党（the Liberal Party）。

　　为了以最少代价求得最大支持，难民组织选择了一个他们认为是最有前景的自由党候选人作为目标，组织了一个有 50 人参加的支持小组，捐助了一笔数千加元的资金，期望那位候选人获胜之后，在国会为难民说话。同时，难民组织也致信自由党主席让·克雷蒂安（Jean Chretien），祝愿该党在大选中获胜，并且提出了针对该党获胜的建议，还期望该党获胜之后，能够解决难民面临的法律难题。1993 年 10 月 3 日，让·克雷蒂安给难民组织回信，允诺一旦自由党在大选中得胜，他们的政府一定会严肃考虑难民问题①。

　　自由党果然在选举中获得了一系列成功，这也使难民组织受到很大鼓舞，他们立即决定直接进行使申请被否决者得到合法身份的行动②。经过一个法律小组、一个顾问和反对中国组织的共同工作，难民组织设计出一个法律提案的主要内容：在加拿大工作超过三年以上的难民申请被否决者，遵纪守法至少六个月以上，同时没有恶性犯罪记录，他们应当得到合法身份。这个提案由难民组织提交给政府。锦小华就提案内容接受采访时说："我们要给政府一个最好的样板，让政府知道我们是为社会作出贡献的人。"同时，难民组织还提交给政府一个研究报告，进一步分析由"贡献策略"指导的行动的效果（Tian et al,1994）。

　　在格拉德尼的"对话模式"内，国家和政府扮演了一个很重要的角色。在中国大陆难民案例中，政府的角色起着很关键的作用，因为最终要由政府决定是否给予难民永久公民待遇。而加拿大自由党政府渴望发展与中国的经济贸易，一定会谨慎地避免做出任何可能得罪中国政

---

① 参阅 *The World Journal*,October 27,1993.（加拿大报纸《世界日报》）

② 参阅 *The World Journal*,October 28,1993.

府的事。所以,难民组织决定与政府机构对话,要求政府以"非规则移民"的观念对待那些被认为是难民的人,从而给政府处理这个问题留下更多的回旋余地。1994 年 1 月 17 日,新政府成立,难民组织的代表来到首都渥太华,提交了 200 个卷宗、一个报告、一个支持总理办公室和移民部的信件。代表们也走访了加拿大通讯社,希望英文媒介能够帮助他们。不久,该通讯社发表了一个关于难民的报道,同情难民的遭遇和他们的合理诉求。一两天之后,"中国大陆非规则移民"的观点在主流社会的媒介上成为一个热门话题(参阅 *Vancouver Sun*,April 19,1994:B8;*Calgary Herald*,April 19,1994:A3;*Winnipeg Free Press*,April 19,1994:A4;*Montreal Gazette*,April 19,1994:A13;*Toronto Star*,April 6,1994,A21;*Halifax Chronicle Herald*,March 23,1994:A10)。

　　1994 年 2 月 23 日,移民部难民事务处处长约翰·巴特尔(John Butter)会晤了难民组织的代表。这些代表指出,让那些申请遭拒者遭受如此长时间的歧视是不人道的。他们多数人辛勤劳动并遵纪守法,给予他们永久居民待遇,可以鼓励他们更加努力工作,为社会多作贡献,将他们遣返中国,政府不仅要花一笔钱,中国政府也可能不接受他们。约翰·巴特尔同意代表的所有建议。他说,部长本人已经意识到这个问题,指示他提出一个解决问题的方案。他允诺方案将在几个星期内完成,部长将在今年夏季早些时候批准[①]。

　　这次会晤之后,难民组织继续联络其他的分支机构人员,动员他们参加这个活动。尽管有两个难民组织对活动持有异议,但是他们还是很愿意参与工作。这次争取合理公正对待的行动逐步扩大到整个加拿大。为了促使政府尽快作出决策,三个难民组织给加政府总理、移民局写信。他们在加拿大首都组织了两次示威,他们的言行很快受到了主

---

　　①　参阅 *The World Journal*,Feb.,24,1994。(加拿大报纸《世界日报》)

流媒体的关注（*The Gazette Montral*，March 23，1994：A3；April，17，1994：A7；April 19，1994：A13；*The Glob* & *Mail*，April 12，1994；Honr，April，6，7，13，1994）。难民组织还游说了一位选自蒙特利尔的议员，他谴责了联邦政府没有解决申请被否决者面临的困难的做法。这个行动造成的影响使难民问题的政治色彩更加浓厚，超出了难民问题本身的范围。

　　加拿大主流社会和反对党都密切关注政府的态度，议论之声不断，政府不得不再次允诺要尽快解决难民问题。1994 年 5 月 30 日，加拿大移民部长马奇（Honourable Sergio Marchi）给笔者写了一封信。部长在信中说："普遍的大赦是不可能的，我预计在今后较短的几个月内，能够有一个政策出台，涉及约 4500 个停留在加拿大且受到非礼待遇的中国人。在考虑如何处理这个问题时，我希望你能相信，我将考虑所有相关因素，包括这些人在加拿大的地位，他们如果返回中国可能遇到的危机。"

　　1994 年 7 月 7 日，加拿大政府发表了一个部长声明表示，在加拿大工作超过三年以上的难民申请被否决者，遵纪守法至少六个月以上，同时没有恶性犯罪记录，他们可以通过一个特殊的延缓遣返类别法案（the Deferred Removal Orders Class），得到合法身份[1]。尽管部长声明没有解决所有难民组织提出的问题，但是大多数申请被否决者依据法案获得了合法移民资格。加拿大移民部公布的文件如下："在过去的几年内，加拿大政府决定不遣返，或者不应该遣返那些没有从加拿大得到批准难民申请的人。在此期间，这些人中的许多人已经在加拿大自立生活，他们找到了工作，买了房子并生育了后代。延缓遣返类别法案已经颁布，依照这个特殊政策，那些这几年没有被遣返的难民申请者将视为被接受了的永久移民。这个规则将结束他们不确定的未来身份。"

---

① 　参阅 *The World Journal*，July 8，1994.（加拿大《世界日报》）

(CIC,1994:1)

延缓遣返类别法案解决了"中国大陆非规则移民"遇到的没有确定的合法身份的困难,难民也意识到将要面对另一个更重的压力。大多数申请被否决者在得到解脱的同时,他们开始积极筹划对未来的安排,越来越多的人开始自己的商业活动,例如,开餐馆和洗衣房等。如同其他华人一样,他们那时并不想回自己的家乡。难民组织认为,动员活动基本上是成功的,于是决定去掉难民的痕迹,更改组织名称为"中国大陆新移民组织",因为"难民"两个字曾经给他们带来过屈辱和不快,而且招人反感。去掉"难民"两个字,也体现了他们的爱国情怀,他们要以此来表达对祖国的忠诚①。

总之,那些难民在北美社会为得到认可和合法身份作出了种种努力,这是一个族群动员得到成功的样板。从文化的角度探讨这次动员,可以看到,难民组织提出公平合理的要求作为组织难民的一面大旗,以中华民族同一性作为基础,从愿意和可能愿意支持的华人组织得到帮助。种族意识在此次行动中如同车辆一样承载着"目标行动"(Nagata,1981:89)。同时,同一种族的潜力又被政治化的亚族群意识困扰着。然而他们取得了成功,很好地挖掘了族群潜力,例如主流社会媒介、政治渠道。从这点看,可以称这个活动为一个族群政治行动。对影响此次成功活动的更宏观的因素(Ross,1980)加以分析,可以相信,此次行动的组织者担任着一个非常重要的角色(Lu & Tian,1995)。主要领导的行为表现出他们是一个团结的坚强核心,能够确立和实施复杂而有效的策略和行动。更重要的是,他们视自己是一个具有良好机制的社会和政治组织,启发和代表了所有难民的意愿。另一个重要的原因是,难民组织聘用了非华裔的律师,采用了格拉德尼所说的"对话模式",游说政府。依据这个理论,一个组织的认同和信念的价值最有效

---

① 参阅 *The World Journal*,Sept.19,1994.(加拿大《世界日报》)

应的表达往往是"在社会政治性的对话过程中，如同自我的判别经常同其他人相关一样，即使族群散居在其他环境和反对氛围内"（Gladney，1991：76—77）。因此可以说，难民采取的对话策略，在对其他华人社团和政府的交锋和游说中发挥着重要的作用。

第八章 缓解压力与适应意愿

本章主要分析"中国大陆非规则移民"在日常生活中经历的压力以及他们缓解压力的方法。通过描述他们中的典型个体在经济和社会领域所获得的成就，说明他们中的一些人实现适应期望的方式。其中，他们对大都市多伦多的适应过程，形象地表现出他们对加拿大主流社会的适应特点。这个过程主要集中在加拿大政府颁布的 DROC 项目运作之前的阶段，而自该项目启动以后，对大部分被拒的"中国大陆非规则移民"（现在研究的主要目标群）来讲，作为他们所承受的一个特别的压力源即合法地位的不确定性带来的压力已经降低（Tian & Lu，1995）。

一、破灭的梦想：压力与压力源

按照卢姆斯登（Lumsden，1981）的说法，"压力"表示困难和逆境，其涵义在研究领域内已经被广泛使用了上百年。但是直到最近，这个词汇才被系统地概念化为一个专门的研究对象。在对压力的研究中，他确立了四种主要方法。目前研究中提出的特殊压力关系，是卢姆斯登指出的在拉扎鲁和福克曼两人的著作中所反映的"事务性"或"认知和社会逻辑现象"模式。正如他们两人所说，压力常被解释为刺激或反应，前者指环境中的事件，后者指艰难或焦虑的状态。然而，仅仅将注意力集中于人们在社会或自然环境中进行利益交易时的刺激或反应，会导致对整体的实际经历做出不全面的解释，也会忽略人们相互作用的意义。所以,拉扎鲁和福克曼提议使用更准确、更有效的压力概念:一方面要考虑人们的性格,另一方面也要考虑周围事件的性质,同时注意"评估"和"意识"担当的角色(Lumsden,1984:21)。压力被看作是一种相互作用、一个组织化的概念而不是一个单独的变量。两人还提议,需要深入地建立一个系统性和理论性的框架,用来解释在不同层面上压力的定义(如生理学、心理学和社会学方面):

> 压力,由许多变量和过程构成,它并非由一个单独的因素所决定。我们依然相信,构建系统性的理论框架,是研究压力的最为有效的方式。在系统框架的基础上,人们用各种方式在多项分析层面上解释概念,并且用这种方式确切说明经历、过程和结局。当然,这种研究方式的有效性,必然依存于对相关的压力信息和压力定义的理解至少(Lazarus & Folkman,1984:11—12)。

在拉扎鲁和福克曼的系统相互作用模式中,压力源被解释为存在于对周围的刺激和个人有机体关系的评估中。更具体地说,压力源就是在关键变量的支持下,存在于人们对任一系统性和应对性资源的需求方面。在这种定义下,当需求和资源之间出现评估不平衡时,压力就会产生。个人或群体也只有在他们评估或认识到处于有害、恐惧或挑战性的情况下,才会感受到压力(Lazarus & Folkman,1984)。显然,认识上的评估是拉扎鲁和福克曼提出的压力相互作用模式的基石。评估过程包括:最初的认知评估、第二次认知评估和第三次认知评估。最初评估是根据对个人生活的影响大小而对具体情形作出的评估,包括:不相关的(没有意义)、积极的(导致确定的结局)或产生压力的。压力性评估涉及危害/损失、恐惧和挑战(同上:32—35),并且表现出文化内涵的象征。第二次评估涉及对可变资源选择和限制的个人判断,这对个人应对反应的形成很重要,重点集中在对个人怎样应对充满压力的环境评估(同上:35—37)。第三次评估会对判断决策加以改变,由于从环境中和/或个人的反应中接受到新的信息,因此可以更积极有效地应对环境或资源(同上:38)。就拉扎鲁和福克曼而言,个人之间在处理压力的方式方面会有所不同,取决于个人意愿和可供利用的资源及其限制性。个人的自我资源可能包括以下几个方面:健康、精力、社会技能、社会支持和财富。这里的限制,从本质上来说,包括个人和环境两个方面的限制。个人限制来源包括"限制某种行为内在化的文化价值观和信念,还有个人的心理缺陷";环境的限制来源包括"对同一资源的需求竞争和妨碍努力实现目标的组织与制度"(同上:179)。

在研究自我评估模式的基础时,我认识到,拉扎鲁和福克曼把"应对"定义为不断地改变认知和行为,以便增加个人资源来满足那些被评估外在或内在的各种需求。在此模式中,"评估"包括明显的文化意义的指向,换句话说,评估需要综合个体之间的关系,包括对自身评估、以及对社会资源和生活领域的评估,这些评估是相互作用的,可以用来解释社会文化的方方面面(Lumsden,1984)。学者的研究还发现,新移民所处的社会环境各种特征,也会增加或减少他们具体面临的压力(参阅Basch,1994.;Schiller,1992)。在我进行的这项学术调查中,压力的概念曾经是指"中国大陆非规则移民"评估对他们产生危害、恐惧或挑战的环境,以及他们应对新环境的种种努力和他们在适应新环境过程中所出现的心理失衡症状。确切地说,他们经受的压力并非因受单独压力的刺激而造成。我的调查在更深的层次上得出了与上述学者同样的结论,即"中国大陆非规则移民"在其调整、适应及发展过程中,面临多种多样的压力源,例如,他们对移民的高期望值和现实社会之间的冲突,在加拿大合法身份的不确定性,长期与家庭分离,对故乡的思念,遭受的歧视,丢失了在中国的社会地位或成就,在加拿大缺乏社会技能,等等。这么多的压力源无疑会交互作用,从而对他们造成极大的生存压力。

(一)期望和现实之间的冲突

正如先前提到的,大部分"中国大陆非规则移民"经过艰难的周折终至加拿大,他们的最初动因是想获得相对中国而言更大的个人自由和更好的个人发展机会。因此,避难成为实现他们移民加拿大梦想的一种策略。根据我与这些人的交流,他们中的大部分人(56 位被访者中的 43 位①)尽管一开始就意识到,他们的生活会与在中国时不同,可是在移民之前,他们并没有对移民加拿大可能遭受的各种困难有所准备。离开中国前,他们大部分人把加拿大看做是一个可以获得绝对个人自由和高水平生活的高度发达国家。许多移民想象一旦到了加拿大,只要能勤奋工作就能生活得很好。曾晋,一个难民申请被拒者告诉我:

> 我并不期望太多,但是我认为通过劳动能过得好一些。听说在加拿大一个月挣 1000 美元并不困难,这样足够让一个人生活得很好。那时在我想象中,加拿大与中国不同,是一个繁华的商业大都市。依靠自己的双手就能赚到足够的钱,买你想要的任何东西,并没有消费的限制。在加拿大你有自由,你能畅所欲言,甚至批评首相也没人阻拦你。你能完全自由地发表你的观点。我希望自己尽快有所建树。因为在中国我的事业很成功,一旦有所成就,我就会把妻子和女儿带过来。总之,我想象中在加拿大的生活将会比我在中国的生活更舒适。

李和平,他在移民前的期望与曾晋的相似。他毕业于中国一所大学的英语系,比其他一些"中国大陆非规则移民"受到更多西方文化的

---

① 剩余的被访谈者或者是儿童(2 人),或者拒绝接受进一步采访(2 人),或者没有直接回答问题(9 个案例)。

影响,从而对在加拿大这样的西方国家生活充满了信心。他告诉我,由于他认为自己能比别人讲一口更流利的英语,所以移民前他从没有想过在加拿大生活会遇到严重的问题:

> 我相信,自己将在加拿大做得更好,至少不必担心语言问题。希望在加拿大能很快拿到第二个硕士学位,然后找份工作,把妻子和女儿接来一起生活。实话对你说,在来加拿大之前,我并没有想到会遇到这样的压力。

和其他"中国大陆非规则移民"一样,对曾晋与李和平而言,当他们怀着期望尚未进入社会现实时,压力源已找到了他们。更为严重的是,当面临一系列可以预料和无法预料的事情时,压力会增大。例如前途未卜,和亲密的家庭成员、朋友分离。

林溪,一名避难申请被拒的女士,在中国是工程师,1991年作为交换生来到加拿大,后来申请避难。就像曾晋、李和平一样,林溪也对在加的新生活充满期待。在她的意识中,加拿大是一个可以通过辛苦工作而实现美丽梦想的地方。为了能去多伦多大学读研究生,她计划参加一个半年期英语班,然后通过 TOEFL 考试。然而自从来到多伦多后,所有的美梦如同肥皂泡一样破灭了。当时她只有 2000 美元,只够支付多伦多大学 ESL 班的学费。她没去上课,决定先去找份工作,可那时加拿大经济不景气,找份工作不是件易事。她沿着街道拜访每一个有可能的雇主,不幸的是,两周以来没有一个人愿意给她机会。因为她既没有工作许可证,也没有在加拿大的工作经历,残酷的现实让她感到绝望并决定回国。一天,她在一份中国报纸上看到一则招聘启事启示,无需工作经验,工作是捉蚯蚓。她立即打电话并得到了这份工作:"在中国我看到一条蚯蚓都会恶心,更不用说去捉它。但在加拿大,你什么都不是,为了生存你必须去做。"林溪遭受了她从未想到的、几乎让她发疯的残酷压力。她告诉我：

> 我来到加拿大后非常沮丧，每天都得担心这个担心那个，有太
> 多的事要你去操心……那时在来的飞机上我还看着一本托福书，
> 这真可笑。来到这个国家后，我觉得自己被抛弃了，没有人来关心
> 你，被迫走自己的路……你必须面对现实，在沮丧时，我使自己不
> 停地忙着，这样我才没有时间去想别的事情，这是我摆脱压力的一
> 个方法。

（二）合法身份的不确定性

"中国大陆非规则移民"在宣称避难时最为关键的压力源，就是在
加拿大没有确定的合法身份。这种压力源在那些已经取得难民身份的
人身上会自动消失，而对于那些申请被拒的会持续其压力效应[①]。合
法身份的不确定使所有被拒绝的人都对未来忧心忡忡，同时也使他们
感到不被其他加拿大人欢迎（参阅 Lu & Tian，1995）。

那些没有合法身份的人的生活比有合法身份的加拿大居民要困难
得多，因为他们在找工作时有许多限制，而且不能享受一些社会福利。
尽管绝大部分"中国大陆非规则移民"面临这一压力源时，只能无奈地
通过耐心等待机会来承受，但是少数人的心理健康则会受到影响。以
韩永剑和韩时强两人为例。他们带着很快定居加拿大的希望于 1990
年 10 月来到多伦多大学。不幸的是，他们的避难申请第一年被拒，第
二年又被拒。对他们来说，申请避难是实现移民梦想地最有效策略，而
申请被拒便意味着移民之梦将无法实现。两兄弟因无法承受加拿大移

---

① 对于大多数中国大陆非规则移民来讲，合法身份不确定是个压力源。尽管自从
DROC 项目实施后，他们多数人符合这个项目的判别标准，因而曾经承受的压力减缓了。但
是那里依然有一些难民申请被拒绝者（就目前我所知道的而言，54 个成人被调查者中就有 5
位是被拒绝者），他们不符合特定的判别标准，于是依然面对压力。

民难民事务局的决定而患了心理疾病。在被送去精神病院之前,韩永剑甚至企图自杀。最后,带着来到加拿大的懊悔和两张心理疾病诊断书,两人被遣送回国(在"中国大陆非规则移民"伙伴的帮助之下)。这个结局对他们来说是一个耻辱①。

程平,尽管在1994年最终获得合法的移民身份,但他也承认最初申请被拒之后患了精神疾病。他原先很少承认申请避难曾经被拒。可到后来,他告诉每一个知悉此事的人:"我被枪毙了,还能做什么,你说说看?"在一个聚会上,当他听说一个朋友已经取得合法身份时,他显得非常兴奋,也许是出于"妒忌",因为那个人比他晚两年来加拿大。于是,他不停地批评加拿大的移民机构,说自己是如何不幸,同时也指责那些劝他停口或反对他观点的人。那次聚会最终由于他反常的行为不欢而散。

虽然没有更多的中国大陆非规则移民像韩氏兄弟和程平那样有极端的行为,但合法身份的不确定性是他们中大部分申请被拒的人最明显的压力源。它的多元影响力永远不能被忽略:在所有压力源中,它在影响那批人的心理健康和适应过程方面的作用首当其冲。

(三)和家庭的分离

在为个人提供社会支持方面,家庭起着非常重要的作用,也许同样是压力的来源之一(Lazarus & Folkman,1984:239)。居住在加拿大的大部分"中国大陆非规则移民"仍然同中国的家人保持联系。在他们当中,接受我采访的87.5%(56人中有49人)被访者认为,他们承受着与家人分离带来的巨大痛苦,并认为这是来到加拿大的最大损失之一。91.25%的实例也表明,当他们在加拿大遇到困难的时候,他们立刻就想回到自己的亲人身边。

---

①　参阅 *The World Journal*,March 6,1993:27.(加拿大《世界日报》)

对于一些中国大陆难民来讲,长时间同家人分离也许会导致婚姻破裂。调查数据显示,在这批人中,55 名已婚者的配偶仍然留在中国,74.5%(41 人)表示长时间的分离确实对他们的婚姻产生了影响,43.6%(24 人)认为如果继续分居两地的话,将会导致婚姻最终破裂。事实上,我所采访过的 3 名被调查者已经离婚了。韩鹿,她的难民身份申请已经被拒。她告诉我,她丈夫不相信她在加拿大生活会遇到这么多的困难,认为她一定是有了男朋友。她曾想过要努力替丈夫和儿子进行移民申请。到了 1994 年底,最终她丈夫与她离了婚,同时她也失去了对儿子的监护权。结果,她变得十分沮丧,对我说:"为了一个还很渺茫的身份,我失去了丈夫和儿子,我真不知道该怎么活下去。"后来,她的健康状况急剧恶化,几乎失去了照顾自己的能力。

当然,对于"中国大陆非规则移民"而言,与亲人的分离确实是一个重要的压力源。尽管对于已获得"难民身份"的人来说其不合法身份即将在几个月后消失。而对于申请被拒的人来说,和家人分离可能也许不会消失。众所周知,加拿大政府的 DROC 项目 1994 年 11 月开始生效,允许那些已被拒、但符合 DROC 标准的难民申请加拿大永久居住权,同时,也允许资助他们的直系家庭成员(配偶和孩子)移民加拿大。因此,对于这些符合 DROC 标准的被采访者来说,与亲人分离的压力源将不再存在。但是,不符合条款的这些人(54 名被访者中有 5 人)将不得不继续遭受这个压力源所带来的痛苦。

(四)思乡怀旧

对一些"中国大陆非规则移民"来说,怀旧增加了他们的思乡之愁。作为"沮丧"的一种形式,思乡发生在他们从中国移民到加拿大后的过渡时期。我的被访者告诉我,移民之前,他们对加拿大了解很少,而来到加拿大之后便感觉到了加拿大与中国的巨大区别。即使意识到了这种差异,他们中的许多人依然缺乏有利的资源或技巧来处理这些问题;不少人心中充满了焦虑和疑惑,有时候感觉"无家可归"。为了从这些焦虑中解脱出来,移民者开始思乡,在对过去的回忆中寻求平静和幸福Fried 1963)。实际上,对于他们,这是一种有效的应对机制。

当思乡使个人的行为倾向中国化时,便成为了一种压力源,它会导致个人行为与加拿大的文化、社会价值发生冲突。调查者中某被访者在 1990 年来多伦多时是个"民运人士",在当地一个中国"民运"团体安排的地方居住。在这儿他没有朋友,也不会用英语交流,于是同样变得怀旧。他用居所的电话与家人联系,在极短的时间内,便打了 8000 美元的国际长途。后来他说他太想家了,难以自控,因而电话不断。当他知道国际长途费用时,他很惊讶,他不知道会这么昂贵。再者,他没意识到会由自己来支付这笔费用,因为在中国,话费都是由单位支付的。另一名被访者同样有怀旧之情,有一天他想出去散心,便借了一辆车,结果被警察罚了 2000 美元,而且禁止在安大略省开车长达八年。他告诉我,自己没有意识到无照驾驶在加拿大会受到如此严重的惩罚;而在中国,他却从来没有遇到过麻烦。同样他依照在中国的经验来办事,却没有考虑到此举会触犯加拿大的法律制度。

调查数据表明,这方面的思乡只会在较短的时间内影响"中国大陆非规则移民"(也就是抵达达加拿大后最初几个月)。加拿大的中国城帮助他们调节了压力(参阅 Lam,1994:170)。与那些来自大城市,文化水平较高的人相比,文化水平低、由农村移民到加拿大的人更容易产生思乡之情。

(五)种族歧视的察觉

我所作的调查证明,对于大部分"中国大陆非规则移民"来说,遭受种族歧视并不是最主要的压力源。调查数据显示,自他们中收集的 95 份有效个人问卷中,只有 7 名(7.4%)曾经受到来自非华人邻居的种族歧视;在同加拿大人一起工作的77名被访者中,只有9人(11.7%)曾受到非华人同事的歧视。

与此同时,1/3的被访者承认(54人中的18人)曾受到过种族歧视。一个有趣的现象是文化水平越高,越容易受到歧视。比如,在具有研究生学历的被访者中,75%的人(4人当中有3人)认为受到过种族歧视,在受过大学教育的被访者中44.4%(27人当中有12人)的人表示曾经受过歧视,在仅有高中学历的被访者中有27.3%(11人中有3人)的人表示曾经受过歧视,而12名连高中学历都没有的人则表示从来没受到过种族歧视(表8—1)。

表8—1　"中国大陆非规则移民"经历歧视与文化教育背景

受过歧视者	数量	百分比	未受过歧视者	数量	百分比
研究生	3	75.0	研究生	1	25.0
大学	12	44.4	大学	15	55.6
高中	3	27.3	高中	8	62.7
初中	0	0	初中	9	100.0
小学	0	0	小学	5	100.0
总计	18	32.1 *	总计	38	67.9

资料来源:采访数据　　星号表示成人在54名被访者中的百分比

表8—1的资料表明,学历越高同加拿大非华人的接触也就越频繁,也就是说,在交往中就越容易感受到种族歧视。而且,学历越高的人也越敏感。学历越低,并不表明没有受过歧视,也许是他们没有察觉到而已。

"中国大陆非规则移民"中一些曾受过种族歧视的人因此减少了同非华裔加拿大人的交往。比如,在这些人中曾有一名女性为了解决身份问题,曾打算与一个加拿大人结婚,但后来改变了想法。她说不管自己在加拿大朋友面前表现得多么西化,但这些朋友仍然把她看得与其他人不一样。在找工作的两个月中,她饱受了歧视。那时,她将自己认为不错的简历复印了300份,分别寄给了在主要报纸上登招聘广告的加拿大公司。她认为自己在找工作时遇到的麻烦全部出自种族歧视：
"我认为关键问题不是你不愿意学习或你不勤奋，而是因为歧视，较好
的职位都被'洋人'占了，我们'中国妇女'仍然被瞧不起，特别是因为我
没有合法身份，是个难民……一个三等公民。"接着，她便决定从洋人圈
子里出来，回到她的华人社区内。她梦想能自己开公司，雇佣许多白
人，如果他们不服从她，就解雇；她要用自己遭受的歧视来教训他们。
也许这是一个过于极端的例子，但我认为这可以说明一些遭受种族歧
视的非规则移民对这种类型压力的反应。

（六）失去在中国时的成就感

正如先前所指出的那样，许多"中国大陆非规则移民"来加拿大是
为了寻求更好的发展机会，因此冒着风险放弃先前在中国已获得的成
就，一旦发现加拿大不能提供想象或期望的机会时，他们中的一些人便
开始懊悔所放弃的一切。为了进一步探讨这个主题，我问了被访者如
下问题："你在国内处于什么地位？在中国时对自己感觉如何？"所得到
的答案与陈和拉姆在华裔越南难民中调查后得出的结论非常相似
(Chan & Lam,1987:35—37)：在两类不同项目的调查中，被调查者们
反映出的重要问题，首先都是远离家人后的巨大失落感，其次便是社会
和经济成就的丧失，比如社会地位的丧失（这里常指好的职业或高薪职
位）、个人财产的丧失（指存款或生意）。

我的被访者在中国的职业是多样化的，包括政府官员（11人）、经
理（4人）、新闻工作者（3人）、医生（5人）、大学和中学老师（4人）、工程
师（4人）和外资企业代表（3人）。在中国人口中有80％是农民的背景
下，大部分人均认为这些职业不错。但是，这些被访问者在加拿大连维
持生计都很难，更别提是否可能恢复曾经所从事过的高薪职业了。而
在中国，一份好的职业并不仅仅意味着高薪，同时还意味着有更多的社

会资源。因此,大部分通过非规则渠道移民加拿大的中国人失去了已经建立好的关系网。一些人曾奢望重新在加拿大建立关系网,但是后来发现他们缺少实现这一目标的社会资源。对这些人而言,丧失社会成就后的痛苦,降低了他们自我评价的等级,从而加大了个人在加拿大承受的压力。

我的被访者还包括 7 位"个体户",他们虽然在中国的社会地位不算高,但在国内富有阶层。7 人当中,有 1 人财产超过 50 万人民币,1990 年离开中国前是一家美发店的老板,和其他年均收入只有 2000 元人民币的普通百姓相比,她确实很富有。但是,为了寻求更好的机遇,她和丈夫决心向海外发展。她几乎把所有的钱(50 万港币)①给了"蛇头"而偷渡到了加拿大。尽管我采访时她生活得不错,可是她依然不确定舍弃所有在中国的财产来到加拿大是否值得(比较 Lam,1994)。尽管出了高价并用不合法的方式进入加拿大,可是这类个体户中的大部分人视失去财产为一场恶梦。一个被访者告诉我,他一旦想起自己把国内所有储蓄都花在移民加拿大上,而且有一天可能因为非法入境而被驱逐出境,都会惊出一身冷汗,他也不确定下半辈子能否再赚到这么多钱

和这些放弃高薪或个人财产来到加拿大的人相比,那些从事薪水较低职业的人并不把成就的失去看做是一种压力源。我的被访者中包括农民(5 人)、工人(4 人)和其他一些从事服务行业的雇员(2 人)。同自己的社会、经济地位相比,他们认为损失很小,因而并不把此看做是有重要影响的压力源。

(七)缺少社交技巧

大部分"中国大陆非规则移民"认为,缺少和加拿大社会需求相适

---

①　据被访者信息,中国人民币和香港货币的兑换交易,在当时外汇黑市上的兑换比率是 1:1。

应的社交技巧是很重要的压力源之一,换句话说,就是缺乏良好的英语交流能力和资本主义国家市场体制下的竞争技巧。总之,这批人中的多数认为,作为一种压力源,缺少社交技巧不仅增大了所要面临的压力,而且减缓了他们的适应过程。

一些学者比如斯沃德和麦克达德认为,掌握一门加拿大政府的官方语言是决定初来者适应能力的最有力的因素(Seward & McDade1988)。初来者通常把语言关摆在首位,特别是与找工作、继续深造、医疗服务、租房等相比较,更是如此(Dorais,1987)。在多伦多,语言的麻烦确实成为了这批人中的大部分成员在日常生活中碰到的困难。1993 年夏季,在我的监督下,中国大陆难民组织在这批人中开展了一项社会调查(被访问者总数为 81 人),其中 31 位(38.3%)被访者不会讲英语,36人(44.4%)只会讲一些,只有 14 人(17.3%)在日常生活中能流利地使用英语。而且 56 人中只有 17 人(30.4%)能用英文同非华人交流。多雷认为对于那些加拿大的新来者,"由于不能使用加拿大的官方语言而极大地限制了这些人的能力"(Dorais,1987:52)。通过调查,我也支持此观点。

除了缺少有效的英语交流能力以外,他们多数也缺少在加拿大人才市场上求职的技巧。在同其他加拿大人竞争时,他们发现自己只能从事薪水较低和"肮脏"职业(特别是和以前在国内从事的职业相比)。根据我的采访数据,只有一名被访者(在中国曾是工程师)对目前的工作满意;剩下 14 人(4 名工程师、5 名医生和 4 名教师)不能找到同自己技能相关的职业,只好无奈地从事体力劳动。我的调查也支持这一发现:只有 17 名被访者(14.7%)从事同先前在国内职业或所受培训相近的工作,25 人(21.6%)的工作同先前在中国的有点儿相符,还有 60 人(51.7%)的工作几乎和先前完全没有关系(表8—2)。

表 8—2　"中国大陆非规则移民"的工作同在中国的经历、教育相符程度列表

关系	人数	百分比
相符	17	14.7
相近	25	21.6
不相符	60	51.7
不能确定	14	12.1
总计	116	100.0

资料来源：调查数据

总之，因为许多"中国大陆非规则移民"缺少具体的社交技巧，很难适应社会，所以承受着由此产生的压力。在中国有着较高文化水平或曾从事专门技能的人更容易受此影响，因为他们总是把在加拿大的现状同国内相比，于是更加渴望获得较高的社会地位。在加拿大华人社区和华人民族经济中，那些文化水平低或无特殊技能的人却比较容易找到工作；尽管在华人民族自留区之内也不容易找工作，但同加拿大人的劳动力市场相比较，英文和特殊技能的要求就显得不那么重要。然而，这并不意味着缺少社会技能就不会对这些文化水平较低的人产生影响；同那些文化水平较高的人一样，他们同样有因不会讲英文或缺少工作所必需的特定社会技能带来的苦恼。

二、面对现实：压力与应对

（一）压力源的分类

在上一部分，已经确定的"中国大陆非规则移民"的压力源有七种，分别是：(1)希望与现实之间的冲突；(2)合法身份的不确定性；(3)家庭分离；(4)思乡；(5)遭受歧视；(6)缺少在中国的成就感；(7)缺少社交技巧。当然还有其他形式的压力源，比如不熟悉加拿大的法律制度（参阅 Chan & Hagan，1982）。总之，上述这七种压力源是被访者们

经常遇到的。

　　以拉扎鲁和福克曼的自我评估模式为基础,可以进一步将这些压力源根据内容分为三类:(1)危害型压力源(类型 3、4、6);(2)威胁型压力源(类型 2、5);(3)挑战型压力源(类型 1、7)。第一类指伤害与失望,主要指已经发生的损失;第二类指担忧与潜在危险,主要指将要发生的损失;第三类指成本较高的机会,主要指结果可能有所得,但要冒一定风险的处理方法。拉扎鲁和福克曼认为"产生压力情况的分类是以对压力的反应研究为基础的"(Lazarus & Folkman,1984:14)。上述压力源的分类是由个体对环境的评估来决定。此外,可以看出拉扎鲁和福克曼的模型中,此种评估取决于环境、文化和个人资源的差异。而且,这三类压力源影响"中国大陆非规则移民"的程度与不同的个人经历以及他们对压力源的评估有关。换句话说,不同的压力源产生不同的"有效力的范围"。比如,作为一类威胁型压力源,在 DROC 实行前,所有被拒的"中国大陆非规则移民"都遇到了合法身份的不稳定性问题;作为这一威胁型压力源,只因他们对移民抱有过高期望却碰到了希望与现实之间的冲突;作为一类危害型压力源,他们几乎所有的人都遇到了与家人分离的痛苦;他们中的特定个体则感到没有在大陆时的成就感(表 8—3)。

表 8—3　压力源分类和"中国大陆非规则移民"可利用的有效利用范围

类别	类型	主要有效范围
危害型	3	所有的 MCRS
	4	来自农村的 MCRS
	6	在大陆获得成就的 MCRS
威胁型	2	所有被拒绝的 MCRS
	5	同加拿大人相互交往的受过良好教育的 MCRS
挑战型	1	对移民有过高期望的 MCRS
	7	包括所有 MCRS,特别是同加拿大人相互交往的 MCRS

来源:社会调查、采访、观察

尽管表 8—3 列举了大致的分类,但是,正如拉扎鲁和福克曼所述,在实际的评价过程中,由于个人差异和环境因素是交织在一起的,因此个人的压力源在现实社会中不是单独地发挥作用,而是相互作用着(Lazarus & Folkman,1984:12—14)。很明显,不同的压力源对"中国大陆非规则移民"产生不同的压力结局:一些压力源也许对他们中的所有人都产生影响,而另一些压力源仅对一小部分人发生作用。不同类型的压力源是否发生作用取决于不同的环境和个体对环境的评估等因素,如某人的合法身份或教育背景。所以,每个人在压力的应对过程中可对各种各样的资源进行利用。

(二)压力、评估和应对

对所认知的环境进行心理权衡,也就是认知评估,是拉扎鲁和福克曼动态压力处理模型的基石。拉扎鲁和福克曼运用了"应对"这个术语,并且解释了其意义,即掌握、减弱或遭受外部的/内在的压力的认知努力。应对改变了产生压力的环境或消解了压力源,或者减轻了压力源的影响。应对不是静止不动的,而是一个过程(包括对目前环境的认知评估)。他们进一步区分了处理感情性压力时的应对和处理问题性压力时的应对。处理感情性压力时的应对包括保持心理平衡和处理由压力引起的情绪。处理问题性压力的应对包括通过个人的改变和努力消除压力源,解决问题,或者创造一个更加良好的环境。必须注意,并非所有的刺激都是"压力源",并不是所有的反应都是"应对"(Lazarus & Folkman,1984)。参照拉扎鲁和福克曼的观点,在调研中,我把应对解释为"中国大陆非规则移民"解决或缓解压力的一种机制(参考 Dressler,1991;White,1974)。在压力评价方面,由不同压力源引起压力的程度仍然是一个很难定量的变量(参考 Hunter,1988:162)。

在北美洲压力测试中占统治地位的"生活事件"方法,"已经被用于对许多环境的改变或生活事件的评估"中,但这种调查忽略了角色和"意义"的作用,只是一种定量的时间检测而已。拉扎鲁和福克曼说,这种方法,"在大量的假设中进一步暴露了缺陷,从而导致认为压力只是由变化引起的"(Lazarus & Folkman,1984:326—327)所以,他们认为对日常生活中的障碍程度的测量,可以作为对此方法的补充。对于他们来说,"一个重要的问题是这些障碍是如何影响适应结果的"(同上:327)。在我的调查中,"普通的"障碍似乎加剧了我的被访者的应对需求。

除拉扎鲁和福克曼之外,在对移民适应性的研究中,斯科特和他的满意模式(1989)为我们提供了一个评价压力的补充方法,"满意"暗指"生活舒适"。因此,在接下来的分析中,我将使用"中国大陆非规则移民"的主观满意度——他们拥有的物质生活、工作、社会地位和社会环境,他们在加拿大的文化生活,用这些因素来揭示其压力的程度。分析以这一假设为基础:在有压力的情况下,人们有不满倾向,压力越大,人的不满情绪就越明显,满意的可能性就越小。我的调查数据对这个有价值的模式做了进一步地补充。在 112 名被访者中,62 名(63.4%)对在加拿大的物质生活非常或一般满意,21 名(18.1%)不满或极其不满;56 名(58.2%)对于在加拿大的工作非常或一般满意,27 名(23.2%)不满或极其不满;90 名(87%)对在加拿大的社会环境非常或一般满意,只有 5 名不满意;15 名(12.9%)对社会地位非常或一般满意,70 名(60.4%)不满或极其不满;29 名(35%)对于加拿大的文化生活非常或一般满意,45 名(38.8%)不满或极其不满(表 8—4)。

表 8—4　"中国大陆非规则移民"对加拿大生活的满意程度

内容	满意人数	百分比(%)	中立人数	百分比(%)	不满意人数	百分比(%)	持保留态度	百分比(%)
物质生活	62	53.4	31	26.7	21	18.1	2	1.7
职业	56	48.2	25	21.6	27	23.2	8	6.9
社会环境	90	77.6	16	13.8	5	4.3	5	4.3
社会地位	15	12.9	27	23.3	70	60.4	4	3.4
文化生活	29	25	39	33.6	45	38.8	3	2.6

资料来源:社会调查

从表8—4可以发现,被访问的"中国大陆非规则移民"中的大多数
(64%)不满意他们在加拿大的社会地位,他们的压力主要源于社会地
位的低下。这种压力源可能是合法身份的不确定性、在中国原有的成
就感的丧失和受到了歧视。他们中有些人(38.8%)还对加拿大的文化
生活感到不满,也意味着压力与文化变迁有关。离开故乡家园,生活在
这样一个缺乏原有文化氛围的环境中,怀旧情绪油然而生。这可能是
此类不满情绪的根源。有18.1%的被访者对物质生活感到不满。上
述两个相对低的不满意率表明,大多数被访问者遭遇的压力并非源
于物质生活和工作,过高的期望、与现实生活的冲突以及缺乏生存技
能可能是最大的压力源。仅有极少数被访者(4.3%)感觉不适应加拿
大的社会环境,这表明只有极少数人的压力源于社会环境。这些
不满的根源可能在于理想与现实的冲突、受到的歧视以及思乡怀旧
的情绪。

对调查数据的进一步分析表现了被调查者不满意程度与他们个体
在加拿大的合法身份、在中国的教育背景有密切联系。那些已取得加
拿大国籍的被访者往往抱怨较少,从而承受的压力更小(表8—5)。在
教育这一方面,数据调查显示了一个非常有趣的现象:高学历的被访者
比低学历者表现出更高的不满意程度(表8—6)。

表 8—5 "中国大陆非规则移民"中获得国籍者和未获得者对
加拿大生活的满意程度

内容	满意(%)		中立(%)		不满意(%)	
	获得者	未获得者	获得者	未获得者	获得者	未获得者
物质生活	60	54.2	40	26.6	0	19.3
职业	25	52.9	25	23.1	50	24.1
社会地位	40	12.1	20	25.2	40	62.6
社会环境	80	81.2	20	14.2	0	4.7
文化生活	60	24.0	20	35.2	20	40.8

资料来源:数据调查

表 8—6　"中国大陆非规则移民"中高学历者与低学历者对
加拿大生活的满意程度

内容	满意(%)		中立(%)		不满意(%)	
	高	低	高	低	高	低
物质生活	40.0	59.1	27.3	27.3	32.5	3.6
职业	26.5	74.5	28.6	18.2	44.9	7.3
社会地位	10.9	15.1	25.5	22.6	63.7	62.3
社会环境	81.5	81.5	13.0	14.8	5.6	3.7
文化生活	18.1	33.3	34.5	33.3	45.4	33.3

资料来源:调查数据

　　访谈数据显示出相同的现象,即没有合法身份者有一种更紧张的思想状态。当我问"你们对自己的现状满意吗?"大多数申请被拒的人总是回答不满意。由于没有合法的身份,他们比已获得合法身份的人更容易遭遇压力。申请被拒的被访者生活困难,压力较大,这一现象并不奇怪。然而更为有趣的是,高学历者往往比低学历者认为自己的压力更大。高学历者来到加拿大希望获得比以往更高的社会地位可能是一个合理的解释。正如一个有大学学历和城市背景的人所言:"我们不同于乡下人[①]。他们并不想融入主流社会,只想靠体力赚钱。他们的文化生活不同于我们,不会遭受精神痛苦,在这儿是开心的。但是长期以来,我遭受了许多痛苦。"

　　高学历的被访者或许更可能对他们承受压力的环境进行评估。我认为,高学历的被访问者拥有更多的资源来评估他们的环境。举例来说,他们更容易取得中英文的文字信息,因此与低学历者相比,他们更能确认和评估压力源。此外,这一事实也解释了在同样环境下为什么存在个体差异的问题。

　　面临紧张的环境时,被访问者作为个体会以各种不同的方式应对,

---

　　①　这里乡下人的含义是指思想狭隘、受教育程度低的人们。

也就是说,他们根据各自所能取得的资源采取各种应对策略。在这一研究中,应对资源包括可能用来帮助他(她)处理压力的一切方式。我用应对来描述这些个体在处理压力事务时做出的感知和行为的努力,而这些努力有两大功能:调节令人苦恼的情绪(情绪调节应对)和改变引起"压力"的状况(问题调节应对)。值得注意的是"问题和情绪调节应对在整个紧张的经历中彼此影响,相互促进、相互抑制"(Lazarus & Folkman 1984:179)。

(三)应对资源和策略

根据拉扎鲁和福克曼的观点,"一个人的应对方式部分取决于他/她可利用的资源"(Lazarus & Folkman,1984:179)。他们将资源划分为六大类:健康和精力、积极的信念、解决问题的技能、社会技能、社会支持和物质资源。前四类主要是人的资源,即个人资源;后两类更多的是环境资源,即社会与自然资源。按照拉扎鲁和福克曼的理论,"中国大陆非规则移民"较易采用的应对资源一般划分为个人资源和环境资源。前者与个人财产、经历以及背景有关,例如物质幸福(个人的健康)、心理满足(积极的信念)、个人技能(即解决问题的技能和社会技能,例如搜集信息的能力,以适当有效的方式与他人交流并表现自己的能力)。环境资源则指社会支持、资料和服务,例如现存的华人社区、政府机关和他们可能利用的任何公共设施。教堂通常被认为是一种重要的环境资源(Chan & Lam,1987;Scott,1989)。根据我的调查数据,32.8%(116人中有38人)的"中国大陆非规则移民"被访者表示经常有规律的参加教堂活动,这38人中又有34人(89.5%)认为教堂有利于他们在加拿大的生活。他们中的大多数人(65.8%)表示从教堂获得的最重要的资源是情感支持。显然,对他们中的一些人来说,教堂在他们应对适应过程中是一种重要的环境资源。同时,数据显示还表明,个人关系也是重要的资源。

事实上,个人资源和社会资源对不同的"中国大陆非规则移民"意义是不同的,在某种程度上社会资源呈现出社会协作以外的个体差别。在此类社会协作中,他们采取的行为方式在某种程度上反映了他们的个人资源,这反过来也影响了在整个群体中,个体在帮助自己应对麻烦时可能采用的社会支持的质与量。例如讲英语,我们可以假定不用英语的被访者比能用英语交流的被访者在解决压力时更少获得社会支持(因为在多伦多,英语是大多数政府和公共设施使用的首要语言)。在这种情况下,一个人的个人资源(例如使用英语的能力)与取得一定的社会资源有直接联系。正因如此,在我的调查中,许多在日常生活中不用英语的被访者(66.1%)表示,他们碰到的"钉子"太多,留下了头破血流而一时无法医治的痛苦。所以,我认为在他们的应对能力方面,个人资源较社会资源更有决定性。

根据调查数据和参与者评述,我认为"中国大陆非规则移民"的应对措施可朝向积极和消极两方面发展。拉扎鲁和福克曼对相似问题的研究结果也是如此。首先我从积极的方面展开讨论。在适应加拿大社会的过程中,"中国大陆非规则移民"注定会承受许多重压,因此,分析应对时须考虑他们在适应环境过程中需要完成的任务。在同一水平下,依照能动结果观察和分析这种应对行为显得很重要。这一结果检测了应对效果,也反映了他们的适应效绩,因为应对"一直等同于适应性的成功"(Lazarus & Folkman,1984:140)。一个研究结果即分析证明了应对是一个适应的努力过程。表8—7列举例举了经常提到的压力源、有关的资源、应对行为和功能的分类和应对结果。

在加拿大设法获得合法身份的具体情况和适应过程中遭遇的困难,乃是影响"中国大陆非规则移民"决定采取何种应对策略的最为基本、持续的因素。据观察和调查所得,他们在应对过程中最可能获得的

表 8—7　"中国大陆非规则移民"的应对资源和策略

压力源	资源 *	应对行为	功能 **	结果
类型 1	分配率	低期望	E-F	面对现实
	华人媒体(S)	向上帝祈福未来		设想美好未来
	乐观的情感(P)	期望事件	E-F	乐观应对
类型 2	经历(S)	进行积极的想象	P-F	功绩成就
	华人社区(S)	社会协作	P-F	被接受
	政府服务(S)			
类型 3	家族(P)	和家族的情感联系	E-F	友谊
	公共服务(S)	长途电话		亲情关怀
	朋友(P)	写信		
	教堂(S)	交朋友		
类型 4	个性(P)	和其他 MCRS 合作	E-F	
	华人媒体(S)			情感分享
	华人街(S)	繁忙	P-F	忘却过去
类型 5	个性(P)	自强	E-F	自尊
	民族(P)	社会协作	P-F	自负
	华人社区(S)			
类型 6	能力(P)	情感调和	E-F	满足
	个性(P)	充满期望的思考	E-F	愉快
	华人社区(S)			
类型 7	能力(P)	学习	P-F	获得技能
	华人社区(S)	从事任何职业	P-F	幸福
	关系网(S)	族群内找工作	P-F	
	政府服务(S)		P-F	逃避
需求	接受培训		P-F	获得技能

* P 表示个人资源　　　　　　E 表示社会资源

** E-F 表示调节情感的应对,P-F 表示解决问题的应对

*** 不是所有的行为都成功,这儿仅仅给出可能的积极的结果

资料来源:调查数据,参与观察

环境资源来源于同源性民族群体,例如华人社区、华人媒体和唐人街。这种现象与查塔韦和贝里于 1989 年对华人保守秉性的发现趋同,例如华人往往在自己族群内部解决问题(Chataway & Berry,1989)。然

而,正如前所述,华人社区对于处在适应过程中的这批人来说是一把双刃剑:一方面,华人社区对他们提供了某种帮助,但另一方面也对他们造成了一些困扰。换句话说,对于应对,华人社区对他们来讲既是一种力量源又是一种压力源(如同第六章所述)。此外,家庭不一定是他们的情感支持。例如,一个已在加拿大生活了五年仍未获得国籍的女难民,想放弃希望转而回到中国,但她家人仍然坚持让她留在加拿大。他们说,如果她没有获得加拿大"身份"回国,这不仅对她而且对她的家庭都是耻辱。在这样的家庭压力下,她觉得压力更大。我的研究还证实了 Zhen 和贝里论述的观点,即新来的华人移民者往往在他们的适应过程中采取积极的应对方式(Zhen & Berry,1991)。如表 8—7 所示,情感调节和解决问题的应对策略,这些都是"中国大陆非规则移民"用来对抗压力的不同类型。例如,在调查访谈中大多数成年人表示,在加拿大合法身份的不确定性(第二类压力源)是最重要的压力(54 人中有 44 人这样认为,占 81.5%),必须采取主动行为来摆脱这种困境。调查资料还显示,这些主动行为主要是,通过积极的设想来减少压力,期望他们的社会问题尽早被加拿大政府解决,或通过努力工作期盼被其他的加拿大人接受,或寻求得到中国大陆难民组织的法律建议。

　　然而,以上分析并不意味着"中国大陆非规则移民"在他们的适应过程中不采用消极的应对方式。消极的应对方式可能会产生消极或畸形的结果,尽管不是必然会产生。他们中如果个体在解决问题时失去自信,往往可能采取消极的应对方式,这实际上是一种个人敏感脆弱心态的反映,并非一种应对压力的理智方法。他们最频繁使用的消极应对方式是逃避、降低尊严。例如,在面对合法身份的不确定性时,大多数人可能积极地应对,一方面努力工作,另一方面保持乐观的态度。他们总是认为自己对加拿大的贡献会被认可,从而能被加拿大人和加拿大政府接受。然而,有少数一部分人(3.7%的被采访成人)不努力工作,他们依靠社会福利救济维持生存,终日抱怨加拿大政府不接受他们为合法难民。例如,一个遭到拒绝的男性难民申请人于1990年抵加拿大,在1994年冬天DROC项目生效前一直靠社会福利维生。他将自己被拒签归因为运气不好,并且一直抱怨加拿大政府不该因为担忧中加两国关系而拒绝他的申请。他对自己长期收取福利不感到有愧,他的人生观不是像大多数"中国大陆非规则移民"那样寄希望于努力工作,反而是等待和观望。最终,他被加拿大行政当局告知,由于自从他来到加拿大之后,一直依靠社会福利,从未干过合法的工作,不符合DROC方案准则要求。

另一个例子是消极应对环境的李和平,上面已提过他是以学生身份来加拿大的,但是后来他并没有进入进加拿大高等学校学习。为了维持生计,他自称是难民,从而每月获取599美元的福利收入。在他最艰难的时候,几乎患了精神病。与人交往时,他漫无边际地谈他自己的问题,对别人的想法漠不关心。他开始自卑并不断地抱怨来加拿大是个错误决定,即使他英语说得好,加拿大人还是因为他不善于做体力活而瞧不起他,并抱怨人们忽略他在中国是大学教师的事实。最后,他的朋友建议他回国,这样可将自己从极端自闭的压力中解放出来。他回国后来信告诉我自己恢复了大学教师的职位。

简而言之,"中国大陆非规则移民"更趋向于采用积极的应对方式,因为对他们而言,积极的应对方式在适应过程中更有帮助;而消极的应对方式易产生消极的后果,这也是为什么在他们中间只有少数人(3.7%)采取此应对方法。所有这些事实可能反映了华人在积极应对和消极应对方面的差异。

三、归属加拿大（成为加拿大人）：应对和适应

（一）"中国大陆非规则移民"的应对—适应模型

　　拉扎鲁和福克曼认为应对是一个过程（Lazarus & Folkman,1984：142—143），它可以引导适应获得成功（同上：140）。另外，贝里也指出（Berry,1991:27），应对策略具有程序化性质：采用这些策略的目标是"直到满意地适应新环境为止"。随后，康姆帕斯等又认为，应对是一个有效的适应过程，且对他们而言"应对常常等同于成功地适应"（Compas et al,1992）。拉扎鲁和福克曼进一步阐述应对是一个动态的过程，"这些动态可能是实施以改变环境为目标的努力应对的结果，或是以改变对事情的看法，增加理解为目标的内在的应对努力的结果"（Lazarus and Folkman,1984:142）。因此，在我的分析中，应对过程和适应的联系是在"中国大陆非规则移民"自我表现和自我认同的动态环境中实现的。我观察到，他们的应对过程是整个适应过程的一部分：越是有效地采取应对策略，就越能获得理想的适应结果（例如，有关他们在社会经济上和个人方面的成就）。

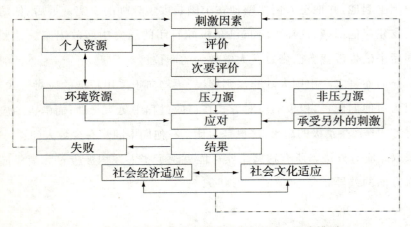

图8—1　"中国大陆非规则移民"的应对—适应模型

一般性的应对—适应模型如图8—1所展示,它表明"中国大陆非规则移民"在应对—适应过程中,而个人资源和环境资源的应用是对各种压力源进行感知性评估的基础。由于并不是所有的刺激都是压力源,也不意味着所有的反应都是应对,因此,只有在评估过程中得出刺激是压力源这个结果时,应对才会发生,同时个人资源和环境资源的状况决定了应对的形式和有效性。应对的目的在于有效地减少压力源的刺激,增加可利用的个人和环境资源,由此产生适应性的结果。最后,应对的结果导致了对社会经济和社会文化的适应,这可能反过来形成新的刺激,这样,就重新开启了另一个需要更强或更丰富资源以便应对的过程。对压力源的感知,要求"中国大陆非规则移民"个体去应对现实,因此他们必须在加拿大的社会环境中进行自我适应的过程。适应过程受这些个体的感知评估和上文所提到的应对策略的影响;适应结果可从这些个体在社会经济上的地位、成就以及对加拿大文化价值的认同度来衡量。因此,从结果角度分析,我们可从在加拿大社会经济成就和对社会文化的认同两个方面来考察他们的适应状况。

(二)社会经济适应

移民适应是由多种因素影响的多元化社会生活现象(Michalowski:1987)。在对"中国大陆非规则移民"社会经济适应活动的讨论中,我将着重讨论这样两个方面——他们向外界证明自身作为社会生产者的程度,以及他们能为扩大自己的经济利益而利用所面对的现存资源(社会服务和相关机构)的程度。

资本主义社会中的就业,是个人健康和财富的主要价值象征。要想比仅靠领取政府、个人或宗教慈善团体福利维生的人生活优越,有一份好工作是每个人在适应过程中必不可少的条件。在"中国大陆非规则移民"的实例中,就业甚至显得更为关键。因为大部分人都认为不管雇主是谁,只要被雇佣,就是树立了正面形象。这不仅是使个人身份合法化的重要手段之一,而且工作也为自己能在加拿大人面前积极地展示个人能力价值提供了机会。更重要的是,这是促进他们整个群体适应进程的有效途径。由此看来,尽管在加拿大前途未卜,可是"中国大陆难民"仍努力地找工作,其中的原由是显而易见的。

提及在加拿大的印度籍华人难民,萨缪尔认为"找到工作是抵达新国家的难民的头等大事"(Samuel,1987:66),"中国大陆非规则移民"也同样如此。萨缪尔说,"难民成功地找到工作是其在该国经济适应的首要象征。"我个人同意这个观点。最有说服力的是,我调查的数据显示,"中国大陆非规则移民"的大多数在抵达加拿大的一年或半内就开始工作:调查中有81.9%的被访者已有工作(116人中有95人,8人没有回答),45.7%的被访者已经工作了两年(116人中占53人,16人没有回答)。60%取得国籍的被访者和69.2%有合法难民身份的被访者已经工作了两年多;然而合法身份没有确定的被访者中,仅不到50%的被访者被雇佣了两年以上。这一事实再一次证明,合法身份在"中国大陆非规则移民"适应过程中的重要性。调查数据也证明拥有更高学历的被雇用的时间更久,而且比那些学历低者的早开始工作。例如,至少有本科学历的被访者(75%)到加拿大后一年内就开始工作,其几率比低学历者高出25.9%。考虑到1992年加拿大的失业侨民比率高达12%,而88%的"中国大陆非规则移民"被访者有工作(8人没有回答除外),这个数字是非常合理的,而且也能反映出这个群体的社会经济适应程度(表8—8)。

表8—8　"中国大陆非规则移民"的雇佣状况

雇佣或失业	雇佣		失业		没有回答		总计	
	数量	百分比	数量	百分比	数量	百分比	数量	百分比
	85	81.9	13	11.2	8	6.9	116	100%

抵加后多长时间开始工作	1—6月		7—12月		13—18月		超过18月		没有回答	
	数量	百分比	数量	百分比	数量	百分比	数量	百分比	数量	百分比
	33	78.5	24	20.7	18	15.5	24	20.7	17	14.7

自抵达以来多久成为被雇佣者	1—6月		7—12月		13—24月		超过24月		没有回答	
	数量	百分比	数量	百分比	数量	百分比	数量	百分比	数量	百分比
	15	12.9	12	10.3	27	23.2	46	39.7	16	13.8

资料来源:调查数据

在对居住于维多利亚地区越南难民的社会经济适应的研究中,伍指出,难民趋向于通过三个主要渠道,寻找他们的工作:(1)政府机构;(2)难民的担保人和熟人;(3)难民自己的社会关系网(Woo,1987)。然而我的研究数据表明,"中国大陆非规则移民"主要靠自己找到第一份工作(48.3%),有些人(39.7%)也靠亲友的帮助。产生这种现象的原因可能是对政府提供工作的机制还不熟悉;然而,我倾向于将其理解为,他们的经济适应能力和社会关系网有助于自身的经济适应。当他们获得了稳定的工作后,感到遇到的压力减小了,实际上是适应过程中的压力减轻了(例如,缺乏自信和经济拮据)。大多数被访者感觉工作长短反映了对加拿大社会适应的程度;工作意味着与更大的社会圈和不同的族群建立了更为广泛和深厚的联系(虽然许多人,如上文提及的初来者,承认在寻找就业机会时,仅仅局限于华人圈内)。他们也发现工作是向加拿大作贡献和表明自己为有用之才的手段。如,一个难民申请遭拒的女士告诉我:

> 我非常幸运,因为我自从来加拿大之后就一直在工作。我所在的公司甚至有许多加拿大人也被解雇,而我留了下来,我为此感到骄傲。虽然我对工作不是很满意,但是工作使我感觉到在加拿大生活得安全和舒适。我常常想,加拿大政府应该给我合法的身份,因为我一直都在纳税,我在为加拿大作贡献。

通常许多初到西方国家的人社会地位会下降或长期没有工作(Richmond,1985;Samuel,1987)。正如已提到的,大多数有专业技能的"中国大陆非规则移民"认为,他们所从事的工作比在中国工作时的社会地位低。因此,58.8%的被访者认为他们目前的工作与他们所受的教育或在中国所从事的工作不符。就某种程度而言,他们的工作成绩可归因于那段时期的经济衰退,而他们能带到加拿大的正是加国所缺乏的能转移的工作技术。不过在多数场合,为追求更多更好的就业机会,许多"中国大陆非规则移民"在加拿大寻求更高层次的教育和培训:76.7%的被访者(116人中有89人,27人没有回答)认为再培训有助于他们在加拿大适应新的环境,并且,事实上有69%(116人中有80人,包括没有回答的4人)的人在到达加拿大后报名学习各种教育课程或 ESL 班。这一事实反映了他们的抱负和对长远的社会经济的适应期望,反过来,这也提高了他们的应对技巧并促进了他们的适应进程。随着大多数"难民"群体的进入,被访者起初收入很低,许多人在贫困线之下。然而,如同先前的"难民"群体一样,随着被访者适应进程的深入,他们的收入水平逐渐改善(Samuel,1987)。调查数据表明,在回答收入问题的67个被访者中,有17人(25.4%)说他们的年收入低于1万美元;29人(占43.3%)约为1—1.5万美元;17人(25.4%)为1.5—2万美元;有3人(4.5%)约为2—3万美元;只有1人的年收入超过3万美元。个人收入水平可能是"中国大陆非规则移民"客观真实的适应程度的象征之一(参阅 Scott,1989:10)。尽管他们的收入普遍较低,然而有53.4%的被访者对置身于加拿大的经济生活环境内表示满意,18.1%的人不满意,还有29.5%的人界于两者之间。事实表明一半以上的被访者从主观方面能较好地适应环境(Scott & Scott,1989:10)。对于主观适应,有一个教育程度和主观适应的反比例关系:学历越高,主观适应度越低。

　　上述调查表明,"中国大陆非规则移民"的学历越高,收入也越高。这种调查结果支持了里奇曼的观点,即教育是移民适应的关键决定性因素,而且教育程度和经济适应有正向的联系(Richmond,1988:51)。同时,调查结果也反映了教育水平在主客观适应上的差异性,从而加强了斯科特曾提出的一个论点:"适应的标准是模糊的多面体。""适应因人而异,对一些人而言,可能是重要的,而对另一些人却不然。

对于一些人而言,结果不错,对另一些人而言却不好,这样的情况很多"
(Scott,1989:10)。如果将应对方式纳入适应进程并运用拉扎鲁和福
克曼的评估框架来分析这一现象,我们将能更好地理解它。如前所述,
学历越高的"中国大陆非规则移民"往往在感知评估中觉察到更多的
压力源,因此,他们认为必须要比同领域内的低学历者更多地利用可
获取的应对资源,结果他们在这种额外的劳动中表现出了更低的主
观适应。此外,学历越高,对移民抱有更高的期望,因而失望的倾向
也更大。

　　在"中国大陆非规则移民"最初的适应阶段,社会福利体系被认为
是有利的支持。调查数据表明大多数(88.8％)的被访者初来加拿大时
都领取福利救济金。然而,大多数(65.3％)人的领取时间不超过一年,
27.6％的人约7—12个月,21.4％的人少于6个月,16.3％的人仅依靠
救济金过活1—3个月,仅有少数被访者(11.2％)靠救济金生活超过两
年。被访者中大多数人(66.4％)认为领取救济金是帮助其适应新环境
的一个有效方式,19％的人认为依靠救济金生活是种耻辱。在被调查
的54位"中国大陆非规则移民"中,有31人(成人)认为加拿大的社会
福利系统"好得让人难以相信",这31人中有9人强烈要求这方面的
制度改革。在是否领取救济金这一问题上,受教育水平不同的被调
查者之间没有重要差别。这表明无论学历高低,所有的被调查者在
他们最初的适应阶段都需要福利和支持,而且在领取救济金上无明
显的性别差异。总的来说,女性要比男性领取时间长些。例如,调查
数据显示,34.6％的女性被访者领取救济金时间超出12个月,而仅
有18.2％的男性如此。这可能反映了不同性别的被调查者适应过
程的差异。

　　在学术研究进行期间,加拿大经济环境也萎靡不振,"中国大陆非
规则移民"遭遇着多重的压力源,但是他们仍以勤奋努力地工作展现着

本源民族的美德。他们热切地加入就业者行列,在某种程度上也小有成效,他们由此而获得了一定的社会经济成就,这个结果有助于他们对加拿大的进一步适应。

(一)社会文化适应

除社会经济成就外,适应的衡量标准之一是特定群体相互协作,以及在更广阔的社会中确认自己为其中一员的程度,我称这种衡量方式为社会文化适应(比较 Berry et al,1987;Montgomery,1992;Richmond,1988:49)。这个概念是通过对"中国大陆非规则移民"多方面的调查和分析后获得的,测量内容包括他们对加拿大生活的满意程度、对主体国民的认同程度、学习主流社会语言的程度、广泛参与社会事件和活动的程度、同加拿大人交友、联姻,等等。在多种适应性相关因素中,测量主要集中在教育程度、社会地位和性别差异对移民国社会文化的适应程度(参阅 Richmond,1988:51)。

在移民文化中,生活的满意度通常被认为是适应的结果而非适应的预见(Scott,1989:8)。里奇曼提出,主观衡量的满意度与移民社会化适应度相关(Richmond,1974)。如上所述,大多数"中国大陆非规则移民"(81%)对他们在加拿大新的社会环境感到满意,并且有 63.4%的人对在加拿大的经济生活感到满意。这反过来又促进他们对新国家的认同,这将有助于不断学习和最终适应新社会。在这个基础上,新来者就可能被主流社会完全接纳(参阅 Richmond 1988:55)。

调查还表明,虽然被调查者在加拿大的适应过程中会遭遇一系列的压力源,但是 90.7%(54 人中有 49 人)的人热爱这个国家,并且表示要不惜一切代价留下来,就像他们同族的正式移民[1],还有继他们之后

---

① 参阅 *The Toronto Star*,March 13,1995:A1。(加拿大报纸《多伦多之星》)

的人们那样(Zhen & Berry,1991)。在询问他们最喜欢加拿大哪三样事物时,他们的回答集中为下列内容:加拿大社会民主体系、充分的自由、优美的环境、齐全的公共设施、良好的社会福利、健康保障、教育体系、社交中的礼貌和对人权的尊重,等等(表8—9)。

表 8—9　"中国大陆非规则移民"最喜欢的加拿大事物

内容	频率
社会民主体系和个人自由	22
自然环境和优美风景	19
社交礼仪	14
富裕的经济生活和货物供应	14
教育体系和公共图书馆服务	13
社会秩序和社会平等,已有的法律体系	11
社会福利体系和社会服务	11
公共交通系统,高速公路系统	6
公共娱乐系统	3
个人发展机会	2
国际社会的良好声誉	1
新闻报道的真实性	1
总　　计	117

资料:调查数据

＊调查总数为 56 人(包括 2 名小孩),仅有 40 人回答该问题

　　相反,当问到对加拿大最不喜欢的事物是什么时,大多数人考虑后做了回答(极少部分人没有回答)。其中提到最多的是加拿大的气候糟糕、种族歧视、高税收和政府的低效率等(表 8—10)。他们所有人都认为加拿大是创造新的幸福生活的地方,并对这一新兴国家进行了高度的评价。正如他们中的一人所说:"如果我认为加拿大不好,我就不会来了。"

　　学习和使用国家的主流语言是"成功适应的必备条件"(Dorais 1987:52)。此外,在"中国大陆非规则移民"的案例中,学习和使用英语本身已经成为对主流社会适应的一个象征。尽管对于一些人来说,即使

表 8—10 "中国大陆非规则移民"最不喜欢的加拿大事物

内容	频率
不公正的移民和难民政策,低效的移民官员	13
就业机会的不平等,缺乏就业机会	13
气候寒冷,冬季过长	11
歧视,白人对少数民族的态度	10
高税收	10
社会福利体系滋长了庸懒的人群	7
官僚主义,易变的政策和低效率	6
隔离的华人社会,香港人对大陆华人的歧视	3
华人街太脏、太乱、广东话是通用语	2
不稳定的家庭结构,人们缺乏温情	2
社会安全(人们带狗上公共汽车)	2
同性恋	1
女性吸烟	1
电话广告	1
没有不喜欢(都喜欢)	1
都喜欢	5
总计 *	83

资料来源:调查数据

＊56 人的调查,仅有 40 人回答该问题,并且甚至有 40 个被访者不能表达他们不喜欢的事物。

不学和不用英语也能很好地生活在多伦多的华人社区,可是调查数据显示,63.8％的被访者曾参加过 ESL 班,他们认识到学习和使用英语是扩大社交圈的一个有效途径,也是获取好工作的必要条件。约有一半的被访者认为,对于他们在加拿大的未来,学习英语如同合法身份一样重要。一名男性被访者告诉我:"语言是妨碍我适应主流社会的一大问题,如果有合法身份和良好的语言技能的话,我在加拿大的生活将会更美好。"可是也存在这样一个事实,被调查者虽然大多数渴望参与更广泛的社会活动,并且与加拿大人建立友谊,但是调查研究显示,仅有少数人能够做到。大多数人认为他们之所以被排除在社会圈之外,不是因为他们不愿被接纳,而是因为人们不愿接纳他们(比较 Safran,1991)。调查数据表明,仅有 30.2% 的被访者参与主流社会的活动,有 7.8% 的人与他们的非华裔邻居频繁交往,而 55.2% 的人偶尔与他们的非华裔邻居交往。在对 56 个被访者的调查中,仅 4 人说他们的加拿大朋友超过了 3 人,其中两名女性曾在中国外企工作过,一个嫁给了加拿大人,另一个嫁给了在加拿大出生的中国人,而两名男性被访者,一个毕业于中国某外语院校的英语系,另一个自来到加拿大之后一直在 ESL 班上课。

社会经济适应只需进行短期观察不同,社会文化适应的观察则需要长期的实践(参阅 Berry et al,1988;Kim,1988;Traff,1957)。如果说社会文化适应是一个长期的过程,既然大多数"中国大陆非规则移民"来加拿大的时间只有三四年,我认为对于他们来说,社会文化适应才刚刚开始。因此,即使存在可能性,此时以一个整体描述和分析这批人的社会文化适应过程依然是比较困难的。即使如此,有关数据清楚地显示出,他们的合法身份、教育程度和性别差异对其社会文化适应起到了一定作用。例如,那些已经取得国籍的人往往较合法身份不确定的人对自己在加拿大的生活更为满意(在经济上的比例是 60% 对 54.2%,在文化生活上是 60% 对 24%);学历较高的人(64.5%)往往对他们在加拿大的生活满意程度较低,但与其他加拿大人交往的主动性较高;学历较低者(52.7%)表示更满意自己在加拿大的生活,但在英语的学习和使用上较高学历者困难;女性往往较男性更满意在加拿大的生活,并同非华裔加拿大人有更多的接触(64.3% 对 51.2%)。因此,我得出尝试性结论:"中国大陆非规则移民"的社会文化适应方面,女性较男性的社交适应性更强。

总之,本章指明了拉扎鲁和福克曼压力和应对模型的巨大作用。下一章中,将进一步阐述这项研究的主要成果和本人的结论,并且对此研究方向进行更深入的探讨。

第九章　结　　论

本章除了对前八章的主要观点和论证分析进行概括总结外,还将列举几条与本项研究有关的实用原则,这些原则也许会对人类学难民领域的研究有所帮助。与此同时,本章还对加拿大"中国大陆非规则移民"的未来生活和发展做出一些分析预测,从而为进一步研究提出一些有价值的建议。

一、对"中国大陆非规则移民"的理解:调查和讨论中的主要发现

本项针对加拿大多伦多"中国大陆非规则移民"的人类学研究,主要目的是为了探讨他们和整个加拿大社会的关系,特别是和多伦多散居华人之间的关系,并由此阐明这个所谓的"亚族群"是如何缓解各种各样的压力,从而适应加拿大社会。

在进行这项调查时,我假设"中国大陆非规则移民"从中国(事实上来自从其他地方的移居者也一样)移居加拿大是全球化影响的结果,并且以严谨的科学态度去研究这个群体,分析他们如何像其他散居的华人一样,和他们的祖国保持着联系,又是如何保留着国内习俗。另一方面,本项目的研究预想发现一些深层次的文化因素,即他们这些既属于一个群体又作为个人的"难民",是如何表现本族源精神以在加拿大适应新环境。为了研究这些问题,我采访了许多"中国大陆非规则移民",而且观察了他们的日常生活方式,分析了他们同整个加拿大社会的联

系,描述了他们在加拿大所取得的社会经济成就,特别强调了他们适应加拿大社会方式的特点。

研究结果显示,"中国大陆非规则移民"是当代散居华人社区群体的常规成员,如同其他散居者一样,他们生活在一个特殊的社会环境中,他们是这个社会环境的构成部分,又深受出生国和东道国的共同影响。就是在这种三角关系(即"中国大陆非规则移民"、东道国和出生国之间的关系)的社会环境中,他们艰难地适应、生存、发展。特别是自20世纪80年代末以来,中国开始成为加拿大重要的贸易伙伴。在这种情况下,一方面,"中国大陆非规则移民"的适应过程变得复杂起来,另一方面,也使得他们有可能获得来自出生国和东道国的两种资源。正如萨弗兰所说,"散居族群处于他们的母国和东道国社会之间,因此具有复杂性和伸缩性。正是这种复杂性和伸缩性构成了一种社会原型,使得散居群体能够灵活应用各种要素,包括社会单位的和个人的,并进而规范他们的行为和认同,而且在必要的时候有意识地挥去其活动和认同的地方特色。"(Safran,1991:95)

实施改革开放政策之后,中国加快了融入全球化世界体系的步伐。中国人开始前所未有地广泛接触西方的经济与文化,一些中国人开始有了移民的念头。特别是最早实行改革开放的福建和广东两省,移居海外的人数增多。也正是他们,在缺乏合法移民手段的情况下,可能会迁移到别处而沦落成游离在国外的"难民",在加拿大的"中国大陆非规则移民"中就有这种实例。调查结果证实,在加拿大的大部分"中国大陆非规则移民"都不符合《日内瓦国际公约》的难民标准,但是却被允许暂时居住在加拿大(1994年7月DROC生效之前)。他们认为加政府可提供更多机遇和慷慨的财政资助,因此移民的数量越来越多。但就他们移民的方式来讲,他们是非规则移民而不是规则移民。更确切地说,规则与非规则,在法学意义上是有明显区别的,后者是违反多种国际法律的行为。此外,就这些移民群体的个案来讲,表现出几个值得研究的问题：

研究问题 1：中国的社会民主改革步伐越是滞后，自由空间和机会受限，受此影响而要移民的中国人就会越多；

研究问题 2：对于那些向往西方物质财富的中国人来说，他们认为西方社会可为公民提供相对较高的生活水平，所以便倾向于移民；

研究问题 3：加拿大的难民政策越宽容，在加国的难民申请者的社会福利保障就会更充裕，因此，就有较多的各类移民选择去加拿大定居。此发现也适合传统的"推拉式"移民理论（参阅 Goza，1987：65—67；Kunza，1981；Richmond，1993；Stein，1986）。

调查资料也显示，"中国大陆非规则移民"进入加拿大后，经历了许多文化和社会冲突，他们在很多方面可能改变了自己的观念和想法。与在中国时的旧观念相比，他们价值观的发展突出了个性化色彩，即是个体的、私人的、独立的。而且，这种改变往往影响到他们日常生活中的自我认同和自我表现。其中最有趣的是，他们到了加拿大之后，便强烈地意识到并表现出自己是地道的中国人，这个理念影响着他们同其他华裔加拿大人和非华人的交流方式和所扮演的角色。

这一发现支持了研究问题 2.1："中国大陆非规则移民"到达加拿大之后，很容易体会到他们看待自己和认同自己的方式在发生改变。这种变化的程度受他们与加拿大主流社会的接触和交往的程度影响。此发现也支持巴斯（Barth，1969）的民族地域理论，马赛拉（Marsella，1985）等的文化理论和自我理论，许烺光（Hsu，1991）、王赓武（Wang，1991）和 L. Wang（1991）关于散居中华民族的认同的讨论。

在"中国大陆非规则移民"继续以自己在中国的籍贯为认同依据的同时，他们也开始变得越来越不能认同自己在中国或加拿大的职业身份，而且在加定居后，他们便更加想利用自己的华人身份。正如其他移民一样，他们建立了多元身份，以便从不同的社会环境中找到根源。所以，在某些场合，比如他们在加拿大移民和难民事务局听审会上讲述他们的难民故事时,往往愿意把自己看做是难民,同时也渴望被他人以这种身份来对待(目的是为了得到合法身份)。更重要的是,我的实地调查研究支持了戈夫曼关于自我表现的理论框架,如何向他人表现和认同自己,是"中国大陆非规则移民"社会生活中非常重要的两个方面,也是他们在适应主流社会的过程中很重要的特征,在这个过程中他们必须应对一系列的压力。

这些发现支持研究问题 2.2:在和其他非华人交往的过程中,他们的华人意识将会加强,与加拿大人的交往越是不顺利,他们的华人意识就越强。研究问题 2.3:他们中个体的认同深受其所在社会不同华人群体的影响。多伦多华人社区呈现多样性,这意味着他们完全可能置身于不同的亚族群中,从而有机会形成多样的认同。我的这些研究发现有力地支持了戈夫曼的认同污名和自我表现理论、施伦克的自我认同理论,以及纳伽塔关于民族身份的论述和发现。

在日常生活中,"中国大陆非规则移民"同加拿大的人交往非常谨慎,一些人甚至把自己视为加拿大的"第三等公民"。我认为,在加拿大政府的 DROC 项目实施前,这种自我评定是阻碍他们同当地主流社会交往的主要障碍之一。其他障碍还包括语言问题、生活方式以及价值观的不同等。尽管存在一些这样或那样的问题,他们中的大部分人还是乐于在这个大社会里塑造一个积极的形象以便被他人认可(包括自我认可)的。他们最愿意采用的一种有效手段是,力争为非华裔的加拿大人的公司工作,以便同主流社会建立积极关系。

本项研究还着重考查了作为亚族群的"中国大陆非规则移民"与其他华人群体在各种环境中的区别和交往。这种区别不仅影响他们如何同其他华人同胞交往,同时也影响其他非华人群体对他们的态度。在 DROC 项目实施后,他们中的绝大部分人被允许申请合法身份,这一点就显得更为重要。反过来说,虽然华人社团的地位在加拿大还远不够稳固,但在"中国大陆非规则移民"初次踏上加国的土地后,华人社团的重要协助作用引导他们尽快适应了加国社会,所以与华人社团保持良好的关系对他们来说是很重要的。可是,作为"中国大陆非规则移民"中的某些个体,虽然一些人也许同其他华裔加人有着很好的关系,然而许多华人社区的成员瞧不起甚至讨厌他们。这是因为,其一,他们进入加拿大的方式大多数为非法途经,其二,他们与华人移民在劳动力市场上会展开竞争。结果,虽然中国大陆难民组织成功地动员了一些华人组织帮助他们实现目标①。可是,许多非难民华人社区却拒绝帮助他们。于是便产生了一种矛盾的共生现象:一方面,如果华人社区没有为这些人提供最初的雇用机会和日常生活必需品,他们是很难生存;另一方面,他们不得不处理在华人社区中遇到的各种困难。

这些发现支持研究问题 3.1:难民从既有的多伦多华人社区所得到的帮助,根据不同社区华人对他们不同的态度而有所不同,而且这种帮助随难民人数的增加而减少。同时这些发现也支持研究问题 3.2:随着难民人数的增加,那些已在加拿大生活多年或者有良好经济基础的华人移民对他们的态度也会逐渐冷漠,其原因是他们认为,难民加剧了华人劳动力市场的竞争,而且难民进入加拿大的方式也给在加的华人丢了脸。这些发现支持了曾纳(Zenner,1988)有关民族援助的论点,支持了克里斯曼(Crissman,1967)关于散居华人是由一些独立的社区组成的观点,也证明了汤普森(Thampson,1989)关于海外华人散居社区的研究成果。

以拉扎鲁和福克曼的评估模式为基础,本项研究挖掘了"中国大陆非规则移民"在适应过程中所面临的三个不同层次的主要压力源:(1)危害的压力源,包括危害和失望,主要指已经发生并造成损失的危害所形成的压力;(2)威胁的压力源,包括焦虑和潜在的危险,主要指由

---

① 如讨论所呈述,在这个人种政治动员期间,"中国大陆非规则移民"获得的支持是主要与他们的指导者有关联的个人关系。

于预感到的恐惧而造成的压力;(3)挑战的压力源,包括纳税机会,这是指允许掌握或获得的风险性交易所形成的压力。这三类压力源对"中国大陆非规则移民"的影响由于个人经历、资源和对特定因素评估的不同而有所不同。事实表明,特定的环境是否会产生压力,主要取决于难民个人如何评价环境。此发现正好和拉扎鲁与福克曼的压力模型相符合。我把他们能利用和调控的个人资源或是资源环境进行了分类。前者和个人的经历、背景有关;后者是指他们所能得到的社会支持网络关系。结果发现他们所能得到的社会支持的数量和质量受个人资源的影响,那些个人资源在调控、适应过程中有着非常重要的意义。得到的个人资源越多,调控能力就越强。这些发现支持研究问题 4.1:在新的社区里可获得的资源越多,他/她自身就能调控得更好。

同时本项研究也说明,"中国大陆非规则移民"所承受的压力同他们在加拿大的合法地位、在中国的教育背景、在加拿大生活时间的长短密切相关。获得合法身份的被调查者对现状不满的情况较少,压力也小,适应能力更强。这一发现支持研究问题 4.2:他们的适应能力是和自己在加拿大获得合法地位的可能性相关的。事实发现,受教育程度较高的被调查者比起那些受教育程度低的人,所感觉到的压力更大。这是因为受教育程度高的人比受教育程度低的人更需要忍受这样一种痛苦,即他们的高期望值与他们所面对的加拿大社会现实之间不相等的痛苦。正如拉扎鲁和福克曼在其关于压力缓解模式中指出的一样,这项研究发现,当面临充满压力的环境时,"中国大陆非规则移民"个人所采取的调控对策随着手中掌握资源的差异而不同。拉扎鲁和福克曼认为"调控实际就是适应成功"(Lazarus & Folkman,1984:140)。而且,他们的调控是适应过程中的一部分。当然,调控未必能有效地减轻压力源产生的压力,增加可利用的社会和个人资源。这项研究同时指出,大部分被调查者乐于向社会展示他们积极的一面,乐于在适应过程中使用更多积极的形式。这一发现支持戈夫曼(Goffman,1959)的论点,这就是人们(如同演员一样)以特定的方式进行活动和表现自己,这种方式引导和控制他人对他/她的印象之形成。事实表明在他们的适应过程中,向他人表现自我一直在进行,表现如同舞台上的表演,他们以积极的方式向观众展示出相对理想化的自我形象。本项研究也表明,采取被动应对策略者(例如失去或降低自尊),往往是那些在处理问题时缺乏自信心者,因此不能积极地表现自己。

在关于社会经济适应方面,这项研究发现"中国大陆非规则移民"非常乐于加入劳动力大军,尽管前途未卜,也缺乏所需的技能,也许以此作为被他人认可的策略吧! 大部分被调查者是在他们到达加拿大的一年或半年内开始工作的。与文化教育水平较低的人相比,文化水平较高的人开始工作相对早,工作时间也相对长。此发现可以部分地支持研究问题 4.4:难民的文化水平影响难民个人调控和适应新环境地成功。文化水平越高,在加拿大定居后调控压力的能力就越强,因此,就能更快地适应。此外大部分"中国大陆非规则移民"都把工作当作自己对加拿大社会作出贡献的有效方式,即便这些工作职位既不和他们的背景相匹配,也不与他们先前在国内的身份相符。但是,随着适应过程的推进,薪水逐渐提高,而文化水平越高,收入也越高。可是在主观适应方面,文化水平的高低和满足程度之间存在着相反的关系:文化水平越高,对适应的满足程度也越低,这和研究问题 4.4 不相符。在东道国里,文化程度较高的大陆难民更容易感到沮丧,因此,需要更多的感情和心理帮助。

特别是在适应过程的初期,"中国大陆非规则移民"认为社会福利制度对他们是有帮助的。大体来讲,女性比男性享有更长时间的社会福利,从中也可以看出,在东道国的适应过程中存在着性别差异。这和研究问题 4.3 部分吻合:性别也许会影响被调查者个体的适应程度。一般来说,当此项研究开始的时候,尽管大部分被调查者已经在加拿大生活了三四年,他们的社会经济适应过程进行得很顺利,但考虑到"全球部落"和散居网的性质,如果要最终完成适应过程还需要更多的时间。需要强调的是,和其他短时间发生的社会经济适应过程不同,社会文化的适应需要一段相当长的时间。限于资料,全面描述和分析"中国大陆难民"的社会文化适应过程是困难的,尽管如此,我依然认为难民的合法身份、教育水平和性别差异对社会文化的适应过程会产生某些特定的影响:女性比男性更容易适应社会,已取得合法身份的人比未取得者更容易适应,受教育程度高的人比受教育程度低的人更容易适应。

　　尽管所有呈交难民庇护申请的中国大陆人在加拿大进行有关庭审时,都声称曾受到中国政府机构的迫害,但他们对祖国依旧充满了思乡之情(这可以用当他们演唱《祖国颂》的时候表现得非常兴奋来说明),而且立志为祖国的繁荣、稳定做贡献(82%的"中国大陆难民"对于中国申办 2000 年奥运会未成功而感到惋惜)。"中国大陆非规则移民"表现出的思乡之情和对祖国的热爱支持研究问题 5.1:"中国大陆非规则移民"对祖国仍然保留着共同的感情和爱,要为她的稳定繁荣出一份力。此发现同样也支持 Safran(1991)的观点:在许多散居成员的集体意识里对祖国充满着浪漫的神化色彩,但同时也认为现实中的祖国是一个多元化的大家庭。在全部的 54 位成人被调查者中,仅有一人返回了中国,另外二人曾准备这样做,可是后来大部分被调查者(81%)对于加拿大的社会环境感到满意,其中 63.4%的人对现在的经济生活感到满意,这也加强了他们与加拿大的联系。尽管有一小部分被调查者放弃了难民身份申请回到了中国,尽管他们中没有一个成为加拿大公民,但他们依旧对加拿大充满着敬意并决心把它当做自己的新家。总而言之,正如格拉德尼所预料的,"中国大陆非规则移民"是一个在特殊时期、特殊背景下出现在加拿大社会的亚族群,加拿大政府在其中起了一定的作用。

　　作为一个特殊的社会历史现象,"中国大陆非规则移民"的故事和经历为我们提供了一面镜子,这面镜子反射出散居群体中各种各样的社会、政治和经济问题,此研究十分关注跨国移民中的这些关键问题。但是与此同时,和"中国大陆非规则移民"适应新社会相关的一些问题不在此研究范围之内:比如,我目前尚不能证明研究问题 5.2("中国大陆非规则移民"同大陆亲朋好友的关系保持得越密切,适应新环境并努力成为加拿大公民的欲望也就越小)、研究问题 5.3(当生活在多伦多的"中国大陆非规则移民"认为压力已超过他们的控制能力或是别处有更多机会的时候,他们也许会搬到其他的城市或国家)、研究问题 5.4("中国大陆非规则移民"认为没有希望取得合法地位或是他们感觉大陆的环境比当初离开时改善了许多,他们也许会回国)。但我也不能反对这些观点,这些尚需要认真思考和解决的问题将在下部分进行讨论。

二、对移民研究和公共政策的借鉴意义

许多年来,总有大批人因各种原因背井离乡,在与其民族背景不同的人群中寻求避难。目前,全球各大洲有超过 2 亿的难民寻求帮助(Loescher,1994:1),而且在不同的国家内部至少存在一大批无家可归的流浪者。来自不同文化背景的难民因各种社会历史情况而被迫开始或继续逃亡,因此,全球各国政府和学者都对难民研究非常重视。关于难民的贡献问题,大部分人类学家倾向于把焦点放在难民经历的调控和文化适应的过程上(Chung,1983;Mortland & Ledgerwood,1988;Donnelly,1989;Caplan et al,1981;Gilad,1990)。

对于难民来说,适应一种新的社会文化环境意味着要改变原有的行为方式,并学习新的行为方式,在这个过程中必须应对由于社会改变而引起的充满压力的环境。正如拉扎鲁和福克曼所指出的一样:"社会变化通过对人产生新的需求而产生压力,产生似乎可预测的熟悉的失落感,造成一种孤独感或引起新的危险。新的社会制度和规则仅在一

代人的时间里就出现了,而且不断对个人提出变化的要求。"(Lazarus &
Folkman,1984:259—260)这里使用压力这个名词是为了引起对个人和
环境之间评估关系的注意。拉扎鲁和福克曼继续指出:"社会变化是否
会产生压力,结果是积极的还是消极的,这主要是看如何评估和处理这
种变化。"(同上:260)。对于目前和将来的难民研究,我认为人类学家
应该利用特殊的民族志技巧,去帮助难民自我认同并且减轻痛苦(参阅
Donnelly & Hopkin,1993:3),而且可以通过在难民群体中进行有关
民族志的研究,帮助他们更好地被主流社会所理解,减少东道国对他们
的不友好态度;实用人类学家也能帮助难民更好地理解东道国的社会
制度以便获得所需的社会帮助,一旦他们质疑自己的民权或社会经济
权利有可能被剥夺,他们可以利用国内、国际法律制度维护他们的社会
经济权利(参阅 Hathaway & Dent,1995)。

　　虽然目前的研究是以在多伦多的"中国大陆非规则移民"为研究对
象,但考虑到他们在加拿大的共同特性和适应过程,加之我与在温哥华
和蒙特利尔的难民团体的联系,我认为这项研究的发现和结果同样适
用于整个加拿大的同类人社区。那里的难民也是散居华人群体的一部
分,他们中大部分人不但遭受了物质、经济上的损失,"而且有一种离开
了生我养我的社会文化和生态环境而背井离乡的感觉"(Chan,1984:
259)。他们发现他们在中国日常生活中的行为规范在这个新环境中不
起作用。在改变生活方式的过程中,许多人发现自己人生中一些原本
想当然的,或者是支持他们对自我、对现实看法的东西,也在部分地发
生着潜移默化的变化。因此,人类学家指出,"经历了深刻的物质和社
会环境变化的人们在新的环境中学到了什么,他们如何保持在成为难
民前所学东西的有效性,对这两个问题的研究与结果是对社会文化变
迁理论的主要贡献"(Geiger,1993:70)。

　　在这项研究中,我援引了戈夫曼的污名分析理论来关注为什么"中
国大陆非规则移民"不被社会接受,这些名声败坏的非法移民如何改变

自己的命运,以便消除阻止他们被社会接受的障碍。我还运用了戈夫曼的自我表现理论分析"中国大陆非规则移民"如何根据他们的需要和所面对的环境,来改变宿命并开创新生活。细心的观察者会注意到,社会交往方式可显示出个人在开放的环境中设法建立新身份的能力。戈夫曼的理论见解引起了研究者对这种交往方式的关注(Goffman,1959、1967)。我的研究确认了在多伦多的"中国大陆非规则移民"在定居和适应加拿大社会过程中所运用的主要社会网,他们在这个社会网的作用下认同自己的民族和政治身份。更重要的是,研究结果还着重显示了"中国大陆非规则移民"和其他华人的交往关系,正是对这种关系的分析,才引起人们对华人社区里的亚族群多样性的注意。

在前几章的讨论中,我曾提到在加拿大的"中国大陆非规则移民"是如何努力获得合法地位的。我支持唐奈利和霍普金斯的论断——关于难民的研究经常给研究者提供了把"学术研究和实践相结合"的机会(Donnelly & Hopkins,1993:5)。他们对于难民问题的观点可描述如下:人类学家应努力理解被调查者或客户所面临的主要问题,寻找有效的解决方法;而且应该明白政策是如何形成的,是如何反映社会政治所关心的话题的,是用什么法律术语来表达的。通过将理论和社会实践二者结合起来,"人类学家就有机会向政策制定者反映一些大家所关心的当前的和未来的问题,比如移民、移民遣送、医疗保险、多语言/多元化的教育以及多文化主义"(同上)。

这些调查也是为了帮助大家更好地了解加拿大华人社区的发展,和先前赖茨(Reitz,1980)的研究不同,我认为华人社区不是紧密团结的,而是具有多样性的,没有任何证据可以表明不同的华人社区变得更有凝聚力。目前,当地政府和机构将华人社区视为单一的群体,这可能会引起不同的华人次族群社区社会之间的冲突,对此需要做进一步的研究。在 DROC 项目制定之前,"中国大陆非规则移民"取得合法身份的不确定性也许是影响他们身心健康的最大压力源,这同样也是他们适应过程中的主要障碍。既然这样会加重他们的压力,那么难民获得合法身份的不确定性应越小越好。我建议,从公共政策角度出发,政府应当加快难民听审和决策程序的制定。而且,加拿大移民和难民事务局应该就难民接受指导原则和具体的国家文件问题对听审官员进行培训。我注意到许多申请者具有相同的背景但申请结果却不同,这种现象应尽快杜绝。

在"中国大陆难民"适应新环境期间,加拿大出现了严重的经济衰退,但并不是这些初来乍到者加速了经济的恶化;恰好相反,中国大陆难民在东道国勤奋工作,开创新的事业,他们已经稳定下来了。因此,我建议公众更多地关注移民和难民对加拿大社会所做的贡献。

三、多伦多"中国大陆非规则移民"的未来以及进一步研究的建议

我完成了这个领域的研究工作后,"中国大陆非规则移民"的总体情况又发生了许多变化。最具有历史性变化的是 1994 年底加拿大政府的 DROC 政策开始生效。DROC 结束了我调查的"中国大陆非规则移民"群体面临的合法身份的不确定性,解除了他们最大的压力源。尽管上述我所分析的其他形式的压力源依然存在,比如种族歧视和缺乏社会技能;而且新的压力源也可能因为家庭团聚而产生(在下文论述),但是适应过程中的主要障碍已经消失了。自从 DROC 生效后,大部分曾被拒的"中国大陆非规则移民"都符合 DROC 的标准,他们的心情轻松了。他们开始更积极更认真地筹划未来,其中创业的人数迅速增加(例如,到 1995 年夏季,在我采访的 54 名成年被调查者中,已有 11 人开了自己的餐厅或杂货店,还有一些人也有此计划)。

"中国大陆非规则移民"在加拿大的合法身份出现突然变化,这不仅给被拒的人带来了在加拿大合法生活的希望,而且也鼓励他们更好

地适应社会。可以想象,这批人将更有能力处理好自己的日常事务。他们中会有更多的人参加 ESL 课程,掌握加拿大的一种官方语言,这样便能充分利用各种公共设施和社会系统。我还认为,虽然压力和怀旧可能会继续影响一些人,但他们中大部分人的压力源会得到减轻,因此我判断,这些人会努力利用自己的精力和资源向社会上层挺进。许多人很顺利地适应了社会经济制度,这也会加速他们社会文化的适应过程。就像其他华人一样[①],这批人不想此时就回国。但是一些被调查者告诉我,一旦他们取得了永久居住身份就期望回到中国经商。因此,在不久的将来,越来越多取得永久居留权的原"中国大陆非规则移民"会回到中国或其他地方经营自己的生意,把加拿大永久身份作为一个工具或新的调控资源。这能使他们自由地融入全球经济一体化的过程中,在一个更广泛的舞台,面对更多的观众来展现自己。

　　DROC 不仅赋予了"中国大陆非规则移民"在加拿大的合法居住身份,同时也允许他们可以把家属带进加拿大。在中国社会里,家庭扮演着非常重要的角色,对于他们中的大部分人来讲,骨肉分离也是压力来源之一。从这个角度出发,亲人团聚将会促进他们在加拿大的适应过程。此刻我有义务忠告,亲人长期分离可能会导致一些新问题:人们需要时间来适应分散多年的家人,正如拉姆在他的关于蒙特利尔的中国籍越南难民的案例中指出的一样(Lam,1985)。而且大部分"中国大陆非规则移民"并没有把自己在加拿大的真实经历告诉自己的家人。为了使在国内的家人们感到高兴,他们往往夸大自己在加拿大的幸福和富裕程度,这一点我认为萨弗兰没有提到(Safran,1991)。因此,这同样会导致分离的亲人对加拿大团聚抱有过高的期望,结果当他们没能实现期望的时候就会感到极其失落。这种现象也许为进一步地研究提供了课题(Lam,1985),同时也成为社会服务介入和帮助的对象。

---

①　参阅 *The Toronto Star*,March 13,1995;A1。(加拿大报纸《多伦多之星》)

　　然而,加拿大的 DROC 只允许符合标准的"中国大陆非规则移民"获得加拿大合法身份,那些在 1994 年 7 月 7 日后抵达加拿大的人不在此范围之内。而且,DROC 生效之后,有更多新移民(其中一些人依旧通过非法途径)进入加拿大,而这些人的工作积极性都减弱了,由此可以预见,新移民在调控和适应社会的过程中将会面临更多的挑战。因此,"中国大陆非规则移民"的研究问题并没有彻底结束,要完成这项工作还需要更多的调查和采访。

　　诚然,这项研究存在许多局限性,比如,要是能将中国大陆的"难民申请者"和来自其他国家的难民的调控和适应过程进行对比的话,会对研究很有帮助;我没能用有效的心理调查方法来解决一些受关注的问题——比如虽然我在主要的被调查者中进行了 TST,但若将此 TST 用于全部被调查者的话,效果会更好;而且,考虑到被调查者经历的跨国环境,需要研究国内亲人如何同他们保持联系的程度,由于他们的移民,国内亲人融入跨国环境的多寡是很起作用的。总而言之,这类研究只能抓住一个瞬间:实际上,环境是瞬息万变的,而且,其他研究同样问题的学者也许会得出一个完全不同的结论,这就是我提出尝试性观点而非结论性观点的原因。

　　当然,所有这些得出的结论还需要日益完善。尽管我进行"中国大陆非规则移民"研究已达五年之久,但还有许多问题需要进一步的探索。例如,在这样一个由他们自己、本国社会和东道国社会组成的三角关系中,"中国大陆非规则移民"扮演的究竟是什么角色?和其他获得合法居住权的华人相比,名声败坏的难民身份会不会继续影响这批人呢?为什么是这些人而不是其他人成为难民?尽管面临许多压力源,这批人中的大多数是如何保持心态健康(比较 Beiser et al,1988)?在调控和适应过程中,是否有更深层次的性别差异、地区差异、家庭背景差异?而且,为了更透彻地理解"中国大陆非规则移民"现象,需要一个更加完善的医学和人类学方法。希望今后的调查研究能从我的这些建议中受益。

参 考 文 献

Adam, Hubert, 1984, "Rational Choice in Ethnic Mobilization", *International Migration Review*, Vol. 18:377—381. JV6011. S45.

Adelman, Howard, & C. Michael Lanphier (eds.), 1990, *Refugee or Aslylum? A Choice for Canada*, Toronto, York Lanes Press Ltd.

Agar, Michael, 1986, "Speaking of ethnography", in *Qualitative Research Methods*, Vol. 2, Newbury Park: Sage.

Akien, Rebecca B., 1989, *Montreal Chinese Property Ownership and Occupational Change, 1881—1981*, New York: AMS Press., Inc.

Anderson, Benedict, 1983, *Imagined Communities: Reflections on the Origin and Spread of Nationalism*, London: Verso.

Ang, Ien, 1993, "To be or not to be Chinese: Diaspora, culture and postmodern ethnicity", *Southeast Asian Journal of Social Science*, Vol. 21, No. 1: 1—17.

Appadurai, Arjun, 1990, "Disjuncture and difference in the global cultural economy", *Public Culture*, 2(2), pp. 1—24.

Athey, Jean L. & Ahearn, F. L., 1991 "The mental health of refugee children: An overview", in Ahearn & Athey (eds.), *Refugee Children*, Baltimore: The Johns Hopkins University Press, pp. 3—19.

Basch, Linda, N., G., Schiller, C., S., Blanc, 1994, *Nations Unbound: Transnational Projects, Postcolonial Predicaments and Deterritorialized Nation-states*, Langhome, Pennsylvania: Gordon and Breach Science Publishers.

Barth, Fredrik, 1981, *Process and Form in Social Life—Selected Essays of Fredrik Barth: Volume I*, London: Routledge & Kegan Paul.

——1969, *Ethnic Groups and Boundaries*, London: Allen & Unwin.

Baskauskas, L., 1985, *An Urban Enclave: Lithuanian Refugees in Los Angeles*, N. Y.: AMS Press.

Baubock, Rainer, 1995, *Transnational Citizenship*, Hants, GU: Edward Elgar.

Beiser, Morton et al. , 1988, *After the Door Has Been Opened* , Supply and Services Canada.

Bell, Daniel, 1973, *The Coming of Post-Industrial Society* , New York: Basic Books.

Bender, Donald R. , 1967 "A refinement of the concept of household: Families, co-residence, and domestic functions", *American Anthropologist* , Vol. 69, pp. 493—504.

Bentley, Carter G. , 1987, "Ethnicity and Practice", *Comparative Studies in Society and History* , 29(1): 24—55.

Bernard, W. S. , 1976, "Immigrants and refugees: Their similarities, differences, and needs", *International Migration* , Vol. 14, No. 4, pp. 267—281.

Berry, John W. , 1991, "Refugee adaptation in settlement countries: An overview with an emphasis on primary prevention", in Ahearn & Athey (eds.), *Refugee Children* , Baltimore: The Johns Hopkins U. , Press, pp. 20—38.

——1986, "The Acculturation Process and Refugee Behaviour", in Williams and Westermeyer (eds.), *Refugee Mental Health in Resettlement Countries* , Cambridge: Hemisphere Publishing Corporation, pp. 25—37.

——1980, "Acculturation as varieties of adaptation", in A. M. Padilla(ed.), *Acculturation: Theory, Models, and Some New Findings* , Colorado: Westview Press, pp. 9—25.

Berry, John W. & Kim, U. , 1988, "Acculturation and mental health", in Dasen et al, (eds.), *Cross-cultural Psychology and Health: Towards Applications* , London: Sage.

Berry, John W. , Kim, U. , and Boski, P. , 1988, "Psychological Acculturation of Immigrants", in Kim and Gudykunst (eds.), *Cross-cultural Adaptation* , Newbury Park: SAGE Publications, pp. 62—89.

Berry, J. et al. , 1977, *Multiculturalism and Ethnic Attitudes in Canada* , Ottawa: Supply and Services Canada.

Beyer, Gunther, 1981, "The Political Refugee: 35 Years Later", *International Migration Review* , Vol. XV, No. 1—2.

Boone, M. , S. , 1989, *Capital Cubans: Refugee adaptation in Washington D. C. , N. Y. : AMS Press, Inc.

Borrie, W. , D. 1959, *Population and Culture: The Cultural Integration of Immigrants* , Paris: UNESCO.

Breckaridge, C. & A. Appadurai, 1989, "Editors' comment: On moving targets", *Public Culture*, Vol. 2, No. 1: i—iv.

Breton, Raymond et al., 1990, *Ethnic Identity and Equality: Varieties of Experience in a Canadian City*, Toronto, U: of T. Press.

Breton, R. & others, 1977, "The impact of ethnic groups on Canadian society", in Isajiw (ed.), *Identity*, Toronto.

Briggs, Jean, 1971, "Strategies of Perception The Management of Ethnic Identity", in R. Paine (ed.), *Patrons and Brokers in the East Arctic*, St. John's Nlfd: Memorial University, pp. 55—74.

Brim, J. A. & Spain, D., H., 1974, *Research Design in Anthropology*, N. Y.: Holt, Rinehart and Winston.

Broom, Leonard et al., 1967, "Acculturation: An exploratory formulation", in Bohannan & Plog (eds.), *Beyond the Frontier*, New York: The Natural History Press, pp. 255—286.

Buijs, Gina (ed.), 1993, *Migrant Women: Crossing Boundaries and Changing Identities*, Oxford: Berg Publisher Limited.

Burnard, Philip & P. Morrison, 1992, *Self-Disclosure: a Contemporary Analysis*, Aldershot, Hants: Ashgate Publishing Limited.

Cannon, Margaret, 1989, *China Tide: The Revealing Story of the Hong Kong Exodus to Canada*, Toronto: Harper Collins.

Cannon, Terry & A. Jenkins (eds.), 1990, *The Geography of Contemporary China*, London and New York: Routledge.

Cannon, T., 1990, "Regions: spatial inequality and regional policy", in Cannon & Jenkins (eds.), *The Geography of Contemporary China*, pp. 28—60.

Caplan, N., Whitmore, J. K., & Choy, M. H., 1989, *The Boat People and Achievement in America*, Ann Arbor: The University of Michigan Press.

Cawte, J., 1972, *Cruel, Poor and Brutal Nations*, Honolulu: University of Hawaii.

——1968, "Personal discomfort in Australian aborigines", *Australian and New Zealand Journal of Psychiatry*, No. 2, pp. 69—79.

Cels, Johan, 1989, "Responses of European States to *de facto* Refugees", in Loescher & Monahan (eds.), *Refugees and International Relations*, Oxford: Oxford U., Press, pp. 187—215.

Chan, A. B., 1982, *Gold Mountain: the Chinese in the New World*, Vancouver:

New Star.

Chan, Kwok B. , 1984, "Mental health needs of Indochinese refugees: Toward a national refugee resettlement policy and strategy in Canada", in D. Paul Lumsden (ed.), *Community Mental Health Action*, Ottawa: Canadian Public Health Association, pp. 259—269.

Chan, K. , B. and L. , Lam, 1987, "Psychological problems of Chinese Vietnamese Refugees Resettling in Quebec", in Chan & Indra (eds.), *Uprooting, Loss and Adaptation: The Resettlement of Indochinese Refugees in Canada*, Ottawa: Canadian Public Health Association, pp. 27—41.

——1981, "The resettlement of Vietnamese-Chinese refugees in Montreal", in *Asian Canadians: Regional Perspectives, Selections from the Proceedings, Asian Canadian Symposium V of the Canadian Asian Studies Association* (May, 1981), Mount Vincent U. , Halifax, N. S. , pp. 263—294.

Chan, Janet B. L. & John Hagan, 1982, *Law and the Chinese in Canada: A Case Study in Ethnic Perceptions of the Law*, Centre of Criminology, U. of T.

Chataway, C. J. , & Berry, J. W. , 1989, "Acculturation experiences, appraisal, coping, and adaptation", *Canadian Journal of Behavioural Science*, Vol. 21, pp. 295—309.

Chen, Yizi, 1990 *Zhong guo: Shinian Gaige yu Bajiu Minyun* (China: Ten Years' Reform and the Democratic Movement in 1989), Taiwan: Liang jing Chuban Gongsi.

Chierici, R. C. , 1989, *Demele: "Making It" Migration and Adaptation among Haitian Boat People in the United States*, N. Y. : AMS Press.

Chimbos, P. , 1980, *The Canadian Odyssey: The Greek Experience in Canada*, Toronto: McClelland and Stewart.

Chin, Ko Lin, 1994, "International Marriage and Wife Abuse among Chinese Immigrants", *Journal of Comparative Family Studies*, Vol. 25, No. 1, pp. 3—69.

Chu, Godwin C. , 1985, "The changing concept of self in contemporary China", in Marsella et al. , (eds.), *Culture and Self*, N. Y. : Tavistock Publications, pp. 252—277.

——1985b, "The emergence of the new Chinese culture", in Tseng & Wu (eds.), *Chinese Culture and Mental Health*, N. Y. : Academic Press, Inc.

Chung, Fung-Chi, 1983, *The Struggle for Social Integration: Chinese Refugee*

Adjustment to the Urban Setting in Hong Kong, Ph. D. dissertation, Brown University

Clark, K. B. , 1960, "Desegregation: The role of the social sciences", *Teachers College Record*, 62(1): 16—7.

Clifford, James, 1994 "Diasporas", *Cultural Anthropology*, 9(3): 302—338.

Compas, Brace E. et al. , 1992, "Coping with Psychosocial Stress: A Developmental Perspective", in Bruce N. Carpenter (ed.), *Personal Coping: Theory, Research and Application*, Westport: Praeger Publishers, pp. 47—64.

Cooper, Dereck, 1993 "The response of asylum-seekers in Cairo to changes in Ethiopia and Eritea", in Hopkins M. & N. D. Donnelly (eds.), *Selected Papers on Refugee Issues: II*, Arlington, VA: AAA.

Coughlin, Richard J. , 1960, *Double Identity: The Chines in Modern Thailand*, Hong Kong U. Press.

Crissman, Lawrence W. 1967, "The segmentary structure of urban overseas Chinese communities", *Man*, n. s. , Vol. 2, No. 2, pp. 185—205.

Cushman, J. W. & Wang, Gungwu (eds.), 1988, *Changing Identities of the Southeast Asian Chinese since World War II.*, Hong Kong U. Press.

Cuenod, J. , 1989, "Refugees Development or Relief?" in Loescher & Monahan (eds.), *Refugees and International Relations*. Oxford: Oxford U. Press, pp. 219—253.

Daedalus, 1991, *The Living Tree: The Changing Meaning of Being Chinese Today*, Cambridge, MA: American Academy of Arts and Science.

Davis, D. & E. F. Vogel(eds.), 1990, *Chinese Society on the Eve of Tiananmen*, Cambridge, Massachustts: Harvard U. , Press.

De John, G. F. & J. T. Fawcett, 1981, "Motivations for migration: An assessment and a value-expectancey research model", in De John & Gardner (eds.), *Migration Decision Making*, N. Y. : Pegamon Press, pp. 13—58.

Devereux, G. , 1967, *From Anxiety to Method in the Behavioral Sciences*, Mouton, The Hague.

De Vos, George, 1975, "Ethnic pluralism: Conflict and accommodation", in G. De Vos & L. Romanucci-Ross (eds.), *Ethnic Identity: Cultural Continuities and Changes*, Palo Alto, Calif: Mayfield Publishing Co. , pp. 5—41.

De Vos, George et al. , 1985, "Introduction: Approaches to culture and self", in Marsella et al. (eds.), *Culture and Self* N, Y. : Tavistock Publications, pp. 2—23.

Donnelly, Nancy D. , 1989, *The Changing Lives of Refugee Hmong Women*, un-published Ph. D. dissertation, University of Washington.

Donnelly, N. , & Hopkins M. , 1993, "Introduction", in M. Hopkins & N. Donnelly (eds.), *Selected Papers on Refugee Issues: II*, Arlington, VA: AAA.

Dorais, Louis-Jacques, 1987, "Language Use and Adaptation", in Chan & Indra (eds.), *Uprooting, Loss and Adaptaion: The Resettlement of Indochinese Refugees in Canada*, Ottawa: Canadian Public health Association, pp. 52—64.

Dressler, William W. , 1991, *Stress and Adaptation in the Context of Culture*, Albany: State U. of New York Press.

Dwyer, Denis (ed.), 1994, *China: The Next Decades*, London: Longman Scientific & Technical.

Edgerton, Robert B. & L. L. Langness, 1974, *Methods and Styles in the Study of Culture*, San Francisco: Chandler & Sharp Publishers, Inc.

Edmonds, Richard Louis, 1994, "China's Environment: Problems and Prospects", in Dwyer, D. (ed.), *China: The Next Decades*, Longman Group UK Limited: pp. 156—189.

Eidheim, H. , 1969, "When ethnic identity is a social stigma?", in Barth (ed.), *Ethnic Groups and Boundaries*, pp. 39—57.

Eisentadt, S. N. , 1954, *The Absorption of Immigration*, London.

Erchak, Gerald M. , 1992, *The Anthropology of Self and Behavior*, New Brunswick, N. , J. : Rutgers U. Press.

Erez, Miriam . & P. , Christopher Earley, 1993, *Culture, Self-Identity, and Work*, New York: Oxford University Press.

Erikson, Eric H. , 1975, *Life History and the Historical Moment*, N. Y. : W. W. Norton & Company Inc.

Fabian, J. , 1971, "Language, history and anthropology", *Philosophy of Social Science*, 1971, pp. 19—47.

Fahim, Hussein (ed.), 1982, *Indigenous Anthropology in Non-Western Countries*, Durham, North Carolina: Carolina Academic Press.

Fei, Xiaotong, 1935, *Peasant Life in China*, London.

——1945, *Earthbound China*. Chicago.

——1983，*Chinese Village Close-up*，Beijing：New World Press.

Fielding，N.，& J. Fielding，1986，*Linking Data*，London：SAGE Publications.

Folkman，Susan et al.，1986，"Appraisal，coping，health status，and psychological symptoms"，*Journal of Personality and Social Psychology*，No. 50，pp. 571—579.

Fortes，M.，1969，*Kinship and the Social Order*，Chicago：Aldine Publication Co. [1970，c 1969].

Fried，Marc，1963，"Grieving for a lost home"，in L. J. Duhl (ed.)，*The Urban Conditions*，New York：Basic Books，Inc. pp. 151—171.

Fried，Morton，1958，*Colloquium on Overseas Chinese*，New York：Institute of Pacific Relations.

Fu，Nelson，1994，"The Chinese Connection"，*Transpacific*，Vol. 9，No. 5，pp. 35—40.

Geertz，C.，1973，*The Interpretation of Cultures*，New York，Basic Books.

Geiger，V.，1993，"Refugee cognitive expectations and Sociocultural change theory"，in M. Hopkins & N. D. Donnelly (eds.)，*Selected Papers on Refugee Issues：II*，Arlington，VA：AAA.

Gilad，Lisa，1990，*The Northern Route：An Ethnography of Refugee Experiences*，St. John's Newfoundland：Memorial University of Newfoundland.

Gilligan，C.，1982，*In a Different Voice：Psychological Theory and Women's Development*，Cambridge，MA Harvard U. P.

Girard，R. A.，1990，"Canadian Refugee Policy：Government Perspectives"，in Adelman & Lanphier (eds.)，*Refugee or Asylum? A Choice for Canada*，pp. 113—119.

Gladney，Dru C.，1994，"Representing Nationality in China：Refiguring majority/minority identities"，*The Journal of Asian Studies*，Vol. 53，No. 1，pp. 92—123.

—— 1991，*Muslim Chinese：Ethnic Nationalism in the People's Republic*，Cambridge：Harvard University Press.

Glassman，Ronald M.，1991，*China in Transition：Communism，Capitalism，and Democracy*，New York：Praeger.

Gleason，P.，1983，"Identifying identity：A semantic history"，*Journal of American History*，No. 69，pp. 910—931.

Goldley，M. R.，1993，"Socialism with Chinese Characteristics：Sun Yatsen and the international development of China", in J. Unger (ed.), *Using the Past to Serve the Present : Historiography and Politics in Contemporary China*, Armonk, N. Y. : M. E. , Shape, Inc. : 239—259.

Goffman, Erving, 1959, *The Presentation if Self in Everyday Life*, N. Y. : Doubeday.

——1963, *Stigma*, Englewood Cliffs, N. J. : Prentice -Hall Inc.

——1967, *Interaction Ritual*, N. Y. : Pantheon Books.

Gold, Steven J. , 1992 *Refugee communities : A comparative Field Study*, London : Sage Publications.

Gold, Thomas B. , 1990, "Urban private business and social change", in Davis &. Vogel(eds.), *Chinese Society on the Eve of Tiananmen*, Cambridge : The Harvard U. , Press, pp. 157—178.

Goldschmidt, Walter, 1990, *The Human Career : The Self in the Symbolic World*, Cambridge, Masschusetts : Basil Blackwell.

Goody, Jack (ed.), 1973, *The Character of Kinship*, Cambridge : Cambridge University Press.

——1970 "The fission of domestic groups among the LoDagaba", in J. Goody (ed.), *The Developmental Cycle in Domestic Groups*, Cambridge : The University Press, pp. 53—91.

Goza, Franklin William, 1987, *Adjustment and Adaptation among Southeast Asian Refugees in the United States*, Ph. D. Dissertation, University of Wisconsin-Madison.

Grahl-Madsen, Atle, 1990, "Refugees in Canada : The Legal Background", in Adelman and Lanphier (eds.), *Refugee or Asylum? A Choice for Canada*, pp. 1—11.

Grant, Joan, 1991, *Worm-eaten Hinges : Tensions and Turmoil in Shanghai 1988—1989*, SouthYarra, Melbourne : Hyland House.

Grayson, J. , Paul with Tammy Chi and Darla Rhyne, 1994, *The Social Construction of "Visible Minority" for Students of Chinese Origin*, North York, Ontario : Institute for Social Research, York University.

Gupta, Akhil, 1992, "The song of nonaligned world : Transnational identities and the reinsciption of space in late capitalism", *Cultural Anthropology*, Vol. 7, No. 1, pp. 63—79.

Hamilton, G. G. , 1977, "Ethnicity and regionalism : Some factors influencing

Chinese identities in Southeast Asia", *Ethicity*, No. 4, pp. 337—351.

Harbison, Sarah F. , 1981, "family structure and family strategy in migration decision making", in De Jong & Gardner (eds.), *Migration Decision Making*, N. Y. : Pergamon Press.

Harbison, Sarah, 1994, "China's population: prospects and policies", in Dwyer D. (ed.), *China: The Next Decades*, Longman Group UK Limited: pp. 54—76.

Harrell, Steven, 1990, "Ethnicity, local interests, and the state: Yi communities In Southwest China", *Comparative Studies in Society and History*, V. , 32, No. 3, pp. 515—519.

Hathaway, James C. & J. A. Dent, 1995, *Refugee Rights: Report on a Comparative Survey*, North York: York Lanes Press, Inc.

Henderson, G. E. & M. S. Cohen, 1984, *The Chinese Hospital: A Socialist Work Unit*, New Haven: Yale U. Press.

Hicks, G. L. et al. (eds.), 1977, *Ethnic Encounters*, North Scituate, MA: Duxbury Press.

Hirschman, C. , 1988, "Chinese identities in Southeast Asia: Alternative pespectives", in Cushman & Wang (eds.), *Changing Identities of Southeast Asian Chinese Since World War II*, pp. 23—31.

Hoe, Ban Seng, 1976, *Structural Changes of Two Chinese Communities in Alberta, Canada*, Ottawa: National Museums of Canada.

Honigman, J. J. , 1976"Personal adaptation as a topic for cultural and social anthropological research", Paper presented at the Symposium on The Concept of Adaptation in Studies of America Native Culture Change, American Anthropological Association, Washington, DC.

Hopkins M. & N. D. , Donnelly (eds.), 1993, *Selected Papers on Refugee Issues: II*, Arlington, VA: AAA.

Hsu, C, 1991, "A reflection on Marginality", *Daedalus*, Vol. 120, No. 2, pp. 227—229.

Hsu, Francis L. K. , 1985"The self in cross-cultural perspective", in Marsella et al. (eds.), *Culture and Self*, N. Y. : Tavistock Publications, pp. 24—55.

——1971, *The Challenge of the American Dream*, Belmont: Wadsworth.

Hunter, Edna J. , 1988,"The Psychological Effects of Being a Prisoner of War", in Wilson et al. (eds.), *Human Adaptation to Extreme Stress*, New York:

Plenum Press, pp. 157—170.

Hussain, Arthur, 1944, "The Chinese economic reform: an assessment", in D. Dwyer (ed.), *China: The Next Decades*, Longman Group UK Limited: pp. 11—30.

Isaacs, Harlod R., 1975, "Basic group identity: The idoes of the tribe", in N., Glazer & D. P. Moynihan (eds.), *Ethnicity: Theory and Experience*, Cambridge, MA: Harvard U. Press.

Isajiw, Wesvolod, 1974, "Definitions of ethnicity", *Ethnicity*, 1(2): pp. 111—124(July).

Jackson, J. A., 1986, *Migration*, London: Longman.

Jacobs, J. Bruce, 1982, "The concept of guanxi and local politics in a rural Chinese cultural setting", in Greenblatt et al. (eds.), *Social Interaction in Chinese Society*, pp. 209—236.

Jansz, J., 1991, *Person, Self and Moral Demands: Individualism Contested by Collectivism*, Netherlands: DSWO Press, Leiden University.

Jenny, R. K, 1984, "Current trends and developments: The changing character of contemporary migration", *International Migration*, Vol. 22, No. 4, pp. 388—398.

Johnson, John M., 1975, *Doing Field Research*, New York: The Free Press.

Johnson, Frank, 1985, "The Western concpt of self" in Marsella et al. (eds.), *Culture and Self: Asian and Western Perspectives*, N. Y.: Tavistock Publications, pp. 91—138.

Jowett, John, 1990, "Case study 5. 1: Migration", in Cannon & Jenkins (eds.), *The Geography of Contemporary China*, pp. 126—129.

Kaihla, Paul, 1995, "Inside an immigration scam", *Maclean's*, Vol. 108, No. 40, pp. 25—26.

Kallen, Evelyn, 1982, *The Western Samoan Kinship Bridge*, Leiden, E. J. Brill.

Kee, Robert, 1961, *Refugee World*, London: Oxford University Press.

Keller, Stephen, 1975, *Uprooting and Social Change: The Role of Refugees in Development*, Delhi: Manohar Book Service.

Kessen, W. (ed.), 1975, *Childhood in China*, Yale University Press.

Kim, Young Yun, 1988, *Communication and Cross-Cultural Adaptation: An Integrative Theory*, Clevedon, Philadelphia: Multiligual Matter Ltd.

King, Ambrose Y. C., 1991, "Kuan-shi and network building: A sociological interpretation", in *Daedalus*, Vol. 120, No. 2, pp. 63—84.

King, Ambrose Y. C. & Bond, M. H., 1985, "The Confucian paradigm of man: A sociological view", in Tseng & Wu (eds.), *Chinese Culture and Mental Health*, N. Y.: Academic Press, Inc., pp. 29—45.

Kondo, Dorinne, 1989, *Crafting Selves*, Chicago: University of Chicago Press.

Kotkin, Joel, 1993, *Tribes: How Race, Religion, and Identity Determine Success in the New Global Economy*, New York: Random House.

Kristof, Nicholas D., 1993, "Where Chinese yearn for beautiful U. S. ", *The New York Times*, June 20, 1993.

Krufeld, Ruth M., 1993, "Bridling Leviathan: New paradings of method and theory in cultural change from refugee studies and related issues of power and empowerment", in M. Hopkins & N., Donnelly (eds.), *Selected Papers on Refugee Issues: II*, Arlington, VA: AAA.

Kulp, Daniel H., 1925, *Country Life in China: The sociology of Familism*, N. Y.: Columbia University Teachers College.

Kunza, E. F., 1981, "Exile and resettlement: Refugee theory", *International Migration Review*, 15(1): 42—51.

Kuo, Chia-ling, 1977, *Social and Political Change in New York's Chinatown*, N. Y.: Praeger Publishers.

Laguerre, Michel, 1984, *American Odyssey: Americans in New York City*, Ithaca: Cornell University Press.

Lai, David Chuenyan, 1988, *Chinatowns: Towns within Cities in Canada*, Vancouver: U. B. C. Press.

Lam, Lawrence, 1994, "Searching for a safe heaven: The migration and settlement of Hong Kong Chinese immigrants in Toronto", in R. Skeldon (ed.), *Reluctant Exiles?* New York: M. E. Shape, 163—179.

——1985, "Vietnamese-Chinese Refugees in Montreal: Long-Term Resettlement", working paper, York University.

——1983, *Vietnamese-Chinese Refugees in Montreal*, unpublished Ph. D. dissertation, York University.

Langness, L. L., 1965, *The Life History in Anthropological Science*, N. Y.: Holt, Rinehart and Winston.

Lanphier, C., Michael, 1990, "Asylum Policy in Canada: A Brief Overview", in

Adelman & Lanphier (eds.), *Refugee or Asylum? A Choice for Canada*, Toronto: York Lanes Press Ltd., pp. 81—87.

Lary, Diana & Bernard Luk, 1994, "Hong Kong Immigrants in Toronto", in Skeldon (ed.), *Reluctant Exiles*? New York: M. E. Sharpe, Inc. pp. 139—162.

Lazarus, R. S. & S. Folkman, 1984, *Stress, Appraisal, and Coping*, N. Y.: Springer Publishing Company.

Leeming, Frank, 1994, "Necessity, policy and opportunity in the Chinese countryside", in D. Dwyer (ed.), *China: The Next Decades*, Longman Group UK Limited: pp. 77—94.

Li, Peter S., 1993, "The Chinese Minority in Canada, 1858—1992: A Request for Equality", in Evelyn Huang (ed.), *Chinese Canadians: Voices from a Community*, Vancouver: Douglas & McIntvre. pp. 264—277.

——1988, *The Chinese in Canada*, Toronto: Oxford U., Press.

——1975, *Occupational Mobility and Kinship Assistance: A study of Chinese Immigrants in Chicago*, Ph. D. dissertation, Northwestern University.

Lin, Keh-Ming, 1986, "Psychopathology and Social Disruption in Refugees", in Williams and Westermeyer (eds.), *Refugee Mental Health in Resettlement Countries*, pp. 61—73.

Li, Xiaoping, 1994, "One face, many stories: Redefining Chinese identities", in *Border/Lines*, No. 33, pp. 15—21.

——1993, "New Chinese art in exile", in *Border/Lines*, No. 29/30, pp. 40—44.

Liu, Xiaofen, 1995, *New Mainland Chinese Immigrants: A Case Study in Metro Toronto*, Ph. D., dissertation, York University.

——1993, *Mainland Chinese Immigrants in Metro Toronto: A Research Proposal*, Department of Geography, York University.

Liu, X. & G. B. Norcliffe, 1944, *Recent Mainland Chinese Immigrants in the Canadian Labour Market: A Case Study in Metro Toronto*, Centre for Refugee Studies, York University.

Loescher, Gil & A. D. Norchliffe, 1994, *The Global Refugee Crisis*, England: ABC-CLIO.

Logan, Richard, 1987, "Historic Change in Prevailing Sense of Self", in Yardley & Honess (eds.), *Self and Identity*, New York: John Wiley & Sons.

Lu, Jin & GuangTian, 1995, "Struggling for Legal Status: Mainland Chinese Refugees Movement I Canada", paper presented at the Fourth Canadian Symposium on China, University of Toronto, September 22—25, 1995.

Lonner, W. , J. , & J. , W. , Berry, 1986, "Sampling and Surveying", in Lonner & Berry (eds.), *Field Methods in Cross-cultural Research*, London: SAGE publications, pp. 85—110.

Lum, Kwong-yen & W. F. Char, 1985, "Chinese adaptation in Hawaii: Some examples", in Tsen & Wu (eds.), *Chinese Culture and Mental Health*, N. Y. : Academic Press, Inc. , pp. 215—226.

Lumsden, David P. (ed.), 1984, *Community Mental Health Action: Primary Prevention Programming in Canada*, Ottawa, Ontario: Canadian Public Health Association.

——1981, "Is the concept of 'stress' of any use, any more?", in D. Randall(ed.), *Contributions to Primary Prevention in Mental Health: Working Papers*, Toronto: Toronto National Office of the Canadian Mental Health Association.

Lysgaard, S. , 1955, "Adjustment in a foreign society: Norwegian Fulbright grantees visiting the United States", *International Social Science Bulletin*, 7, 45—51.

Ma, Shu-Yun, 1993, "The exit, voice, and struggle to return of Chinese political exiles", *Pacific Affairs*, Vol. 66, No. 3, pp. 368—385.

Madsen, R. , 1995, *China and the American Dream*, Berkerly: U. of California Press.

Malkki, Liisa, 1992, "National geographic: The rooting of peoples and the territorilization of national identity among scholars and refugees", *Cultural Anthropology*, Vol. 7, No. 1, pp. 24—44.

Marsella, A. J. et al. (eds.), 1985, *Culture and Self Asian and Western Perspectives*, N. Y. : Tavistock Publications.

McCall, G. J. & J. L. Simmons, 1978, *Identities and Interactions: An Examination of Human Associations of Everyday Life*, N. Y. : Free Press.

Meadows, P. , 1980, "Immigration theory: A review of thematic strategies", in R. S. Bryce-Laporte (ed.), *Source Book on the New Immigration*, New Brunswick, NJ: Transaction Books.

Mei, Y. P. , 1967, "The status of the individual in Chinese social thought and practice " , in C. A. Moore (ed.), *The Chinese Mind*, Honolulu: U. of

Hawaii Press.

Melander, Goran, 1988, "The concept of the term'refugee'", in A. C. Bramwell
　(ed.), *Refugees in the Age of Total War*, pp. 7—14, London: Unwin Hy-
　man.

Michalowski, M., 1987, "Adjustment of immigrants in Canada: Methodological
　possibilities and its implications", *International Migration*, Vol. 25, No.
　1, pp. 21—35.

Montgomery, J. Randal, 1992, *Vietnamese Refugees in Alberta: Social, Cultur-
　al and Economic Adaptation*, Ph. D. dissertation, Edmonton: University of
　Alberta.

Mortland, C. A. & J. Ledgerwood, 1988, "Refugee Resource Acquisition: The
　Invisible Communication System", in Kim and Gudykunst (eds.), *Cross-
　Cultural Adaptation*, Newbury Park: SAGE Publications.

Nagata, Judith, 1993, Personal letter to the author.

——1991, "Local and International Networks among Overseas Chinese in South-
　east Asia and Canada", unpublished paper.

——1986, "The Role of Christian Churches in the Integration of Southeast Asian
　Immigrants in Toronto", Working Paper No. 46, Department of Anthropol-
　ogy, York University.

——1981, "In defense of Ethnic Boundaries: The Changing Myths and Charters of
　Malay Identity", in Charles Keyes (ed.), *Ethnic Change*. Seattle: U. of
　Washington Press. pp. 87—116.

——1976, "The status of Ethnicity and Ethnicity as Status: Class and Ethnic I-
　dentity in Malaysia and Latin America", *International Journal of Compara-
　tive Sociology*, XVII (3—4): 241—260.

——1974, "What is a Malay? Situational Selection of Ethnic Identity in a Plural
　Society", *American Ethnologist*, 1: 2: 331—350.

Naroll, Raoul, 1964, "On ethnic unit classification", *Current Anthropology*, 5:
　4, pp. 283—291, 306—312.

Neiva A. H., & M. Dieques Jr., 1959, "The cultural assimilation of immigrants
　in Brazil", in W. D. Borrie (ed.), *Population and Culture: The Cultural
　Integration of Immigrants*, Paris: UNESCO.

Ning, A., M., 1993, "Regulating ethnic mobilization", M. A. thesis, York Uni-
　versity.

Olzak, Susan, 1983, "Contemporary ethnic mobilization", *Annual Review of Sociology*, No. 9, pp. 355—374.

Oxfeld, Ellen, 1993, *Blood, Sweat, and Mahjong: Family and Enterprise in an Oversea Chinese Community*, Ithaca: Cornell University Press.

Padilla, A. M. (ed.), 1980, *Acculturation: Theory, Models and Some New Findings*, Washington, DC: Westview.

Paine, R. (ed.), 1971, *Patrons and Brokers in the East Arctic*, Toronto: U. of T. press.

Paludan, Anne, 1981, "Document Note Refugees in Europe", *International Migration Review*, V. XV, No. 1—2, Spring-Summer 1981.

Pan, Lynn, 1994, *Sons of the Yellow Emperor: A History of the Chinese Diaspora*, N. Y.: Kodasha International.

Pearlin, L. I. & Schooler C. 1978, "The structure of coping", *Journal of Health and Social Behaviour*, No. 19, pp. 548—555.

Pinxten, R., 1981, "Observation in anthropology: Positivism and subjectivism combined", *Communication & Cognition*, Vol. 14, No. 1, pp. 57—83.

Pitt-Rivers, Julian, 1973, "The kith and the kin" in J. Goody, (ed.), *The Character of Kinship*, Cambridge University Press.

Poston, D. I. & M., Yu, 1990, "The Distribution of the Overseas Chinese in the Contemporary World", *International Migration Review*, Vol. 24, No. 3, pp. 480—508.

Prattis, J. Iain, 1987, "Alternative Views of Economy in Economic Anthropology", in John Clammer (ed.), *Beyond the New Economic Anthropology*. London: the Macmillan Press Ltd.

Proudfoot, Robert, 1989, *Even the Birds Don't Sound the Same Here: The Laotian Refugees' Search for Heart in American Culture*, N. Y.: Peter Lang.

Pye, Lucian W., 1991, *China: An Introduction*, New York: HarperCollins Publishers.

Rabinow, Paul (ed.), 1984, *Foucault Reader*, New York: Pantheon Books.

Redfield, R, et al., 1936, "Outline for the study of acculturation", *American Anthropologist*, 38, 149—52.

Rees, Anne & Nigel Nicholson, 1994, "The Twenty Statements Test", in C. Cassell & G. Symon (eds.), *Qualitative Methods in Organizational Research*, London: SAGE Publications, pp. 37—54.

Reitz, J. G. 1980, *The Survival of Ethnic Groups*, Toronto: McGraw-Hill Ryerson Limited.

Reminick, R. A. , 1983, *Theory of Ethnicity*, Lanham, MD. : U. Press of America.

Rice, David, 1992, *The Dragon's Brood*, London: Harper Collins Publishers.

Richmond, Anthony H. , 1994, *Global Apartheid: Refugee, Racism, and the New World Order*, Toronto: Oxford University Press.

——1993, "Reactive migration: Sociological perspectives on refugee movements," *Journal of Refugee Studies*, Vol. 6, No. 1.

——1988, *Immigration and Ethnic Conflict*, N. Y. : St. Martin's Press.

——1974, "Aspects of the absorption of immigrants", *Ottawa: Canadian Immigration and Population Studies, Manpower and Immigration*.

——1969, "Sociology of migration in industrial and postindustrial societies", in J. Jackson(ed.), *Sociological Studies 2: Migration*, Cambridge: Cambridge University Press.

Richmond, Marie L. , 1974, *Immigrant Adaptation and Family Structure among Cubans in Miami, Florida*, Ph. D. dissertation, The Florida State University.

Riley, Nancy E. , 1990, *Gender and Generation: Family Formation in Modern Beijing*, Ph. D. dissertation, Baltimore: The Johns Hopkins U.

Robinson, W. G. 1983, *Illegal Immigrants in Canada*, Supply and Service, Canada.

Rosemont, Jr. Henry, 1991, *A Chinese Mirror*, La Salle, Illinois: Open Court.

Ross, Jeffrey A. , 1980, "The Mobilization of Collective Identity: An analytical Overview", in J. A. Ross & A. B. Cottrel (eds.), *The Mobilization of Collective Identity: Comparative Perspectives*, Lanham, MD: University Press of America, pp. 1—30.

Saari, Jon L. , 1982, "Breaking the hold of tradition: The self-group interface in transitional China", in S. L. Greenblatt et al. (eds.), *Social Interaction in Chinese Society*, CBS Inc. , Praeger Publishers.

Safran, William, 1991, "Diasporas in modern societies: Myths of homeland and return", *Diaspora*, Vol. 1, No. 1, pp. 83—99.

Samul, T. J. , 1987, "Economic adaptation of Indochinese refugees in Canada", in Chan & Indra (eds.), *Uprooting. Loss and Adaptation*, Ottawa: Canadian

Public Health Association.

Scherchtman, Joseph B. , 1963, *The Refugee in the World* , *Displacement and Integration* , New York: A. S. Barnes and Company. ,

Schermerhorn, R. A. , 1974, "Ethnicity in the perspective of the sociology of knowledge", *Ethnicity*, No. 1, pp. 1—14.

Schiller, Nina G. , Linda Basch, Cristina Blanc-Szanton (eds.), 1992, *Towards a Transnational Perspective on Migration: Race, Class, Ethnicity, and Nationalism Reconsidered* , N. Y. : The New York Academy of Sciences.

Schlenker, Barry R. , 1986, "Self-identification: Toward an integration of the private and public self", in Baumeister (ed.), *Public Self and Private Self* , N. Y. : Springer-Verlag, pp. 21—62.

Schwartz, Morris S. & C. G. Schwartz, 1955, "Problems in participant observation, " *America Journal of Sociology* , Vol. 60.

Scott, William A. & R. Scott, 1989, *Adaptation of Immigrants: Individual Differences and Determinants* , Oxford: Pergamon Press.

Seward, Shirley B. & Kathryn McDade, 1988, *Immigrant Women in Canada: A Policy Perspective* , Ottawa: Canadian Advisory Council on the Status of Women.

Singdao Daily , 1991—1995.

Skeldon, R. (ed.), 1994, *Reluctant Exiles? Migration from Hong Kong and the New Overseas Chinese* , New York: M. E. Sharpe.

Smart, Josephine, 1991, "Kinship and Capital in Economic Development in Southern China", Paper presented to the East Asia Council Conference at Brock University.

Snyder, P. Z. , 1976, "Neighborhood gatekeepers in the process of urban adaptation: Cross-ethnic communities", *Urban Anthropology*, 5(1), pp. 35—52.

Sommers Marc, 1993, "Coping with fear: Burundi refugees and the urban experience in Dar Es Salaam, Tanzania", in Hopkins and Donnelly (eds.), *Selected Papers on Refugee Issues: II* , Arlington, VA: American Anthropological Association, pp. 13—25.

Spence, M. , 1976, *Foundations of Modern Sociology* , Englewood Cliffs, New Jersey: Prentice Hall.

Stein, Barry N. , 1986, "The Experience of Being a Refugee: Insights from the Research Literature", in Williams and Westermeyer (eds.), *Refugee Mental*

Health in Resettlement Countries, Cambridge: Hemisphere Publishing Corporation, pp. 5—23.

Stoffman, Daniel, 1993, *Toward a More Realistic Immigration Policy for Canada*, Toronto: C. D. Home Institute.

Sung, B. L. , 1987, *The Adjustment Experience of Chinese Immigrant Children in New York City*, N. Y. : Center for Migration Studies.

Sutter, Valerie O'Connor, 1990, *The Indochinese Refugee Dilemma*, Baton Rouge: Louisiana State University Press.

Taft, Ronald, 1957, "A psychological model for the study of social assimilation", *Human Relations*, 10(2), pp. 141—156.

——1988, "The psychological adaptation of Soviet immigrants in Australia", in Kim & Gudykunst (eds.), *Across-cultural Adaptation*, London: SAGE Publications, pp. 150—167.

Tan, J. & P. E. Roy, 1985, *The Chinese in Canada*, Ottawa, The Canadian Historical Association.

The Toronto Star, 1991—1995.

The World Journal, 1991—1995.

Thompson, Richard H. , 1989, *Toronto's Chinatown*, N. Y. : AMS Press, Inc.

Tian, G. , S. Li, X. Liu, 1994, "The Mainland Chinese Refugees in Toronto: A Research Report", presented to the Honourable Sergio Marchi, Minister of Citizenship and Immigration, Canada.

Tian, G. , 1993, "The Canadian society and the new immigrants from mainland China", *The Spring of China*, No. 8.

——1988, *Zhongguo Xibu Minzu Diqu de DuiwaiKaifang yu JinjiFazhan*, Beijing: Zhongguo Zhanwang Chubanshe.

Tian, G. et al. 1987, *Xuanze yu Fazhan: Zhongguo Bufada Diqu Jing ji Zhenxin Duanxiang*, Beijing: Shishi Chubanshe.

Tisdell, Clement, 1993, *Economic Development in the Context of China*, New York: St. Martin's Press.

Tsai, S. H. , 1986, *The Chinese Experience in America*, Bloomington and Indianapolis: Indiana University Press.

Tseng, W. S. & J. Hsu, 1970, "Chinese culture, personality formation and mental illness", *The International Journal of Social Psychiatry*, 16, pp. 237—245.

Tu, Wei-ming, 1991, "Cultural China: The Periphery as the Centre", *Daedalus*, Vol. 120, No. 2, pp. 1—32.

——1985 "Selfhood and otherness in Confucian thought", in Marsella et al., (eds.), *Culture and Self*, N. Y.: Tavistoch Publications, pp. 231—51.

Uchedu, V., 1970, "Entrée into the field A Navajo community", in Naroll & Cohen (eds.), *A Hand Book of Method in Cultural Anthropology*, N. Y.: Columbia U. Press, pp. 230—236.

Waldinger, Roger, 1986, *Through the Eye of the Needle*, N. Y.: NYU Press.

Walker, Peter R., 1991, *Residential Relocation and Adaptation to Place: An Exploration of Place-identity*, unpublished Ph. D. Dissertation, The City University of New York.

Wang, G., 1991, "Among non-Chinese", *Daedalus*, Vol. 120, No. 2, pp. 135—157.

——1988, "The study of Chinese identities in Southeast Asia", in Cushman & Wang (eds.), *Changing Identities of the Southeast Asian Chinese since World War* II, pp. 1—22.

——1959, *A Short History of the Nanyang Chinese*, Singapore: Eastern U. Press.

Wang, L. L. 1991, "Roots and changing identity of the Chinese in the United States", *Daedalus*, Vol. 120, No. 2, pp. 181—206.

Ward, W. Peter, 1990, *White Canada Forever, Popular Attitudes and Public Policy toward Orientals in British Columbia*, Montreal & Kingston: McGill-Queen's U. Press.

Weis, Paul, 1974, "The Legal Report", in The Working Groupress on Refugees and Exiles in Europe, "Summary of the Report on the Problems of Refugees and Exiles in Europe", Genva: International University Exchange Fund, pp. 49—57.

Wengle, John L., 1988, *Ethnographers in the Field: The Psychology of Research*, Tuscaloosa: University of Alabama Press.

White, R. W., 1974, "Strategies of adaptation", in Coehlo et al. (eds.), *Coping and Adaptation*, N. Y.: Basic Books, pp. 47—68.

Wickberg, Edgar (ed.), 1982, *From China to Canada*, Toronto: Minister of Supply and Services Canada.

——1980, "Chinese Associations in Canada", in K. V. Ujimoto & G. Hirabayashi (eds.) , *Visible Minorities and Multiculturalism*: *Asians in Canada*, Toronto: Butterworths.

Williams, T. R. , 1967, *Field Methods in the Study of Culture*, N. Y. : Holt, Rinehart and Winston Inc.

Wong, Bernard P. , 1979, *A Chinese American Community*: *Ethnicity and Survival Strategies*, Singapore: Chopmen Enterprises.

——1982, *Chinatown*: *Economic Adaptation and Ethnic Identity of the Chinese*, N. Y. : CBS College Publishing.

Wong, Sandra, M. J. , 1987, *For the Sake of Kinship*: *The Overseas Chinese Family*, Ph. D. Dissertation, Stanford University.

Wong, A. K. & E. C. Y. Kuo, 1981, "The urban kinship network in Singapore", in Kuo & Wong (eds.), *The Contemporary Family in Singapore*, Singapore: Singapore U. Press.

Woon, Yuen-Fong, 1978, "The mode of refugee sponsorship and the socio-economic adaptation of Vietnamese in Victoria: A three year Perspective", in Chan & Indra (eds.), *Uprooting*, *Loss and Adaptation*, Ottawa: Canadian Public Health Association.

World Bank, 1989, *Annual Report* 1989, Washington: International Bank for Reconstruction and Development (World Bank).

Yang, C. K. , 1959, *The Chinese Family in the Communist Revolution*, Cambridge, Mass. : MIT Press.

Yang, M. , 1988, "The modernity of power in the Chinese socialist order", *Cultural Anthropology*, Vol. 3, pp. 408—427.

Zenner, Walter P. , 1988, "Common ethnicity and separate identities: Interaction between Jewish immigrant groups", in Kim & Gudykunst (eds.), *Cross-cultural Adaptation*, pp. 267—285.

Zhen, X. & J. W. Berry, 1991, "Psychological adaptation of Chinese sojourners", *International Journal of Psychology*, 26(4), pp. 451—470.

Zhou, Min, 1992, *Chinatown*: *The Socioeconomic Potential of an Urban Enclave*, Philadelphia: Temple University press.

Zwingmann, Charles, 1973, "The nostalgic phenomenon and its exploitation", in C. Zwingmann & M. Pfister-Ammende (eds.), *Uprooting and after*, N. Y. : Springer-Verlag.

译　后　记

　　随着我国经济体制改革不断深入,对外开放程度日益提高,越来越多的青年人想走出国门,到海外大千世界见一见世面。出国作为一种社会现象,保持着持续的热潮。不同身份的和不同思想的人,对出国抱有不同目的,他们出国的方式也不同,在国外的遭遇也不同。

　　田广博士是 20 世纪 80 年代末期通过合法程序到加拿大留学的中国大陆学生。他在获得博士学位之后,又从事了两年针对中国移民的适应问题研究,于 1999 年以杰出人才的身份移民美国,现为美国纽约州的一间私立大学的终身教授,从事经济和市场营销方面的教学与研究。他调查研究了大量中国大陆人出国的经历,尤其是那些通过非规则或非法途径出国者的情况。他用严肃的学术研究方法,对在加拿大,特别是在大多伦多市的中国移民进行了分析研究,写出了一部质量很高的英文博士论文。在此基础上,又撰写了这本学术著作。本书被加拿大和美国一些大学的人类学与社会学系作为补充教材,并被从事移民和族群认同的学者广为引用。

　　作者虽然是从纯学术的角度去研究大陆非规则移民问题,但是书中表现出鲜明的热爱自己出生的祖国的政治观点。作者周详和真实的细节描写,给读者传递了一个清晰的信息:海外不是天堂,中国母亲最亲。相信那些对出国抱有某种幻想的青年人,一定能从书中得到一些有意义的启示。

　　考虑到中国读者的阅读习惯,在征得作者的同意后,我们在翻译过程中对原作的章节结构作了一点必要的调节。本书由北京中央民族大学经济学院王天津翻译第一章、五章、六章、七章,古丽布斯坦翻译第二章、三章、四章、八章、九章。山东省青岛市滨海学院王天兰对全文进行统一修订和译文校对。中央民族大学研究生马寅协助制作了图表并统一规范了人物译名,最后原作者田广博士又对译文进行了仔细认真的修订和校对。

　　最后,需要说明的是书中的某些人名由于不能确定准确的中译,为确切起见我们保留了原著的英文名。由于译校者的水平有限,书中难免会出现不少问题,恳请读者批评指正。

译者